Coleção Serviço Social

Gênero e Serviço Social

Desafios a uma abordagem crítica

www.editorasaraiva.com.br

Coleção Serviço Social

Gênero e Serviço Social

Desafios a uma abordagem crítica

Vanessa Bezerra

Pós-doutora em Serviço Social e professora da
Universidade Federal do Estado do Rio de Janeiro (Unirio)

Renato Veloso

Doutor em Serviço Social e professor da
Universidade do Estado do Rio de Janeiro (UERJ)

Editora Saraiva

Editora Saraiva

Rua Henrique Schaumann, 270
Pinheiros – São Paulo – SP – CEP: 05413-010
PABX (11) 3613-3000

SAC | **0800-0117875**
De 2ª a 6ª, das 8h30 às 19h30
www.editorasaraiva.com.br/contato

Diretora editorial	Flávia Alves Bravin
Gerente editorial	Rogério Eduardo Alves
Planejamento editorial	Rita de Cássia S. Puoço
Editores	Jean Xavier Patricia Quero
Assistente editorial	Marcela Prada Neublum
Produtores editoriais	Alline Garcia Bullara Amanda Maria da Silva Daniela Nogueira Secondo Deborah Mattos Rosana Peroni Fazolari William Rezende Paiva
Comunicação e produção digital	Mauricio Scervianinas de Freitas Nathalia Setrini Luiz
Suporte editorial	Juliana Bojczuk
Produção gráfica	Liliane Cristina Gomes
Revisão	Cláudia Cantarim
Diagramação	2 estúdio gráfico
Capa	Guilherme P. Pinto
Impressão e acabamento	Assahi Gráfica

ISBN 978-85-02-62974-5

DADOS INTERNACIONAIS DE CATALOGAÇÃO NA PUBLICAÇÃO (CIP)
ANGÉLICA ILACQUA CRB-8/7057

Souza, Vanessa Bezerra de
Gênero e serviço social : desafios a uma abordagem crítica / Vanessa Bezerra, Renato Veloso. - São Paulo : Saraiva, 2015.
240 p. (Coleção serviço social)

Bibliografia
ISBN 978-85-02-62974-5

1. Serviço social 2. Homens – Aspectos sociais 3. Mulheres – Aspectos sociais 4. Divisão do trabalho por sexo 5. Homens – Mulheres – Diferenças – Aspectos sociais I. Título II. Veloso, Renato dos Santos III. Série

15-0655 CDD-361
CDU-36

Índices para catálogo sistemático:
1. Serviço social

1ª edição

382.588.001.001

Há homens que lutam um dia e são bons,
há outros que lutam um ano e são melhores,
há os que lutam muitos anos e são muito bons.
Mas há os que lutam toda a vida
e estes são imprescindíveis.

Bertolt Brecht

Dedicamos este livro tanto a mulheres quanto a homens que,
em dimensões da vida diferenciadas, foram imprescindíveis.
Dolores Beltrão *in memorian*
Suely Almeida *in memorian*
Geraldo Dias *in memorian*
Carlos Nelson Coutinho *in memorian*

Agradecimentos

Este livro expressa parte do debate sobre as relações de gênero do qual temos participado ao longo das últimas décadas. Vários foram os sujeitos que contribuíram de diversas formas para a sua construção. Cabem, aqui, alguns agradecimentos.

A Valentina e Bernardo, pelo desafio cotidiano de formar sujeitos históricos que possam contribuir para a construção de uma sociedade verdadeiramente justa e emancipada.

Aos nossos familiares, Cilene, Geraldo Jr., Carlinho, Joelma, Lene, Willian, Aline, Guilherme, Laurinha, Paulo, Dalva, Andrea, Patrícia, Danieli, Rodrigo, Tassilis, Ana Luisa, Eduardinho, Carlos, Sergio e Fábio, pelos momentos de apoio e de descontração.

Às mulheres da Gerência do Programa da Mulher (GPM, 1998), Diana Valladares, Rosane de Assis, Giselle Israel, Monique Miranda, Louise Mara, Tania Almeida, Regina Brandão, Ana Belloni, Carla Brasil, além de Rosa Pollari e Elizabeth Scorza do Centro de Atenção Psicossocial (CAP 2.1-2005), por apresentarem as lutas feministas e a necessidade de as mulheres serem protagonistas de sua própria história.

A todas(os) as(os) amigas(os) que são referências afetivas importantes: Eliana e família, família Beltrão, Débora, Glauce, Letícia, Suenya, Tatiana, Zé Augusto e Davi.

A todo o corpo docente e discente da Universidade do Estado do Rio de Janeiro (UERJ) e da Universidade Veiga de Almeida (UVA), e à equipe de profissionais do Hospital da Polícia Civil.

À Equipe de pesquisadores do Núcleo de Estudos em Gestão e Informação (Negi), da UERJ, em especial à professora Vânia Morales Sierra, pela sólida parceria e amizade construída ao longo dos últimos anos.

Às amigas da Universidade Federal do Estado do Rio de Janeiro (UNIRIO): Carla, Giselle, Janaina Bilate, Janaina Duarte, Lobélia e Rafaela, ao querido Diego, e a todo o corpo docente e discente, pela parceria nas lutas cotidianas pela construção de uma universidade socialmente referenciada.

A todas as conselheiras e conselheiros da gestão Contra a Corrente: a luta continua, do Conselho Regional de Serviço Social (CRESS 7ª Região) 2014-2017, pelos debates e embates travados no intuito de contribuir para a efetivação do Projeto Ético-Político do Serviço Social Brasileiro.

Às alunas e alunos do projeto de extensão "Luz, câmera, ação: a presença das relações de gênero e do racimo no cinema", pela implicação com a qualificação teórica e engajamento nas lutas feministas, que com certeza contribuirão para deixar a marca feminista e antirracista no serviço social: Giuliana Lemos, Nayara Gomes, Iane Queiroz, Karine Gois, Barbara de Castro, Marina Amorim, Juliana Barbosa, Rebecca Nora, Bernardo Ribeiro, Fernanda Inácio e Viviane Maia.

Por fim, à Editora Saraiva, pelo reconhecimento e investimento na publicação desta obra.

Prefácio

Foi com satisfação que recebi o convite para fazer o prefácio desta obra de dupla autoria de Vanessa Bezerra e Renato Veloso, pois, como o título anuncia *Gênero e Serviço Social*: desafios a uma abordagem crítica, trata-se de uma reflexão que antes de tudo se propõe fortalecer as bases do projeto ético-político do serviço social, ao estabelecer uma conexão estratégica entre o combate às desigualdades de raça/etnia, gênero e classe e o projeto de emancipação que orienta nossa ação profissional no mundo.

A parceria teórica nos proporciona uma leitura séria, comprometida e provocadora em torno do processo de apropriação do conceito das relações sociais de gênero pela luta feminista e, em particular, no âmbito da tradição do feminismo marxista e da perspectiva pós-moderna.

Fiéis à opção metodológica do materialismo histórico dialético, conseguem tecer, desde o primeiro capítulo, um fio condutor que nos leva à compreensão da disputa teórico-política em torno da categoria das relações sociais de gênero, seja no âmbito da construção social das ideias, seja na práxis social concreta.

Não é por acaso que é o debate da práxis como atividade criadora e de transformação incessante que inicia o livro. Assim, ao mesmo tempo que apresentam as perspectivas de práxis, Vanessa Bezerra e Renato Veloso vão se situando no campo da práxis revolucionária e nos levam por um caminho de profícuas reflexões no campo da análise dialética da história.

Nessas reflexões somos apresentados(as) a uma tradição teórica que, na defesa do método apresentado por Marx, articula uma leitura do real a partir da identificação dos nexos internos entre suas múltiplas determinações por meio das mediações ontológicas ou reflexivas, constituindo, assim, o complexo movimento da totalidade. Como se pode constatar, a seguir:

> [...] Kosik sustenta que o ponto de vista da totalidade concreta é um princípio metodológico da investigação dialética, em que cada fenômeno social pode ser entendido como momento do todo. Este fenômeno, na medida em que desempenha um duplo papel, constitui um fato histórico, definindo-se a si mesmo e ao todo, já que faz parte deste. [...] A compreensão da dialética da totalidade demanda que captemos as partes inteiradas entre si e com o todo, assim como compreendamos o todo não cristalizado na abstração, já que, como afirma Kosik, *o todo se cria a si mesmo na interação das partes.*

Em continuidade, no segundo capítulo, o autor e a autora nos brindam com uma sistematização do pensamento marxista acerca das desigualdades entre homens e mulheres. Com a preocupação da historicidade, o texto apresenta as principais contribuições da teoria crítica no desvelamento da realidade de dominação e exploração das mulheres como um dos pilares do processo de acumulação do capital, ao longo da história do capitalismo.

Com a preocupação na dialética da unidade teoria-prática, Vanessa Bezerra e Renato Veloso apresentam também iniciativas de enfrentamento às desigualdades entre homens e mulheres no âmbito da experiência do socialismo real, como uma mediação para o debate em torno da aproximação do marxismo com o pensamento feminista. Assim, reafirmam que

> [...] as desigualdades entre mulheres e homens foram não apenas objeto de análise, mas de preocupação das vanguardas marxistas, que, ao construírem o socialismo, propuseram um conjunto de leis e de ações concretas no sentido de extinguir tais desigualdades.

Com a determinação metodológica de combinar as preocupações do marxismo com o debate sobre as desigualdades de gênero, conferindo a dupla dimensão da luta pela emancipação das mulheres, a individual e coletiva, Vanessa e Renato desenvolvem uma argumentação mediante um diálogo com as principais categorias gramscianas, como hegemonia, ideologia e Estado ampliado para reafirmar o caráter estratégico da luta feminista, tanto no sentido do enfrentamento ao patriarcado quanto ao capitalismo que, historicamente, se apropria e desenvolve privilégios a partir das relações sociais de gênero, em articulação com raça/etnia e classe social.

Outro momento de muita força teórica no livro, e que representa o perfil crítico e político dos autores que se propõem uma produção de conhecimento articulada com a ação política, é o debate sobre o Estado e o processo de onguização do movimento feminista no Brasil.

Essa temática se torna cada vez mais relevante quando pensamos o processo de cooptação e envolvimento manipulatório do movimento feminista no Brasil, segundo Cisne (2013),[1] após o primeiro governo de Luiz Inácio Lula da Silva e com rebatimentos até os dias atuais, em que se observa a crescente participação de lideranças feministas na gestão de políticas governamentais e se acentua o processo de terceirização das políticas públicas a partir das organizações não governamentais.

Tal contexto, além de confundir a base social do movimento que cada vez mais se confronta com os resultados perversos da política neoliberal em seu cotidiano, dificulta a construção de alianças políticas com setores mais críticos, interferindo diretamente no processo de acúmulo de forças que é fundamental para a construção de um novo bloco histórico, conforme divulga o livro em tela.

A coerência e o compromisso com o projeto ético-político do serviço social se evidenciam mais uma vez, na leitura do livro, quando, em sua última parte, Vanessa e Renato assumem a tarefa de equalizar o referencial marxista, a proposta feminista e o projeto profissional do serviço como dimensões de uma mesma luta emancipacionista. Assim, conduzem-nos a reflexão em torno da história do serviço social como uma profissão socialmente determinada, com a mediação do processo de incorporação dos estudos das relações sociais de gênero pela profissão no contexto geral da elaboração e efetivação do projeto ético-político profissional.

Neste sentido, a hipótese central de afinidades teórico-políticas entre o marxismo, o feminismo e o serviço social é reafirmada não apenas em termos de aproximação conceitual e metodológica, mas, fundamentalmente, no sentido da práxis revolucionária da ação coletiva consciente de transformação radical dos determinantes da questão social, matéria-prima de nossa profissão, como afirma Iamamoto (2005)[2].

---

1 CISNE, Mirla. *Feminismo, luta de classes e consciência militante feminista no Brasil*. Tese de doutorado apresentada ao Programa de Pós-graduação em Serviço Social da Universidade do Estado do Rio de Janeiro. Rio de Janeiro: UERJ. 2013.

2 IAMAMOTO, Marilda V. *O Serviço Social na contemporaneidade*: trabalho e formação profissional. São Paulo: Cortez, 2005.

Com esse propósito, o autor e a autora reflexionam em torno da categoria da questão social e de seu entrelaçamento com as dimensões de raça/etnia e gênero, compreensão considerada fundamental para a efetivação do projeto ético da profissão.

Na construção dos argumentos, Vanessa Bezerra e Renato Veloso de forma audaciosa examinam a construção social do perfil feminino da profissão, a partir da categoria de gênero, da divisão sexual de trabalho e do patriarcado considerados elementos do sistema de dominação masculina que foi amplamente apropriado pelo capitalismo em sua busca de superlucro.

Por fim, somos contemplados(as) com esta afirmação:

> O gênero se configura como uma categoria em disputa e, exatamente por isso, deve ser apreendido por perspectivas teóricas que se aproximem da luta por uma sociedade cada vez mais justa e igualitária. O que desejamos enfatizar é que a adequada análise das relações sociais demanda, também, a análise do gênero, com vistas à transformação do seu atual padrão, marcado pelas desigualdades e hierarquias. É necessário que, no campo crítico, as categorias marxistas, clássicas ou contemporâneas, sejam aplicadas ao estudo das relações de gênero. Esta, certamente, é uma árdua tarefa, que necessita de formação e qualificação teórica, política e metodológica consistentes e contínuas.

Sem dúvida o livro, espelho do engajamento teórico de Vanessa e Renato, é uma ferramenta singular para o conjunto da categoria, pesquisadores(as), estudantes e demais pessoas que se unem por uma sociedade de igualdade e que acreditam no conhecimento articulado com as lutas sociais.

Telma Gurgel

Professora Adjunta da Universidade do Estado do Rio Grande do Norte

Sumário

Prefácio (Telma Gurgel) IX

Apresentação (José Paulo Netto) 1

Introdução 5

Capítulo 1
O gênero sob uma perspectiva histórica 11
1.1 A categoria da práxis 11
1.2 A unidade entre teoria e prática 18
1.3 A unidade entre fenômeno e essência 20
1.4 O método 23
1.5 O princípio da totalidade 29

Capítulo 2
O surgimento das desigualdades entre mulheres e homens e a tradição marxista 33
2.1 A contribuição de Engels 34
2.2 A contribuição de autores marxistas contemporâneos 45
2.3 As desigualdades entre mulheres e homens no âmbito do capitalismo 50
2.4 A separação entre produção e reprodução 56
2.5 A família burguesa 65
2.6 A família na sociedade socialista 69

CAPÍTULO 3
Estratégias socialistas para o fim das desigualdades entre mulheres e homens ... 75
3.1 Primeiras propostas ... 75
3.2 Avanços jurídico-legais da revolução socialista ... 79
3.3 Política e partido ... 83
3.4 Ideologia ... 93

CAPÍTULO 4
Gramsci e as relações sociais de gênero ... 99
4.1 A respeito da categoria gênero ... 99
4.2 Ideologia e gênero ... 103
4.3 A questão da hegemonia ... 109
4.4 A política em Gramsci ... 116
4.5 O partido em Gramsci ... 120
4.6 Estado ampliado ... 123
4.7 Estado, feminismo e partido ... 130

CAPÍTULO 5
Marxismo, feminismo e Serviço Social ... 141
5.1 Serviço Social e tradição marxista ... 142
5.2 Feminismo e tradição marxista ... 153
5.3 A categoria gênero no Serviço Social ... 159

CAPÍTULO 6
A profissão de assistente social sob a perspectiva de gênero ... 183
6.1 A relevância do gênero para o Serviço Social ... 183
6.2 O caráter social do gênero ... 186
6.3 O gênero na institucionalização da profissão de assistente social ... 191
6.4 A construção da reflexão sobre o gênero no Serviço Social ... 198

CONSIDERAÇÕES FINAIS ... 203

REFERÊNCIAS ... 209

Apresentação

Em todo o mundo, a universidade experimenta profunda metamorfose — que, para alguns analistas, parece caracterizar uma crise terminal da multissecular instituição, que tomou a forma básica sob qual a conhecemos no correr do século XIX (quando a laicização propiciou que ela se tornasse republicana), forma consolidada nos primeiros decênios do século XX. As pronunciadas mudanças que a instituição vem sofrendo, desde as décadas de 1960/1970, sinalizam hoje que a sua tradicional funcionalidade (ensino/pesquisa/extensão) está posta em xeque.

Não é preciso, nem cabe fazê-lo nesta oportunidade, observar que tal metamorfose está determinada — através, é claro, de complexas mediações — pelas decisivas transformações societárias operadas no Ocidente (central e periférico) nos anos que se seguiram àquelas décadas. Apenas um processo demonstra-o cabalmente: a perfeita sincronia entre a verdadeira (contra)reforma do ensino superior europeu proposta no conhecido "Protocolo de Bolonha" e as políticas econômico-financeiras (com o conjunto de suas implicações sociopolíticas) patrocinadas por instrumentos do grande capital, como o Banco Mundial e o Fundo Monetário Internacional. De qualquer modo, o futuro dessa metamorfose não está predeterminado: certamente a universidade não permanecerá tal como a conhecemos, mas o seu devir está em aberto.

A instituição universitária dispõe, todavia, de especificidades e peculiaridades; a sua dinâmica se realiza num quadro de relativa autonomia — por isso, a profunda metamorfose que ela experimenta escapa a diretas determinações econômicas: estas, para orientar a direção da metamorfose, devem conjugar-se a condicionalismos de natureza cultural. Agência social, a universidade refrata, no seu movimento, o movimento da cultura em que se insere (em especial, o da cultura hegemônica, uma vez que a cultura também é um campo de tensões, contradições e disputas).

Ora, desde os anos 1970, e acentuadamente no curso da década de 1980, o que se verifica, em todo o Ocidente (central e periférico) — embora em ritmos e intensidades assincrônicos —, é a dominância de uma cultura que, ela igualmente, expressa o que o Prof. Agustín Cueva chamou de "tempos conservadores". Há resistências a essa cultura que, ela mesma diferenciada, é hegemônica — sob a frequente proclamação de um pretenso *aggiornamento*, nos vernizes os mais diversos, possui de fato um *núcleo duro* comum: a defesa, expressa ou tácita, intencional ou inconsciente, do estabelecido. É uma cultura que, para retomar o pensamento de Lukács, conjuga à *apologia direta* da ordem vigente, franca e descarada, uma *apologia indireta*, sutil, refinada e enganosa.

É sob o forte influxo dessa apologia indireta que se opera, em larga medida, a metamorfose contemporânea da instituição universitária. Dois traços, dentre os vários de que tal apologia se faz portadora, são muito salientes. Primeiro: *a reivindicação da contemporaneidade*, que expressaria a apreensão do mundo atual, posto como "complexo" (como se o "precedente" fosse "simples"...). Segundo: *o sistemático esforço para exilar a tradição marxista do mundo da cultura*, numa operação em que a ignorância e a má-fé se articulam para criticar o "marxismo", posto como "dogmático", "ortodoxo", "reducionista" e, enfim, "ultrapassado".

Entendamo-nos, antes de prosseguir: que houve e há marxistas que se fizeram e se fazem merecedores dessas qualificações — eis algo indiscutível. *Mas todos eles, no seu tempo (passado e presente), encontraram documentadamente críticas rigorosas de outros marxistas.* No marco da tradição marxista — como, aliás, no marco de todas as tradições teóricas modernas e contemporâneas — abrigam-se elaborações de alcance e validez diferentes. O território do marxismo, claramente demarcado pelos seus elementos constitutivos (o método dialético, a crítica da economia política e a teoria do valor, a perspectiva da revolução), nunca foi um espaço homogêneo.

Isso posto, voltemos à nossa argumentação, com os olhos voltados para o campo do Serviço Social, especificamente do Serviço Social no Brasil. Nesse país e nesse campo — que, desde finais dos anos 1970, consolidou-se como prática profissional e constituiu-se como área de produção de conhecimentos (particularmente em função do desenvolvimento dos cursos de pós-graduação) —, o peso da da mencionada apologia indireta, com aqueles dois traços salientes, tem se feito sentir com força pelo menos a partir de meados dos anos 1990. E precisamente aqueles dois traços revelam-se claros na tematização da tão importante *problemática de gênero*. Por isso mesmo, é de saudar enfaticamente o lançamento deste livro, *Gênero e Serviço Social*: desafios a uma abordagem crítica, pois que enfrenta, com coragem e competência, as implicações dos "tempos conservadores" no Serviço Social.

Cumpre fazer notar que os dois autores, ambos com doutorado em Serviço Social pela Universidade Federal do Rio de Janeiro, dispõem de experiência profissional e hoje são docentes universitários. Mas cabe destacar, sobretudo, que ambos se ocupam há muito da problemática de gênero, de fato desde o início da sua formação acadêmica — essa problemática, portanto, não comparece no seu horizonte profissional e de pesquisa como algo casual, como objeto de ocasião: é questão sobre a qual já têm um significativo acúmulo, sobre a qual têm refletido e pesquisado há anos.

Neste livro, evidentemente capitalizando o acervo bibliográfico e a experimentação intelectual que conheceram e provaram ao longo da sua formação, os autores não reproduzem os seus anteriores trabalhos acadêmicos. Elaboraram um livro de extrema utilidade para leitores de todas as áreas profissionais das ciências sociais e humanas e para um público que vai além do auditório da academia: mesmo que o debate referido ao Serviço Social esteja no centro de suas atenções, os autores — que não pretenderam dirigir-se apenas aos círculos de especialistas — oferecem uma exposição da problemática de gênero com três características essenciais:

a) uma abordagem informada, que recolhe os debates acadêmicos mais significativos dos últimos trinta anos;
b) um tratamento do objeto que não cede à tentação do modismo novidadeiro, mas que procura rastrear a sua gênese e a sua história;
c) uma clara referencialidade teórica e ideológica.

Não é pouco, há que se convir: o enfrentamento da cultura da apologia indireta transparece abertamente nessas três características. A bibliografia utilizada é ampla e merecedora de crédito. O objeto é visto sob a lente da sua historicidade — seja da sua existência real, seja do trato analítico de que foi alvo. E a referencialidade teórica e ideológica é posta com frontalidade — à base de uma inequívoca reivindicação da tradição marxista, em várias de suas vertentes, e do nítido apego a ideias centrais de A. Gramsci.

É possível discordar de algumas considerações dos autores, de apontamentos críticos que formulam, de proposições que apresentam. Mas é impossível negar que, com este livro, Vanessa Bezerra e Renato Veloso contribuem para oxigenar o debate da problemática de gênero no Serviço Social brasileiro (e não só).

Não se trata, porém, de uma contribuição a diluir-se entre tantas que estão surgindo, mormente entre a nova geração de pesquisadores da área do Serviço Social. É preciso qualificar a contribuição dos dois autores: a meu juízo, o que temos em nossas mãos de leitores é uma contribuição crítica, responsável e fecunda.

Mais não se pode dizer, elogiosamente, de um livro tão significativo como este — e tão expressivo da pesquisa instigante e da reflexão autônoma desses dois jovens docentes que têm talento e destemor para enfrentar, no interior da universidade, a hegemonia da cultura neoconservadora e bem-pensante.

José Paulo Netto
Professor Emérito da Universidade Federal do Rio de Janeiro

Introdução

O futuro da filosofia da práxis dependerá, com certeza, tanto da sua capacidade de autorrenovação teórica como da eficácia da sua presença na ação política.

Leandro Konder

Ao nos debruçarmos sobre a produção teórica que trata das relações sociais de gênero, é possível perceber a presença recorrente da crítica ao marxismo, seja por sua suposta cegueira às questões de gênero, seja pela insuficiência de seu arcabouço categorial para apreender devidamente o fenômeno, que muitas vezes é analisado por uma perspectiva economicista, em que gênero seria o resultado mecânico de exigências impostas pela economia capitalista.

No que diz respeito à própria denominação "marxismo", Netto nos lembra que o termo remete à concepção de algo que nunca existiu. O que ocorreu foi o desenvolvimento de uma tradição teórico-intelectual e política a partir da obra de Marx, tradição esta marcada por premissas comuns, mas que originou uma pluralidade e uma diversidade de interpretações, por vezes inclusive colidentes. Tal pluralidade de interpretações teve origem na forma como a obra de Marx foi apreendida, passando por reduções, revisões e até acréscimos, o que originou a chamada *tradição marxista*, compreendida por Netto como "um bloco cultural extremamente complexo e diferenciado, no interior do qual se estruturam e se movem vertentes que concorrem entre si."[1]

Diante dessa afirmação, também não procede a acusação de que *o marxismo* não trata, ou não trata devidamente, a questão das relações de gênero, pois estamos

1 NETTO, J. P. *Crise do socialismo e ofensiva neoliberal.* São Paulo: Cortez, 1995. p. 26.

diante de uma tradição extremamente heterogênea, em que a afirmação de que não existe *o marxismo*, e sim *vários marxismos*, que compõem a tradição como um todo, é plenamente justificável. A crítica pode ser procedente se considerarmos que, diante da obra de Marx, existem correntes que se comportam de maneira dogmática, reducionista e economicista, tomando as análises de Marx como verdades absolutas e a-históricas.

O cerne da diferenciação do marxismo em relação às outras formas de compreender a realidade está na ideia apresentada por Marx em suas teses sobre Feuerbach: "Os filósofos só interpretaram o mundo de diferentes maneiras; do que se trata é de transformá-lo".[2] É essa postura diante da investigação sobre a realidade, visando a sua transformação, que faz da teoria marxista uma teoria revolucionária, o que é fundamental para se compreender as relações de gênero não apenas como um fim em si, mas como um meio para a sua transformação.

Seria, porém, um equívoco atribuir apenas os estudos sobre gênero a crítica à tradição marxista como um todo. Reconhecemos que tal crítica tem origem nas ciências sociais em geral, a partir do "caldo de cultura" gerado no pós-1968, quando foi declarada a "morte" do marxismo diante da nova fase do capitalismo e da ordem burguesa, bem como declarada a "morte" da própria modernidade enquanto projeto civilizacional, sendo apresentado o projeto pós-moderno como arcabouço teórico-conceitual alternativo para a compreensão da realidade e para o estabelecimento de novas formas de organização política. A partir de então, a crítica ao marxismo foi vulgarizada, como sinaliza Netto, sendo comum encontrar análises como a seguinte:

> A maturação da ordem burguesa colocou problemas não contemplados (ou sequer vislumbrados) na obra de Marx. Muitos juízos e apreciações determinados por Marx já não são sustentáveis e/ou não têm mais razão de ser; [...] Há estratos e elementos superados na obra marxiana.[3]

Só uma visão reducionista da obra de Marx defenderia que, depois de mais de um século de sua produção, suas análises seriam completamente suficientes para

---

2 MARX, Teses contra Feuerbach. In: *Manuscritos econômico-filosóficos e outros textos escolhidos*. 2. ed. São Paulo: Abril Cultural, 1979 (Os pensadores). p. 53.

3 NETTO, 1995, p.35.

interpretar a realidade atual — vale ressaltar que sua maior contribuição foi o desenvolvimento de uma perspectiva teórico-metodológica, que permite extrair dos fatos objetivados na vida social os processos que os originam e que os tornam totalidades concretas. Trata-se de um método diante do qual é possível buscar as explicações acerca da superação de algumas de suas próprias análises, já que este compreende a história como detentora de movimento; ou seja: a história, por conta de seu movimento, demandará novas análises para apreender as novas determinações de um dado fato histórico quando analisado em momentos diferentes.

Contudo, a partir do caldo de cultura gerado no pós-1968, diversos teóricos, inclusive ditos marxistas, passaram a declarar a falência do marxismo e da modernidade como um todo, criticando categorias fundamentais, como a de totalidade, sob a alegação de que esta, na verdade, representaria uma postura totalitária, e a de sujeito universal, sob a alegação de que o conceito abrangido por essa categoria negava as particularidades dos indivíduos, representando apenas os interesses daqueles que são dominantes na sociedade, como os homens brancos.[4]

Diante desse quadro, afirmamos que *as relações sociais de gênero se constituem enquanto uma categoria em disputa*, pelas diversas vertentes teóricas existentes, inclusive pelos teóricos vinculados à pós-modernidade e/ou ao pós-estruturalismo. É possível dizer que, a princípio, as desigualdades de gênero foram objeto de análise e de preocupação dos marxistas e que, a partir do pós-1968, o marxismo foi, aos poucos, perdendo terreno na discussão do gênero, que passou a ser hegemonizada pelas vertentes ligadas à pós-modernidade.

Há que se considerar, portanto, a característica de disputa entre a razão e o irracionalismo, presente em nosso tempo, que traz o gênero em seu interior.

Convém aqui esclarecer o motivo de afirmarmos que os marxistas foram pioneiros na percepção do fenômeno do gênero, já que este era tratado como *"questão da mulher"*. Se tomarmos o gênero como um fenômeno histórico e social em ampla articulação com o desenvolvimento e a reprodução da sociedade, devendo ser pensado como uma categoria, e se considerarmos que as categorias, segundo o método materialista-histórico de análise da realidade, são portadoras de dois níveis — gnosiológico e histórico-ontológico —, pode-se dizer que o fenômeno do gênero, no

4 A crítica ao sujeito universal também foi feita pelas feministas marxistas; contudo, estas argumentavam que tal sujeito deveria ser concebido considerando as particularidades de gênero, ou seja, não negavam a existência do sujeito universal em prol dos múltiplos sujeitos específicos, como fazem os pós-modernos.

período histórico em que foi apreendido pelos marxistas (final do século XIX e início do século XX), não havia se manifestado em toda a sua complexidade, em parte pela ainda parca organização política das mulheres, o que obviamente limitou a apreensão do fenômeno, ou, dito de outra forma, limitou o desenvolvimento da categoria em seu aspecto gnosiológico. Com isso, queremos dizer que, se a manifestação da realidade deve vir antes (aspecto histórico-ontológico) de sua apreensão pelo pensamento, por meio da investigação do pesquisador (aspecto gnosiológico), a descoberta do gênero enquanto relação social não seria possível naquele momento histórico, tendo este sido apreendido de maneira parcial, o que não descarta a importância de tais estudos. Preferimos reconhecer, portanto, que o gênero, enquanto fenômeno histórico, foi apreendido de maneira parcial e muitas vezes equivocada pelos marxistas do início do século, tendo sido abordado em sua abrangência a partir da complexificação da própria realidade da vida social.

Contudo, não podemos negar, apesar de todas as críticas até aqui feitas, que foram as feministas não marxistas que desenvolveram a compreensão do gênero enquanto fenômeno relacional, que diz respeito tanto a mulheres como a homens, ampliando a análise até então existente, de que se tratava de exploração e opressão do homem sobre a mulher, o que acabava caindo em uma postura maniqueísta, em que as mulheres eram as vítimas e os homens os vilões, sem falar nas análises que subsumiam o gênero à questão da exploração de classe, como a de Engels, o que levava à conclusão equivocada de que, no capitalismo, apenas as mulheres burguesas eram oprimidas, apresentando uma visão romântica das relações de gênero no interior da classe trabalhadora, como se nesta houvesse igualdade em tais relações.

Assim, compreendemos que o método materialista é o mais adequado para apreender o gênero, por desenvolver um movimento que, utilizando-se da totalidade e da história, desfetichiza e desnaturaliza os fenômenos sociais. A partir desse método é possível compreender o gênero como uma categoria que designa o conjunto de fenômenos que expressam um padrão específico de relações existentes entre mulheres e homens, mulheres e mulheres e homens e homens, como aponta Veloso:

> Tais relações, que em nossa sociedade são, em sua maioria, marcadas pelas desigualdades, expressam a existência de uma forma determinada de relação entre os diversos sujeitos sociais. Tal padrão de relacionamento é histórico, ou seja, é construído pela própria sociedade, seguindo o seu movimento, pelo conjunto de forças sociais

> que organizam e dão uma direção a esta mesma sociedade. Deste modo, o gênero não é "natural", não é fixo, imutável ou intransponível, ao contrário, varia de acordo com as necessidades particulares de cada sociedade e de cada contexto histórico.[5]

A compreensão das relações de gênero enquanto fenômeno histórico e social, e não natural, é fundamental para que possamos acreditar na possibilidade de sua transformação, inclusive pela luta para a elaboração e implementação de políticas públicas com enfoque de gênero; nesse sentido, buscamos apresentar algumas experiências de políticas públicas que objetivam contribuir para a transformação dessas relações.

Esta abordagem pode ser útil para analisar tanto as práticas interventivas do assistente social como a própria configuração do Serviço Social como profissão feminina. Por meio do estudo das relações de gênero, é possível realizar análises mais aprofundadas, elaboradas e rigorosas da realidade social, uma vez que o gênero se apresenta como um dos constitutivos dessa realidade e, por isso mesmo, merecedor de atenção. O estudo e a incorporação dessa categoria às análises da realidade demandam um processo de formação profissional que contemple o seu tratamento, ou seja, uma formação que capacite assistentes sociais a perceber o gênero presente em todas as esferas da vida social.

O tema tem estado presente no interior da profissão. Está presente, por exemplo, no Código de Ética Profissional, mais especificamente no oitavo princípio, que se refere à "opção por um projeto profissional vinculado ao processo de construção de uma nova ordem societária, sem dominação-exploração de classe, etnia e gênero".[6] E também na discussão sobre a formação profissional, quando se defende a consideração de questões como "as relações de gênero, etnia, valores, aspirações religiosas, expressões artísticas e culturais, além de outros componentes de ordem afetiva, emocional etc.",[7] bem como quando se consideram as "diferenciações de gênero" um dos "impactos econômicos, sociais e políticos peculiares à

5 VELOSO, R. "Notas introdutórias sobre o debate das relações de gênero". In: *Revista Universidade e Sociedade*. São Paulo: Sindicato Nacional dos Docentes das Instituições de Ensino Superior, 2003. p. 6.

6 CFESS. "Código de Ética Profissional do Assistente Social". In: BONETTI et al. *Serviço Social e ética*. São Paulo: Cortez/CFESS, 1996. p. 218.

7 ABESS/CEDEPSS. Proposta básica para o projeto de formação profissional: documento ABESS/CEDEPSS. In: *Serviço Social e Sociedade*, n. 50. São Paulo: Cortez, 1996a. p. 163.

sociedade brasileira".[8] Mas o que deve ser enfatizado em relação à incorporação dessa categoria pelo Serviço Social é menos a sua presença no interior da profissão do que a forma como tal presença se efetiva. O fato de ser citado, ainda que em obras de grande importância para a profissão, não significa que a sua apropriação tenha se efetuado ou se consolidado. Ainda é possível observar, com certa frequência, produções que tratam gênero de forma equivocada, ora o utilizando simplesmente como um sinônimo de mulheres, ora desvalorizando o seu real potencial analítico.

A importância desse debate para o Serviço Social reside no fato de o atual projeto ético-político da profissão, expresso no código de ética profissional, na lei de regulamentação da profissão e nas diretrizes curriculares, ter como inspiração teórico-política o marxismo, apresentando, em um dos princípios do nosso código de ética, o compromisso com a defesa da igualdade de gênero: "Opção por um projeto profissional vinculado ao processo de construção de uma nova ordem societária, sem dominação-exploração de classe, etnia e gênero".[9] Ora, se o projeto ético-político tem inspiração no marxismo e reconhece que a luta pelo fim das desigualdades de gênero deve ser um dos compromissos de assistentes sociais, compreender o gênero sob uma perspectiva marxista se faz indispensável para uma intervenção crítica, criativa, comprometida, competente e, acrescentaríamos, coerente.

Se gênero vem se constituindo em uma categoria em disputa, inserida nos grandes projetos societários compostos pelos sujeitos históricos — mulheres e homens —, o objetivo deste livro é desmistificar a falsa cegueira do marxismo diante desse fenômeno, reconhecendo, portanto, a importância de teóricos, militantes e assistentes sociais marxistas entrarem nessa arena de lutas. Em suma, pretendemos que este trabalho sirva de provocação e estímulo a todos aqueles que pretendem tomar parte nesta batalha, que é tanto teórica, como ético-política e profissional.

---

8 ABESS/CEDEPSS. *Diretrizes gerais para o curso de Serviço Social*. Rio de Janeiro: ABESS/CEDEPSS, 1996b. p. 11.

9 CFESS, 1996. p. 16.

Capítulo 1

O gênero sob uma perspectiva histórica

O que as ciências sociais convencionaram chamar de pós-modernidade, construída a partir do esgotamento e das limitações do socialismo real, bem como da própria crise do capital, buscou constituir-se enquanto alternativa ao projeto da modernidade, estabelecendo estratégias de intervenção em todos os aspectos da vida social, ou seja, na economia, na política e nas relações sociais como um todo, bem como na cultura, por meio do investimento ideológico na disseminação de seu ideário. Autodefinindo-se como alternativa tanto ao capitalismo selvagem como ao socialismo real, em uma espécie de terceira via, a pós-modernidade, apesar de bastante heterogênea, acabou por estabelecer como prioridade a crítica ao arcabouço teórico marxista, inclusive ao método materialista de análise, na maioria das vezes fazendo deturpações deste, o que demonstra, no mínimo, duas questões: a incompetência em compreender o próprio método materialista e/ou a estratégia de deturpar o método para propiciar a crítica. O fato é que grande parte das críticas feitas ao projeto da modernidade diz respeito ao positivismo, ou ao marxismo, este, contudo, interpretado de maneira deturpada. Este capítulo apresentará, de maneira breve, as principais categorias marxistas, bem como o próprio método materialista histórico-dialético de análise da realidade, mostrando que as críticas feitas a estes são, com efeito, deturpações.

1.1 A categoria da práxis

Compreender a relação que se estabelece entre teoria e prática é fundamental para que possamos apreender a realidade em sua totalidade, captando suas múltiplas determinações. Como pretendemos demonstrar o gênero como um dos componentes da vida social, é fundamental que utilizemos o método materialista histórico-dialético. Assim, faz-se necessário problematizar a categoria da práxis, e, para tanto, iniciaremos a discussão com a definição de Vásquez para *atividade*. Segundo o autor, atividade é "o ato ou conjunto de atos em virtude do qual um sujeito ativo (agente) modifica uma determinada matéria-prima".[1] Como se percebe, ao não especificar de que tipo de agente se está tratando, tampouco o tipo de matéria-prima a ser utilizada, é possível reconhecer a existência dos mais diversos produtos dessa atividade, desde a invenção de um novo eletrodoméstico até a criação de um novo paradigma para a compreensão da realidade. Faz-se necessário, porém, apontarmos uma diferenciação elementar entre atividades humanas e atividades da natureza.

Vásquez aponta a existência de um fator que diferencia radicalmente a atividade humana de qualquer outra da natureza, e este — a consciência — possibilita a existência do resultado da atividade em dois tempos diferenciados: o resultado no plano ideal e o resultado materializado na realidade. O resultado no plano ideal ocorre no momento em que o homem utiliza uma capacidade que lhe é exclusiva — a teleologia —, que consiste em, antes de iniciar sua atividade, estabelecer não só uma finalidade, mas também selecionar todos os atos que serão necessários para a construção desse produto. Isso não quer dizer que o resultado real será pura e simplesmente uma réplica do resultado ideal, mas sim que aquele, propositalmente, buscará adequar-se a este.

Essa é, portanto, a grande diferença que existe entre uma atividade meramente animal e uma realizada pelo Homem,[2] que possui capacidade teleológica. Sobre essa questão, Vásquez cita Marx: "uma aranha executa operações que se assemelham às manipulações do tecelão, e a construção das colmeias pelas abelhas poderia envergonhar, por sua perfeição, mais de um mestre de obras. Mas há algo em que o pior mestre de obras é superior à melhor abelha, e é o fato de que, antes de executar a construção, ele a projeta em seu cérebro".[3]

---

1 VÁSQUEZ, A. S. *Filosofia da práxis*. Rio de Janeiro: Paz e Terra, 1968. p. 186.

2 Consideramos de suma importância esclarecer que, enquanto estivermos expondo as ideias dos autores, chamaremos de Homem o ser humano genérico, apesar de reconhecer que isso não significa apenas um detalhe gramatical, mas uma demonstração do quanto as mulheres foram subsumidas ao conceito de Homem universal.

3 VÁSQUEZ, 1968. p. 190.

Ao nos debruçarmos sobre a investigação do que vem a ser a atividade teleológica, nos damos conta de algumas características que lhe são fundamentais. Se é possível afirmar que essa atividade diz respeito à produção de um resultado ideal, cremos ser também possível afirmar que este apenas foi produzido porque foi e/ou é desejado. Se estamos diante de um produto ideal que é desejado, obviamente esse desejo demandará uma atividade real e objetiva a fim de que o mesmo produto possa vir a ser um produto real. É isto, portanto, o que diferencia a atividade teleológica da cognoscitiva: enquanto a cognoscitiva consiste no fato de que o homem, ao deparar com determinada realidade, deseja conhecê-la e, para tanto, a investiga, a teleológica propõe a construção de determinada realidade, o que demanda, portanto, uma ação efetiva.[4]

Ao diferenciar esses tipos de atividade não queremos dizer que ambos são dissociáveis; contudo, reconhecemos suas especificidades. Para Vásquez,[5] tal dissociação é impossível, já que, a partir do momento em que nos interessamos em conhecer uma determinada realidade, esse interesse está articulado a um fim. O que se quer dizer com a diferenciação é que, apesar de reconhecermos que existe um fim ao se desenvolver uma atividade cognoscitiva, não necessariamente haverá uma ação efetiva no sentido de que este se realize, o que não acontece com uma atividade teleológica, que necessariamente exigirá essa ação, posto que significa a projeção de algo cuja existência se deseja no plano real.

Sobre a relação entre atividade cognoscitiva e teleológica, Vásquez afirma que é importante compreendermos a relação entre pensamento e ação por meio da mediação das finalidades que o homem se propõe. Assim, se o homem tem por finalidade algo mais que um mero desejo, se possui vontade de realização desse objeto, faz-se necessário conhecê-lo, investigá-lo, bem como conhecer os instrumentos que possibilitarão sua transformação, para só então efetivar ações nesse sentido. O autor, com isso, mostra a unidade existente entre as atividades cognoscitiva e teleológica.

É possível, diante de tais definições, que se confunda o verdadeiro alcance dessas atividades. O que se quer dizer com isso é que, apesar de reconhecermos a atividade teleológica como uma atividade da consciência, que necessariamente demanda uma ação efetiva, ela por si só não transforma a realidade. É importante ter clareza

---

4 VÁSQUEZ, 1968. p. 191.

5 VÁSQUEZ, 1968. p. 192.

de que a atividade da qual tratamos tem um caráter teórico, ainda que contenha a intenção de um agir objetivo; como afirma Vásquez: "Quer se trate da formulação de finalidades, quer da produção de conhecimentos, a consciência não ultrapassa seu próprio âmbito; isto é, sua atividade não se objetiva ou materializa".[6] Isso nos leva a crer que a atividade da consciência não pode ser compreendida enquanto atividade objetiva.

O autor ressalta, portanto, que uma atividade prática é toda aquela em que existe efetivamente um caráter real e objetivo da matéria-prima na qual se está atuando, bem como dos instrumentos e dos resultados produzidos. Essa matéria sobre a qual o homem atua existe em total independência em relação à consciência deste, e o produto que resultará de sua atividade subsistirá também de forma independente.

Aqui surge, portanto, a categoria da práxis, elaborada por Marx, e competentemente explicitada por Vásquez:

> Marx ressalta o caráter real, objetivo, da práxis na medida em que transforma o mundo exterior que é independente de sua consciência e de sua existência. O objeto da atividade prática é a natureza, a sociedade ou os homens reais. A finalidade dessa atividade é a transformação real, objetiva, do mundo natural ou social para satisfazer determinada necessidade humana. E o resultado é uma nova realidade, que subsiste independentemente do sujeito ou dos sujeitos concretos que a engendraram com sua atividade subjetiva, mas que, sem dúvida, só existe pelo homem e para o homem, como ser social.[7]

Diante de tal assertiva, é possível concluir que práxis, enquanto atividade material objetiva, só pode existir na medida em que estivermos tratando de uma ação real e objetiva, o que inviabiliza o fato de considerarmos práxis qualquer atividade meramente ideal, inclusive a teleológica.

Vásquez coloca a existência de diversos tipos de práxis que se diferenciam de acordo com a matéria-prima envolvida, a qual tanto pode ser outro homem, como objetos artificiais já produzidos por outro homem ou, ainda, produtos da própria natureza.

---

6 VÁSQUEZ, 1968. p. 193.

7 VÁSQUEZ, 1968. p. 194.

Dentre os tipos de práxis, existe um que se mostra fundamental: a práxis produtiva.[8] Nesta, o homem, pelo processo de trabalho, se utiliza de instrumentos para transformar um determinado objeto, acatando uma finalidade, e, ao materializar essa finalidade, o mesmo homem se objetiva nesse produto.[9, 10]

Na mesma direção, Saffioti, Almeida e Cançado,[11] com base em autores marxistas, afirmam que sujeito e objeto são construídos por meio das relações sociais, a partir do desenvolvimento dos processos de subjetivação e objetivação, que constituem duas faces de um mesmo processo. Assim, "homens e mulheres fazem a história, produzindo objetivações através de suas práticas sociais e, simultaneamente, apropriando-se de seus resultados, isto é, reapropriando-se subjetivamente da história que fazem".[12] As autoras, portanto, sustentam que sujeito e objeto não são dados, e sim resultado da atividade, do viver a vida, do produzir e reproduzir a vida em todas as dimensões.

Garcia[13] afirma que pela exploração do trabalho feminino, via domesticidade, o gênero tem integrado a realidade histórica do capitalismo, constituindo-se, portanto, como elemento fundamental da nossa história, tendo a família como a instituição na qual acontece a extração do trabalho feminino gratuito e na qual se manifesta e se

---

8 Não é nossa intenção problematizar os diversos tipos de práxis neste livro. Contudo, apenas a título de exposição, citamos que os tipos de práxis são: artística, científica, social, política e revolucionária. Consulte Vásquez (1968) para uma melhor apropriação do tema.

9 Sobre a relação do homem com a natureza (trabalho) e a consequente subjetivação/objetivação do homem por meio dela, Lefebvre (1958, p.59) afirma: "Num devir complexo e contraditório, quanto mais o homem emerge da natureza ao longo de uma luta encarniçada contra ela, mais profundamente ele penetra e mergulha nela. Apropria-se desta mesma natureza, o que implica que não se separa dela. Transforma-a e transforma-se, sem se desligar da natureza (e da sua própria natureza). Quanto mais se subjetiviza, mais ele se torna consciente, portanto, mais conhece e ganha em poder sobre as coisas e sobre ele, mais ele se objetiviza e se torna assim real. Este processo é pois simultaneamente objetivo e caminha para a objetivação (a realização) do humano – e caminha para a subjetividade, isto é, para uma realidade cada vez mais viva e ativa da consciência, do conhecimento, da liberdade". Essa compreensão derruba de um só golpe as falsas dicotomias tão propaladas por vários "cientistas", principalmente aquela que separa natureza e cultura, atribuindo as mulheres ao âmbito da primeira, e os homens ao da segunda.

10 VÁSQUEZ, 1968. p. 195.

11 SAFFIOTI, H. I. B.; ALMEIDA, S. S.; CANÇADO, M. E. R. "A rotinização da violência contra a mulher: o lugar da práxis na construção da subjetividade". *Congresso Internacional América 92: Raízes e Trajetórias* — USP/São Paulo, 1992.

12 SAFFIOTI, ALMEIDA e CANÇADO, 1992. p. 2.

13 GARCIA, F. M. *Ser social, dominação e violência*: um estudo do binômio dominação-violência a partir de uma perspectiva ontológica, com ênfase na questão de gênero. São Paulo: PUC, 1999. p. 212.

consolida a subordinação feminina, lembrando que essa organização de gênero é anterior ao capitalismo, porém herdada e incorporada por ele. O autor conclui que a família, em suas diversas formas, tem se revelado uma instituição antidemocrática, que mantém a mulher atrelada à domesticidade há milênios; prova disso é o fato de acentuar-se uma crise no seio da família sempre que a mulher busca ocupar espaços públicos, conquistando *status* de cidadania, o que questiona os padrões tradicionais das relações de gênero. Diante desse quadro, o autor afirma que, para a transformação dos padrões de organização da vida em sociedade, especialmente os da domesticidade, faz-se necessário um trabalho de formação e transformação das identidades pessoais. Ora, se é verdadeira a assertiva de que *ser é objetivar-se*, então as formas de objetivação constituem formas de concretização da existência, o que nos leva a concluir que, se uma existência é alienada, estamos tratando de um processo de objetivação que produz a alienação, ou seja, de um processo em que o ser não consegue reconhecer sua objetivação como expressão de si mesmo.

O autor continua, afirmando que as variações no interior da práxis humana correspondem aos diversos estágios da divisão social do trabalho, o que quer dizer que tipos de personalidades humanas são construídos de acordo com as necessidades de um determinado modo de organização do ser social. Dessa maneira, a subjetividade humana consiste na subjetivação da objetividade, bem como a objetividade, na objetivação da subjetividade do ser humano. A partir dessas reflexões, é possível compreender que o gênero corresponde à atribuição dada pelas estruturas da sociedade, com os papéis sociais diferenciados por sexo, em que é construído sobre a "fêmea" (atributo natural), e a "mulher" (construção social), o mesmo ocorrendo em relação ao homem. Neste sentido, verifica-se que as categorias sociais *mulher* e *homem* são milenares e que é a partir delas que se organizam a domesticidade e a família. Garcia considera necessário, portanto, o fim dessas categorias:

> Torna-se necessário destruir essas categorias sociais enquanto fatores dotados de importância social para fins de construção de identidades — o que nada mais é que reafirmar o caráter processual da história. [...] não mais existirão homens e mulheres, que são categorias sociais dotadas de significado hierarquizador. A igualdade implica que essas categorias desaparecem enquanto fatores de diferenciação-hierarquização e, portanto, enquanto elementos de constituição de identidades com obrigações e limites específicos.[14]

14 GARCIA, 1999. p. 215.

Voltando a tratar das formas existentes de práxis, existem tipos que envolvem o homem enquanto sujeito e objeto, como no caso da práxis social, ou seja, de atividades de grupos ou classes sociais, que transformam a organização e a direção da sociedade. Esse tipo de práxis frequentemente desemboca na práxis política, que consiste na luta pelo controle de um determinado organismo, como o Estado, por exemplo.

Vásquez afirma que a práxis política, enquanto atividade prática transformadora, alcança sua forma mais alta na práxis revolucionária, em que o principal ator é o proletariado consciente, organizado e dirigido. Aqui, acrescentaríamos que a unidade entre o proletariado deve ser construída considerando-se as particularidades de gênero, buscando destruir tal hierarquia no seio dessa classe social.

No que se refere à atividade teórica, Vásquez[15] sustenta que esta só existe por causa da prática e em relação a ela, já que nela residem seu fundamento, suas finalidades e seu critério de verdade. Contudo, o mesmo autor continua, afirmando que atividade teórica não pode ser considerada uma forma de práxis, já que lhe falta o lado objetivo e material. As transformações desembocadas pela atividade teórica estão sempre no plano ideal, "são transformações das ideias sobre o mundo, mas não do mundo mesmo".[16] Diante dessa constatação, Vásquez traz à baila o que de revolucionário possui a teoria social de Marx; o autor, citando a XI tese sobre Feuerbach, afirma que, para a teoria social de Marx, não basta apenas interpretarmos o mundo, é preciso transformá-lo. Com isso, podemos dizer que a teoria é capaz de contribuir para a transformação, apesar de não realizá-la por si mesma, e que tal contribuição se dá no momento em que essa mesma teoria é assimilada pelos atores da transformação. Vásquez afirma:

> Entre a teoria e a atividade prática transformadora se insere um trabalho de educação das consciências. De organização dos meios materiais e planos concretos de ação; tudo isto como passagem indispensável para desenvolver ações reais, efetivas. **Nesse sentido, uma teoria é prática na medida em que materializa, através de uma série de mediações, o que antes só existia idealmente, como conhecimento da realidade ou antecipação ideal de sua transformação.**[17]

15 VÁSQUEZ, 1968. p. 202.

16 VÁSQUEZ, 1968. p. 203.

17 VÁSQUEZ, 1968. p. 207. (Grifos nossos.)

Entender a relação entre teoria e prática dessa maneira, bem como a necessidade de transformar a realidade, além de apreendê-la, torna a compreensão das relações sociais de gênero, sob essa perspectiva, radicalmente oposta à perspectiva pós-moderna, que preconiza a disputa restrita ao plano do discurso e da linguagem, demonstrando um idealismo que só pode coadunar com o *status quo*. A seguir, trataremos dessa questão mais detidamente.

1.2 A unidade entre teoria e prática

Vásquez nos coloca diante de uma concepção de atividade prática e teórica em que se reconhecem suas especificidades, além da unidade entre teoria e prática.

Alguns autores acreditam na oposição entre teoria e prática, mas tal oposição apenas é possível quando se concebe a teoria desvinculada totalmente da prática e vice-versa. No último caso, a prática basta-se a si mesma, e a verdade reduz-se a tudo aquilo que é útil: o senso comum se coloca como um sentido da prática, que, então, nada tem a ver com a teoria. Vásquez chama de pragmáticos os autores que se vinculam a essa interpretação, e o equívoco contido nela está na concepção de verdade, que não é tida como reprodução espiritual da realidade e como processo ativo de ascenso do abstrato ao concreto em e pelo pensamento, em estreita vinculação com a prática social. Para Marx, o conhecimento é útil, posto que verdadeiro, e não o contrário, como acreditam os pragmáticos.[18] Mas existem autores, inclusive que se dizem vinculados à tradição marxista, que optam pela supremacia e, muitas vezes, pela exclusividade da teoria aqui entendida enquanto investigação da essência. A estes, Lefebvre[19] oferece sua crítica: "mergulhar no domínio das Leis ou das essências, considerá-las como autossuficientes, é também perder-se no deserto da essência. Este domínio é calmo, frio, dessecado. A dialética propõe-nos, primeiro de tudo, uma noção do concreto". Faz-se necessário, diante de tal ponderação, reconhecer a unidade que há entre teoria e prática, bem como a autonomia e a dependência existente entre essas esferas.

---

18 MARX, K. apud VÁSQUEZ, 1968. p. 213.

19 LEFEBVRE, H. *Materialismo dialético e sociologia*. Lisboa: Presença, 1958. p. 43.

Há que se reconhecer também a grande contribuição de Marx no sentido de elaborar uma teoria da revolução e do Estado — presentes no *Manifesto Comunista* de 1848 —, totalmente consoante com a sua prática revolucionária. Ao reconhecer a indissociabilidade entre teoria e prática, o próprio Marx pôde, após diversas experiências vividas por ele em um determinado momento histórico, reelaborar sua teoria da revolução. Vásquez, diante dessa constatação, lembra o que era essencial para Marx:

> a teoria como fundamento científico da substituição revolucionária do capitalismo pelo socialismo, assim como fundamentação da missão histórica do agente dessa transformação – o proletariado.[20]

A análise concreta de situações concretas, segundo Vásquez, é para Marx o fator mais importante na construção de uma teoria; sua teoria revolucionária não se desenvolveu para si, e sim em nome da práxis.[21] Esse é, portanto, o método que Marx propôs para garantir a unidade entre teoria e prática. A maior contribuição de Marx reside em seu método e não em sua produção propriamente dita, daí a necessidade de fazer análise de conjuntura, a fim de assegurarmos a fidelidade a uma realidade que é historicamente datada.

Após reconhecermos a unidade entre teoria e prática, bem como a prática como fundamento da teoria, faz-se necessário reconhecer outro patamar da relação entre ambas, qual seja, a prática como finalidade da teoria. Isso é possível se reconhecermos a possibilidade de a teoria antecipar-se a uma dada realidade, servindo inclusive de norte para a atividade prática, no sentido de contribuir para a construção de uma nova realidade, o que significa reconhecer certa autonomia da teoria em relação à prática. Se são verdadeiras a dependência e a autonomia da teoria em relação à prática, e que esta é, ao mesmo tempo, fundamento e finalidade da teoria, Vásquez, então, afirma que existe uma primazia da prática em relação à teoria, a qual, contudo, pressupõe íntima vinculação entre ambas.[22]

---

20 VÁSQUEZ, 1968. p. 227.

21 VÁSQUEZ, 1968. p. 230.

22 VÁSQUEZ, 1968. p. 234.

Kameyama,[23] no mesmo sentido, observa que a teoria se apropria do concreto para transformá-lo em concreto pensado, e, após a elaboração do concreto pensado, volta-se à prática. Iamamoto,[24] por sua vez, alerta para que não se confundam o concreto pensado e o próprio concreto, já que a realidade possui autonomia em relação à teoria e, além disso, o real é muito mais abrangente que a teoria.

1.3 A unidade entre fenômeno e essência

Kosik,[25] autor reconhecidamente marxista, também reflete sobre a relação entre teoria e prática, debatendo sobre o método dialético de interpretação da realidade. Esse autor tem importância salutar para a compreensão de uma polêmica existente: a falsa dicotomia entre teoria e prática. Falsa porque se sabe, após a breve problematização da categoria de práxis desenvolvida por Vásquez, que, ao se menosprezar tanto a teoria como a prática, não conseguiremos compreender o real em sua totalidade.[26]

Reconhecemos com isso a necessidade de trazer mais diretamente ao debate o método dialético elaborado por Marx para a compreensão da realidade. Kosik[27] afirma que "a dialética trata da coisa em si. Mas a coisa em si não se manifesta imediatamente ao homem". Se é verdadeira tal afirmação, é também compreensível que, para o pensamento dialético, a representação que um determinado sujeito faz sobre uma dada situação, bem como o conceito elaborado diante desta, são questões diferentes. E aqui vale lembrar os estudos sobre gênero, que se valem da chamada representação social para demonstrar como tais relações

---

23 KAMEYAMA, N. "Metodologia: uma questão em questão". In: Caderno ABESS, n. 3. São Paulo: Cortez, 1989. p. 106.

24 IAMAMOTO, M. V. *Renovação e conservadorismo no Serviço Social no Brasil. Esboço de uma interpretação histórico-metodológica.* 4. ed. São Paulo: Cortez-Celats, 1992.

25 KOSIK, K. *Dialética do concreto.* Rio de Janeiro: Paz e Terra, 1976.

26 Netto (1989, p. 107), ao problematizar a questão das diversas teorias, afirma as diferenças existentes entre a teoria marxista e as demais. Para o autor, a diferença crucial reside no fato de que, ao analisar estrutural e funcionalmente o desenvolvimento capitalista, a teoria marxista consegue apreender a realidade em sua totalidade, diferentemente das demais teorias que, ao não analisarem o modo de produção capitalista do ponto de vista estrutural, oferecem apenas uma análise parcial da realidade.

27 KOSIK, 1976. p. 9.

constituem, como se as representações, por si sós, demonstrassem a realidade em sua totalidade.

Para compreendermos tal diferenciação, basta lembrar como os sujeitos se colocam diante das situações do cotidiano e que fazem parte de uma realidade histórica, agindo de maneira prática e objetiva, sem refletir sobre o que estão fazendo e, portanto, realizando suas atividades de forma mecânica. Pode-se afirmar que a realidade não nos é apresentada à primeira vista, e que aquilo que pensamos sobre ela, a princípio, nada mais é do que representação, ou, como afirma Kosik, aspecto fenomênico da realidade. Esse distanciamento que existe entre a realidade em si e aquilo que os sujeitos pensam ser a realidade é provocado pelo senso comum, aquele mesmo que Vásquez cita e que, segundo o autor, desconsidera a importância da teoria para orientar a prática e, portanto, compreender a realidade.

Kosik dá o nome de "práxis utilitária" àquela que se baseia no senso comum, e, concordando com Vasquez, reconhece que ela não permite a compreensão da realidade. E dá o nome de "mundo da pseudoconcreticidade" àquele que, segundo os parâmetros do senso comum, consiste no "complexo dos fenômenos que povoam o ambiente cotidiano e a atmosfera comum da vida humana, que, com sua regularidade, imediatismo e evidência, penetram na consciência dos indivíduos agentes, assumindo um aspecto independente e natural".[28] Nesse *mundo*, o fenômeno (aparência), ao mesmo tempo que revela a essência, a esconde, e, ainda que a revele, o faz de maneira apenas parcial. Ousaríamos afirmar que os estudos sobre gênero que se utilizam do referencial teórico pós-moderno restringem suas investigações ao mundo da pseudoconcreticidade, não alcançando a totalidade concreta das relações.

Kosik continua sua análise, reconhecendo haver uma unidade entre fenômeno e essência,[29] em que um não existe sem o outro — um é precondição para o outro. Assim, para que possamos compreender a essência das coisas, faz-se mister captar o fenômeno e nos indagar acerca de como a coisa se manifesta e, ao mesmo tempo, se esconde. Para o *mundo da pseudoconcreticidade* o fenômeno da coisa é

28 KOSIK, 1976. p. 11.

29 Sobre a relação entre aparência e essência, Lefebvre (1958, p.40) afirma: "O imediato, fenômeno ou fato, não se basta, pois é apenas manifestação, aparência. É preciso ir mais longe, ou melhor, mais fundo e trabalhar para descobrir o que se esconde, não por detrás dele, mas nele".

considerado como a coisa em si, não existindo, portanto, diferença entre fenômeno e essência[30]. Superar o mundo da pseudoconcreticidade é *conditio sine qua non* para uma intervenção crítica, em que a realidade é sua precondição. Nesse sentido, Baptista se apropria de Lefebvre:

> Revelar a riqueza escondida sob a aparente pobreza do cotidiano, descobrir a profundeza sob a trivialidade, atingir o extraordinário do ordinário, este é o desafio.[31]

Em uma concepção dialética, *conceito* e *abstração* são métodos que decompõem o todo, a fim de que se possa reproduzir espiritualmente a coisa e, portanto, compreendê-la.[32]

Lefebvre[33] traz à baila o conceito hegeliano de lei, também importante para a análise da realidade concreta. Segundo Hegel, Lei "é o reflexo do essencial no movimento do universo". Isso posto, Lefebvre afirma que, no espaço da lei, o fenômeno se coloca de maneira estável, tranquila, porque sem movimento, o que nos leva a crer que, além da lei, o fenômeno contém o movimento contraditório da realidade. Poderíamos, com isso, dizer que a lei nada mais é que o reflexo daquilo que vem a ser o fenômeno. Sobre essa afirmação, Lefebvre continua:

> [...] o mundo fenomenal (imediato, dado), é agitado, contraditório, móvel. O seu reflexo (a reflexão sobre ele, o modo como ele se reflete ou se repercute sobre si próprio no seu próprio movimento interno, e também como ele se reflete no nosso conhecimento), incluindo o reflexo das suas contradições, do seu movimento, assume no

---

30 Lefebvre (1958, p.40) nos oferece uma bela reflexão acerca da conceituação de fenômeno e essência, posto que acaba com a possibilidade de se estabelecer uma hierarquia entre os dois planos, já que alguns autores optam por privilegiar o plano do fenômeno ou o da essência: "Em certo sentido, o fenômeno (imediato, dado, presente diante de nós) é sempre mais rico, mais complexo do que qualquer lei e qualquer essência. A lei, a essência (objetiva), é apenas uma parte a atingir pela análise. Relativamente à lei, o fenômeno é pois uma totalidade, porque é relação entre a essência escondida e outras realidades, outras essências: com todo o universo. Porque contém uma profundidade, uma multiplicidade de essências e de leis que se envolvem". A ideia, ao contrário do que possa parecer, não é afirmar a primazia do fenômeno, e sim reforçar sua importância àqueles que a desconsideram.

31 LEFEBVRE, H. *A vida cotidiana no mundo moderno*. São Paulo: Ática, 1991. p. 42, *apud* BAPTISTA, M. V. "A ação profissional no cotidiano". In: MARTINELLI, M. L. et al. (Orgs.). *O Uno e o Múltiplo nas relações entre as áreas do saber*. 2. ed. São Paulo: Cortez, 1998. p. 110-121.

32 KOSIK, 1976. p. 14.

33 LEFEBVRE, 1958. p. 40.

> nosso pensamento uma espécie de calma soberana. Esta calma não deve induzir a filosofia em erro e dissimular-lhe o caráter profundamente agitado, contraditório e emaranhado do devir. **O reflexo das contradições deve ser não contraditório.**[34]

Kosik nos lembra que o pensamento tem uma direção que é oposta à realidade, o que quer dizer que é legítimo decompor a realidade, dividir para avaliá-la, obviamente reconhecendo que essa decomposição deve, necessariamente, ser temporária.

Lefebvre, na mesma direção, sustenta que o conhecimento deve partir da unidade contraditória entre fenômeno e essência, afirmando que "a análise quebra e separa a totalidade, que devemos, em seguida, reencontrar".[35] É importante ressaltar que o mesmo autor afirma a impossibilidade de se fazer uma mera descrição da realidade, posto que, ao começarmos a descrevê-la, necessariamente acabamos por buscar a essência do objeto de investigação. O que acontece nesses casos é a elaboração de um estudo empobrecido e deturpado da realidade, em que o que dá a direção são as preconcepções e os estereótipos que adquirimos em decorrência das relações fetichizadas estabelecidas na sociedade, em que o modo de produção é capitalista. Diante dessa afirmação, podemos dizer que os chamados estudos sobre mulher, considerados meramente descritivos, buscavam, ainda que de maneira deturpada, encontrar os nexos das relações sociais de gênero.

Kosik[36] sustenta que, apesar de não podermos compreender o todo imediatamente, isso não significa que ele não nos esteja sendo apresentado; para compreendê-lo, é preciso utilizar o método da ascensão do abstrato ao concreto (método do pensamento), que nos permite caminhar da "caótica representação do todo" até a "rica totalidade da multiplicidade das determinações e das relações".

1.4 O método

Ao nos referirmos ao marxismo e, principalmente, às obras produzidas por Marx, devemos reconhecer que sua maior contribuição para a teoria social e política foi a explicitação do método materialista histórico-dialético de análise da

34 LEFEBVRE, 1958. p. 41. (Grifos nossos.)

35 LEFEBVRE, 1958. p. 42.

36 KOSIK, 1976. p. 30.

realidade. Em O *capital*, Marx valeu-se desse método de articulação categorial, demonstrando um processo lógico, com base histórico-ontológica e movimento de elevação do abstrato ao concreto, em que passa das determinações mais simples para as mais complexas, ou seja, do menos complexo para o mais abrangente, com o objetivo de construir progressivamente uma totalidade concreta, uma síntese de múltiplas determinações.[37]

Gramsci, ao elaborar sua teoria ampliada do Estado, utilizou o método materialista, partindo da concepção de Marx e Engels de Estado, porém complexificou-a ao analisar as novas determinações existentes nas sociedades ocidentais — manteve a compreensão do caráter de classe do Estado, mas, ao perceber nessas sociedades a existência de uma sociedade civil desenvolvida, sofisticou as estratégias de transformação. Na verdade, esse movimento feito por Gramsci, e que corresponde ao movimento do método — passagem do abstrato ao concreto —, não se dá apenas no âmbito gnosiológico, ou seja, do conhecimento, mas se explicita principalmente no âmbito histórico-ontológico.[38] Com isso, queremos dizer que a complexificação e a ampliação da teoria do Estado, ou de qualquer fenômeno social, se dão em decorrência da complexificação do próprio fenômeno, sendo, portanto, um movimento da própria realidade, que, nesse caso, passa a possuir maior número de determinações.[39] Ora, se tal assertiva é verdadeira, a utilização do método exige a atualização permanente das análises histórico-conjunturais, no sentido de tornar possível a apreensão da realidade em sua complexidade. Diante desse quadro, Coutinho,[40] referindo-se à universalidade

---

37 COUTINHO, C. N. *Marxismo e política:* a dualidade de poderes e outros ensaios. 2. ed. São Paulo: Cortez, 1996. p. 14.

38 Faz-se necessário reconhecer a existência dessas duas dimensões, gnosiológica e histórico-ontológica, no momento da passagem do abstrato ao concreto. O nível gnosiológico diz respeito ao grau de abstração que um pesquisador atingiu para analisar um objeto; o nível histórico-ontológico, por sua vez, refere-se ao grau de complexificação da própria realidade objetiva com a qual o pesquisador se relaciona. Acontece que um autor marxista pode querer se manter no nível abstrato, das leis gerais que regem a sociedade, sendo esse momento indispensável para a compreensão da realidade. O que nem todos concordam é que esse momento é insuficiente para a apreensão das múltiplas determinações da realidade (COUTINHO, 1996, p. 15).

39 Não seria suficiente considerar apenas as determinações econômicas; devem considerar, também, as políticas, sociais, culturais e ideológicas para a compreensão do fenômeno estatal.

40 COUTINHO, 1992. p. 186.

de Gramsci, afirma que os marxistas que se inspiram em suas análises têm duas tarefas:

1. Concretizar suas formulações teóricas gerais, "aplicando-as" à época histórica e à própria realidade nacional.
2. Continuar o desenvolvimento teórico dos conceitos de Estado e de revolução socialista, enriquecendo as colocações gramscianas com as novas determinações trazidas pela evolução da realidade ocorrida depois de sua morte.

Ao considerar fecundo um posicionamento que leve em conta as análises de Marx e de Gramsci, mas que, exatamente por adotar o método dialético-materialista, permita a ampliação da abrangência de seus conceitos de acordo com as novas determinações da realidade, Coutinho[41] afirma que tal método tem como princípio básico o empenho em reproduzir conceitualmente o próprio movimento do real em toda a sua complexidade dinâmica e contraditória.

Em suma, ao se adotar o método histórico-dialético não se está apenas realizando uma escolha gnosiológica entre diferentes níveis de abstração ou concretização, já que a passagem do abstrato ao concreto retrata não apenas o movimento do pensamento, mas a própria dinâmica do real. Nesse sentido, Coutinho[42] lembra a definição de categoria de Marx: as categorias são formas de ser, determinações da existência. Ou seja: as categorias são apropriações mentais de uma dinâmica existente no próprio objeto, e, considerando-se tal definição, é possível compreender a colocação de Lukács, de que toda a ortodoxia referente ao marxismo diz respeito ao uso do método, e não à repetição de afirmações feitas por Marx em um dado momento histórico diferente (menos complexo) do atual. Com isso, evidentemente, não queremos dizer que as análises feitas por Marx não têm validade no cenário contemporâneo, mas, sobretudo, sinalizar que sua maior contribuição foi o desenvolvimento do método que possibilita, ao nosso ver, a maior aproximação possível da realidade em sua totalidade.

Netto,[43] na mesma direção, afirma que a teoria social de Marx reproduziu idealmente o movimento histórico-social em um dado momento, e se transpusermos esse resultado para os nossos dias, este, provavelmente, não corresponderá à totalidade, já que novos processos sociais foram desencadeados e aprofundados. O que,

---

41 COUTINHO, 1996. p. 12.

42 COUTINHO, 1996. p. 16.

43 NETTO, 1995. p. 38.

fundamentalmente, permanece válido é o seu método, o qual, inclusive, permite a superação das próprias análises marxianas.

Diante dessas considerações a respeito do método de análise da realidade de Marx, bem como de sua definição de categoria, consideramos importante sinalizar uma discussão presente entre estudiosos das relações de gênero, acerca do seu tratamento como categoria de análise e histórica. Se recordarmos os dois momentos de uma categoria — o gnosiológico e o histórico-ontológico —, veremos que o esforço em caracterizá-los como categoria analítica ou histórica não é necessário, uma vez que, sendo categorias, os dois momentos estão implícitos: aquele que diz respeito à abstração do pesquisador diante do objeto e aquele que se refere à própria realidade que fez emergir o objeto.

Em relação ao movimento do abstrato ao concreto, há que se explicitar, ainda que em linhas gerais, o que vem a ser o método do pensamento para Kosik.[44] Segundo o autor, o movimento do abstrato ao concreto envolve conceitos abstratos e acontece nesse plano, posto que é um movimento no pensamento e do pensamento, tendo por objetivo negar a imediaticidade. Tal movimento, a princípio, restringe-se à abstratividade, e seu progresso em direção à concreticidade é o que se denomina dialética. O movimento dialético é, geralmente, do todo para a parte e da parte para o todo,[45] do fenômeno para a essência e da essência para o fenômeno, do sujeito para o objeto e do objeto para o sujeito, da totalidade para a contradição e da contradição para a totalidade.[46]

Diante do exposto, Kosik diz que "a dialética não é o método da redução; é o método da reprodução espiritual e intelectual da realidade, é o método do

---

44 KOSIK, 1976.

45 Sobre o método de conhecimento de orientação marxista, Kameyama (1989, p. 103) afirma que existem dois movimentos necessários à investigação, quais sejam, a indução e a dedução; o primeiro consiste no movimento do pensamento, que parte do conhecimento particular para a generalização, enquanto o segundo parte dos fatos gerais para, só então, chegar à particularidade.

46 Kosik (1976, p. 51), sobre a relação dialética entre contradição e totalidade, afirma que não deve haver primazia de uma sobre a outra, já que tal interpretação consiste na negação do próprio princípio dialético. Ele afirma: "A totalidade sem contradições é vazia e inerte, as contradições fora da totalidade são formais e arbitrárias". Lefebvre (1958, p. 42), no mesmo sentido, afirma: "De maneira geral, diferenças, oposições, contradições, antagonismos mais ou menos profundos que o pensamento detecta, constituem um todo, ele próprio mais ou menos profundo (essencial), no seio do qual se desenrola o conflito dialético dos elementos da totalidade detectada".

desenvolvimento e da explicitação dos fenômenos culturais, partindo da atividade prática objetiva do homem histórico".[47]

A partir dessas observações, Saffioti sustenta que as relações de gênero constituem uma totalidade dialética, na qual suas distintas partes interagem de forma orgânica e refletem concepções de gênero internalizadas por homens e mulheres, o que justifica o fato de o machismo não ser privilégio de homens, posto que a maioria das mulheres são suas portadoras, já que não basta que um dos gêneros conheça e pratique as atribuições que lhe são conferidas pela sociedade, mas "é imprescindível que cada gênero conheça as responsabilidades-direitos do outro gênero".[48]

A questão do cotidiano também é tema central na tradição marxista, e Evangelista[49] sinaliza que foi Lukács quem melhor desenvolveu a temática, tendo Kosik, mais recentemente, contribuído com reflexões pertinentes. Baseado nesses autores, Evangelista afirma que o cotidiano é um dos níveis constitutivos da história — é nele que a reprodução social se realiza pela própria reprodução dos indivíduos, o que equivale a dizer que, por meio da reprodução de cada indivíduo, reproduz-se indiretamente a sociedade. Tal constatação demonstra a importância do cotidiano para a vida social, e, se esta não existe sem aquele, muito menos o homem existe sem a cotidianidade. Segue o autor, acentuando que o cotidiano é determinado por três elementos: a heterogeneidade, a imediaticidade e a superficialidade extensiva, isso porque na vida cotidiana estão presentes diversos tipos de atividade humana, desenvolvidas de forma imediata, posto que a relação entre pensamento e ação é direta — aliás, indispensável ao automatismo necessário à reprodução cotidiana do indivíduo. Quando indivíduos deparam com demandas surgidas no cotidiano, consideram o conjunto de fenômenos presentes nas situações, e não as relações sociais que dão sentido a eles. O ritmo impresso no cotidiano lhes impõe respostas funcionais e imediatas, que se baseiam nos elementos que estão ao seu alcance, e não a partir de uma reflexão a respeito da lógica de estruturação dos elementos. A cotidianidade é um mundo em que o homem se movimenta com instintividade mecânica e com sentido de familiaridade, e, na sociedade burguesa, tal cotidianidade é reificada.[50] Isso leva o autor a concluir que o

---

47 KOSIK, 1976. p. 32.

48 SAFFIOTI, H. I. B."Rearticulando gênero e classe social". In: COSTA, A. O. e BRUSCHINI, C. (Orgs.) *Uma questão de gênero.* Rio de Janeiro: Rosa dos Tempos; São Paulo: Fundação Carlos Chagas, 1992. p. 193.

49 EVANGELISTA, J. E. *Crise do marxismo e irracionalismo pós-moderno.* São Paulo: Cortez, 1997.

50 EVANGELISTA, 1997. p. 55-56.

conjunto das relações sociais, com o seu movimento e reprodução na história, não se apresenta ao indivíduo como realmente é — unidade em processo, ou totalidade —, e sim como um conjunto de coisas independentes entre si. Dito de outra maneira, a cotidianidade não corresponde às representações feitas pelo senso comum, já que estas estão restritas aos acontecimentos fenomênicos da realidade, não alcançando as conexões causais que lhes dão sentido. Segundo o pensamento lukacsiano, o indivíduo supera as limitações do cotidiano ao desenvolver uma das três formas de objetivação social — o trabalho criador, a arte e a ciência —, o que exige o esforço de suspensão temporária da heterogeneidade, da imediaticidade e da superficialidade extensiva, que levam o indivíduo à consciência humano-genérica. Esse exercício de suspensão temporária implica um retorno do indivíduo à cotidianidade, em que a vida cotidiana continua intacta, mas o indivíduo que a ela retorna está modificado ao ter adquirido a consciência humano-genérica. O movimento da cotidianidade/suspensão é a dialética da processualidade que constitui e desenvolve o ser social, e a superação da cotidianidade reificada não se dá de uma só vez, e sim por meio desse processo de ultrapassagem e retorno renovado.[51] Ora, se é mediante movimentos sucessivos que se alcança a compreensão do real, então não existe uma identidade entre a totalidade sócio-histórica e a da consciência ou da teoria, mas sim um esforço contínuo da teoria ou da consciência para captar, por meio de sucessivas aproximações, a totalidade concreta, gerando com isso um hiato entre a consciência e o ser social, o qual é alimentado pela reificação das relações sociais na vida cotidiana.

Garcia, no mesmo sentido, afirma que, contra os críticos do marxismo e a utilização do conceito de verdade, deve ficar claro que o conhecimento, no marxismo, não é final, e sim um processo em permanente evolução, "pois o conhecimento é conhecimento de um processo; portanto, também é um processo".[52]

Evangelista conclui que o conhecimento da vida social só é possível através do movimento dialético entre as partes e o todo, que se dá mediante um processo sucessivo e crescente de aprofundamento e complexificação do saber, aproximando-se da lógica do real, captando seu desenvolvimento histórico-ontológico. Este é, portanto, o procedimento metodológico construído por Marx: a passagem do abstrato ao concreto.

---

51 NETTO, J. P. e CARVALHO, M. C. B. *Cotidiano*: conhecimento e crítica. 5. ed. São Paulo: Cortez, 2000. p, 13-62.

52 GARCIA, 1999. p. 104.

1.5 O princípio da totalidade

Considerando-se a contribuição de Marx quanto ao desenvolvimento do método histórico-dialético, faz-se necessário explicitar um dos princípios que o compõem qual seja, o da totalidade. Segundo Coutinho,[53] o próprio Lukács afirmou que uma das principais distinções entre o marxismo e a ciência burguesa é a utilização do princípio da totalidade. De acordo com esse princípio, que Marx herdou de Hegel, a sociedade é concebida como uma totalidade, uma realidade complexa formada por mediações, contradições e processos; assim, o método a ser utilizado deve privilegiar essa totalidade, entendida como totalidade concreta, em que suas múltiplas partes têm relativa autonomia.

A totalidade que forma a sociedade tem como momento de destaque o econômico, que, segundo Marx, se constitui como articulação da relação que o homem estabelece com a natureza (dominando-a) e das relações que os homens estabelecem entre si para dominar a natureza, o que ele chama de relações de produção e de propriedade, as quais dão origem à divisão social do trabalho e à divisão da sociedade em classes sociais; estas, acrescentaríamos, articulam-se a um padrão particular de divisão sexual do trabalho no interior de uma estrutura social marcada pelo patriarcado. Para compreender a sociedade, portanto, há que se adotar, como afirma Lukács, *o ponto de vista da totalidade.*

Com a divisão científica do trabalho e o consequente surgimento das novas ciências, como sociologia, economia e política, o ponto de vista da totalidade torna-se inviável, já que estas tratam a realidade de forma fragmentada. Contudo, segundo Coutinho,[54] apesar de sua abordagem fragmentada da realidade, seria radicalismo desconsiderar as contribuições dessas ciências. Propõe o autor que façamos uma *crítica marxiana,* ou, como diria Lukács, uma *crítica ontológica,*[55] submetendo tais ciências a dois crivos de avaliação:

1. Crivo da totalidade, no qual buscaríamos relacionar dialeticamente os objetos elaborados por essas ciências com a totalidade social, desfetichizando-os e tornando-os momentos de processos.

---

53 COUTINHO, 1996. p. 92.

54 COUTINHO, 1996. p. 99.

55 Lukács, ao analisar a *Crítica da economia política* de Marx, percebe a dimensão metodológica presente nessa obra e ao movimento de utilização da totalidade e da história com o intuito de desfetichizar e desnaturalizar os fenômenos sociais dá o nome de "método de crítica ontológica".

2. Crivo da submissão dos objetos à historicidade, já que a totalidade concreta não é compreendida como fechada e definitiva, e sim como aberta e dinâmica.

A partir desses crivos, os objetos perdem a aparência de naturalidade, tornando-se estados transitórios. Quando assumem um caráter naturalizado, esses fenômenos passam a ser considerados eternos, não passíveis de transformação, o que coloca a urgência de fazer a crítica marxiana para desmistificar os componentes ideológicos presentes nessas ciências parciais.

Coutinho,[56] com isso, afirma que tais ciências não reproduzem diretamente uma falsa consciência, mas são apenas resultados unilaterais. No entanto, a utilização dessas ciências pode reproduzir ideologia, ou seja, elas podem ser tomadas como instrumento de reprodução de ideologias. Para o autor, faz-se necessário mediatizar o que tais ciências apresentam como imediato, desfetichizando os fenômenos sociais.

Considerando o método materialista histórico-dialético de análise da realidade ao tratar da relação entre as contradições de classe e as contradições entre os sexos, Kergoat afirma que é necessário compreendê-las enquanto constitutivas da realidade social, ou seja, ambas organizam a totalidade das práticas sociais em qualquer esfera. A autora discorda da compreensão dicotômica que afirma ser o espaço doméstico o lugar das contradições entre os sexos, e o espaço da produção, o das contradições de classe. Em suas próprias palavras: "a relação entre os sexos não se esgota na relação conjugal, como a relação de classes não se esgota na relação de produção".[57]

Kosik[58] trata da categoria da totalidade[59] ao afirmar a necessidade de decompor o todo em partes, a fim de que este seja compreendido e, logo após, ser

56 COUTINHO, 1996. p. 101.

57 KERGOAT, D. "Em defesa de uma sociologia das relações sociais – Da análise crítica das categorias dominantes à elaboração de uma nova conceituação". In: KARTCHEUSKY, A. et al. *O sexo do trabalho*. Rio de Janeiro: Paz e Terra, 1986. p. 91.

58 KOSIK, 1976. p. 35

59 Segundo Lefebvre (1958, p.48), Hegel foi o autor que mais contribuiu para o avanço da categoria da totalidade. Nesse sentido, afirma: "Quando chega ao exame da noção de totalidade, Hegel já estabeleceu que o caminho do conhecimento vai do fenômeno à lei, da manifestação ou aparência superficial à essência escondida" (p. 39-40). Na obra de Marx, Lefebvre afirma que a noção de totalidade surge em decorrência de sua noção de homem total: "o homem é totalidade. Através das suas necessidades e dos seus órgãos, através dos seus sentidos e das suas mãos, através do seu trabalho, através da práxis que o transforma transformando o mundo, o homem apropria-se totalmente de toda a natureza e da sua própria natureza" (p. 48).

reconstituído. Para compreender essa categoria, é preciso ter clareza de que realidade estamos tratando, pois, como o mesmo autor afirma, antes de saber "como conhecer" a realidade, devemos perguntar "o que é a realidade".[60] Para os opositores da filosofia da totalidade, a realidade pode ser considerada inatingível, porque o conhecimento é pura abstração, o que impossibilita nossa aproximação com a realidade concreta; ou, ainda, que a realidade é inatingível porque, sendo o conjunto de todos os fatos, o conhecimento humano seria incapaz de abrangê-los em sua plenitude. Para o materialismo, acumular todos os fatos não significa compreender a realidade e, menos ainda, todos os fatos reunidos não significam a totalidade. Totalidade, segundo Kosik, significa "realidade como um todo estruturado, dialético, no qual ou do qual um fato qualquer (classes de fatos, conjuntos de fatos) pode vir a ser racionalmente compreendido".[61]

Lefebvre,[62] em consonância com Kosik, afirma que a noção de totalidade não deve ser compreendida de maneira lógica e estática, mas dialética, já que, segundo o autor, as totalidades são móveis. Se tal assertiva for verdadeira, é possível, então, compreender que os fatos apenas são considerados conhecimento da realidade se são compreendidos como parte de um todo dialético, o que significa dizer que *realidade é totalidade concreta*.[63]

Kosik sustenta que o ponto de vista da totalidade concreta é um princípio metodológico da investigação dialética, em que cada fenômeno social pode ser entendido como momento do todo. Esse fenômeno, na medida em que desempenha duplo papel, constitui um fato histórico, definindo-se a si mesmo e ao todo, já que faz parte deste. Conhecer a realidade pela utilização da dialética tem uma repercussão: os conceitos elaborados anteriormente são reelaborados após um movimento de superação e de afirmação de suas afirmações. A compreensão da dialética da totalidade demanda que captemos as partes inteiradas entre si e com o todo, assim como compreendamos o todo não cristalizado na abstração, já que, como afirma Kosik,[64] *o todo se cria a si mesmo na interação das partes.*

60 Nesse momento, o autor se diferencia das correntes pós-modernas, que consideram importante desvendar como os fenômenos acontecem, em vez de desvendar os porquês.

61 KOSIK, 1976. p. 35.

62 LEFEBVRE, 1958. p. 44.

63 LEFEBVRE, 1958. p. 36.

64 KOSIK, 1976. p. 42.

Para Lefebvre,[65] uma análise imprescindível para a compreensão da noção de totalidade é a relação de causalidade. Para os adeptos do pragmatismo, a realidade se explica por meio de relações simples de causa e efeito. Contudo, para uma pesquisa orientada pelo método materialista e dialético de investigação, há que se considerar a realidade como um emaranhado de relações de causa e efeito, no qual se torna possível, apenas a título de análise, diferenciá-los, posto que nada mais são que momentos da interdependência universal. Diante disso, o autor denomina "ação recíproca" a relação entre os elementos que só momentaneamente se colocam como causa e efeito.

Em síntese, Kosik[66] afirma que a utilização da totalidade como método dialético-materialista do conhecimento da realidade possui um processo indivisível, qual seja:

- A extinção da pseudoconcreticidade por meio da investigação da essência, evitando-se, assim, a fetichização decorrente do fato de nos limitarmos aos fenômenos.
- Conhecer o caráter histórico do fenômeno.
- Conhecer o conteúdo objetivo e o significado do fenômeno, bem como sua função objetiva e o lugar histórico que ocupa em uma dada sociedade.

O objetivo deste capítulo foi apresentar o referencial teórico marxista como o mais adequado para a compreensão das relações sociais de gênero, e o próximo, objetiva demonstrar que, ao contrário das acusações feitas pelos pós-modernos, os marxistas sempre se preocuparam em resolver a questão das desigualdades de gênero. Apresentaremos, a seguir, como Engels, Lênin e outros marxistas compreendiam o surgimento das desigualdades entre mulheres e homens e sua manutenção no âmbito do capitalismo.

65 LEFEBVRE, 1958.

66 KOSIK, 1976. p. 52.

Capítulo 2

O surgimento das desigualdades entre mulheres e homens e a tradição marxista

O objetivo deste capítulo é apresentar algumas teses ou hipóteses sobre o surgimento e a manutenção das desigualdades entre mulheres e homens, tendo a primeira delas sido desenvolvida por Engels, em seu livro *A origem da família, da propriedade privada e do Estado,* cujo eixo é o surgimento da propriedade privada, que, por sua vez, tem como decorrência a subordinação da mulher.[1] As outras hipóteses, desenvolvidas por Levi-Strauss[2] e Meillassoux[3] e apresentadas por Vaitsman e Garcia, todos autores marxistas, reconhecem que tais desigualdades se originaram com o surgimento da própria cultura e dos modos de produção desenvolvidos a partir de então. Os autores concebem, contudo, interpretações diferentes a respeito da forma pela qual esse processo se desenvolveu. Em seguida, apresentamos o debate sobre a forma pela qual o capitalismo se apropriou das desigualdades entre mulheres e homens e a separação entre produção e reprodução, ocorrida com o advento do modo de produção capitalista, o que consideramos importante para a

---

1 Vale destacar a contribuição de August Bebel (1840-1913), líder e fundador do Partido Social-Democrata alemão, teórico marxista da Segunda Internacional, que sempre insistiu em reconhecer a importância da participação das mulheres na luta contra o capitalismo. Sua principal obra, *A mulher e o socialismo*, publicada em 1879, ainda sem publicação em português, tratou da temática da emancipação da mulher.

2 Claude Lévi-Strauss (1908-2009): antropólogo, filósofo e professor honorário do Collège de France entre os anos de 1959 e 1982, onde ocupou a cátedra de antropologia social. Foi membro da Academia Francesa. Considerado fundador da antropologia estruturalista, em meados da década de 1950, e um dos grandes intelectuais do século XX.

3 Claude Meillassoux (1925-2005): antropólogo africanista, nascido na França. Considerado o criador do que pode ser denominado antropologia econômica.

compreensão dos mecanismos por meio dos quais as desigualdades entre mulheres e homens são reproduzidas.

2. 1 A contribuição de Engels

> A primeira divisão do trabalho é aquela entre o homem e a mulher para a procriação dos filhos.[4]

Ao investigar a história à luz do materialismo histórico, Engels compreende que o elemento que a determina é a produção imediata. Essa produção se manifesta de duas maneiras: refere-se à produção dos meios de existência, representados pelos alimentos, vestuário e utensílios que servem para abrigar, e à dos próprios seres humanos, também chamada reprodução. Tanto uma como outra determinam as instituições sociais em um dado momento histórico, deixando entrever que o nível de desenvolvimento tanto do trabalho como da família seria determinado por tais instituições. Com essa afirmação, fica implícito que, para o autor, o trabalho se refere ao âmbito da produção dos meios de existência e a família, ao âmbito da reprodução dos seres humanos.

Para Engels, no que diz respeito ao trabalho, quando uma dada sociedade não o tem desenvolvido, esta produz em baixa quantidade, possuindo, portanto, poucas riquezas e tornando predominante a ordenação social com base nos laços de sangue. Com o decorrer do tempo, esse tipo de organização social desenvolveu-se, dando origem à propriedade privada e à troca como meio de subsistência, provocando a desigualdade na apropriação de riquezas e a exploração da força de trabalho — eis os fundamentos dos antagonismos de classe. A partir desse momento histórico, elementos sociais novos passaram a adaptar-se à velha constituição social, que, em contrapartida, também passou a adaptar-se às novas circunstâncias até o momento em que se tornaram incompatíveis, o que provocou uma transformação total: a velha sociedade baseada nos laços de sangue foi substituída por uma nova sociedade, com o Estado como a instituição legítima para determinar a ordem social. Vale destacar que esta foi uma sociedade baseada em lutas de classes que

4 ENGELS, F. *A origem da família, da propriedade privada e do Estado*. Rio de Janeiro: Civilização Brasileira, 1975.

atravessaram todas as esferas da vida social. Para Engels, esta seria a matéria de que trata a história escrita: o Estado teria sido criado para assegurar a riqueza individual em detrimento das tradições comunistas, para organizar o processo de acumulação de riquezas e para incentivar a divisão nascente da sociedade em classes, garantindo o direito da classe possuidora de explorar a não possuidora.[5]

A família seria a instituição na qual se concretiza o segundo tipo de produção (ou reprodução), aquele que se refere à própria produção dos seres humanos, e é a partir desse momento que Engels esboça sua compreensão acerca das desigualdades entre mulheres e homens. Segundo o autor, no seio da família sempre existiu uma divisão do trabalho, em que, nos primórdios, os homens eram responsáveis pela procura de alimentos e de instrumentos que a facilitassem; desde então, passaram a ser considerados proprietários destes. Com o desenvolvimento da sociedade, os homens continuaram proprietários do gado e dos escravos; contudo, seus filhos não tinham direito a receber sua herança em decorrência do chamado "direito materno", que estabelecia a descendência apenas pela linhagem feminina. O direito materno foi instituído para garantir que a fortuna se mantivesse na *gens* e estabelecia que a herança permaneceria com os parentes consanguíneos da mãe. Mas, à medida que as riquezas aumentavam, e enquanto em vida era o homem o proprietário, este passou a gozar de maior *status* na família, o que fez surgir nele a ambição de poder reverter as riquezas acumuladas aos seus filhos. Foi assim que, segundo Engels, o direito materno foi questionado e abolido sem grandes dificuldades, já que a alteração foi feita para os futuros descendentes masculinos. A partir de então, estabeleceram-se a "filiação masculina" e o "direito hereditário paterno", o que se deu no período pré-histórico. Vale ressaltar o significado dessa transformação para Engels:

> [...] A reversão do direito materno foi a grande derrota histórica do sexo feminino. O homem passou a governar também a casa, a mulher foi degradada, escravizada, tornou-se escrava do prazer do homem, e um simples instrumento de reprodução. Essa condição humilhante para a mulher, tal qual como aparece, notadamente, entre os gregos dos tempos heroicos, e mais ainda dos tempos clássicos, foi gradualmente camuflada e dissimulada, e também, em certos lugares, revestida de formas amenas, mas não foi absolutamente suprimida.[6]

5 ENGELS, 1975. p. 112.

6 ENGELS, 1975. p. 61.

Engels avança em sua análise, tratando da origem da família monogâmica, que, segundo ele, surge como uma das características da civilização que também emergia. Desde o início, a monogamia foi projetada apenas para as mulheres, e sua origem nada tem a ver com o desenvolvimento do amor sexual individual, já que o caráter de conveniência do casamento permanecia. A monogamia representou a primeira forma não natural de família, ou seja, uma forma de família baseada em interesses econômicos, com a sobreposição da propriedade individual ao comunismo primitivo. A partir de então, foi proclamada a soberania do homem na família, na qual todos os filhos procriados eram considerados dele e todos eram destinados a herdar a sua fortuna; era esse o objetivo da monogamia, assumido publicamente, por exemplo, pelos gregos. Portanto, ao contrário do que possa parecer, a monogamia não representou a reconciliação do homem com a mulher, muito menos um desenvolvimento histórico. O surgimento da propriedade individual em substituição à propriedade coletiva e o crescente interesse dos homens pela transmissão hereditária deram origem ao "direito paterno" e à "monogamia", que tornaram o casamento uma questão da esfera econômica. O autor, assim, conclui: "A monogamia manifesta-se como a submissão d'um sexo ao outro, como a proclamação d'um conflito entre os sexos, desconhecido até então em toda a pré-história". Com isso, Engels afirma que as desigualdades entre mulheres e homens surgiram em decorrência da transformação da família em instituição de interesse da economia e da criação do direito paterno e da monogamia, ou seja, na pré-história não existiam desigualdades. O autor, juntamente com Marx, conclui que a primeira divisão do trabalho surgiu entre mulheres e homens, com as mulheres sendo responsáveis pela criação dos filhos e os homens, pelo provimento da família por meio do trabalho, e reconhece nessa divisão uma relação com o surgimento das contradições de classe, como é possível perceber nesta afirmação de Engels:

> O primeiro antagonismo de classe que apareceu na história coincide com o desenvolvimento do antagonismo entre o homem e a mulher na monogamia, e a primeira opressão de classe coincide com a opressão do sexo feminino pelo sexo masculino. A monogamia foi um grande progresso histórico, mas, ao mesmo tempo, ela abre, ao lado da escravatura e da propriedade privada, a época que dura ainda hoje, onde cada passo para a frente é, ao mesmo tempo, um relativo passo para trás; o bem-estar e o progresso de uns se realizam através da infelicidade e do

> recalcamento de outros. Ela é a forma celular da sociedade civilizada, sobre a qual podemos estudar já a natureza das contradições e dos antagonismos que aí atingem o seu pleno desenvolvimento.[7]

Com essa observação, Engels ressalta a característica da civilização de produzir sempre duas faces da mesma moeda, ou, melhor dizendo, de produzir situações contraditórias, e reafirma a própria monogamia como um exemplo, com o seu surgimento marcado pelo surgimento da prostituição. Segundo o autor, a prostituição é não apenas tolerada, como praticada comumente, e a classe dirigente é a que mais a sustenta, apesar de condená-la com palavras. Tal condenação recai apenas sobre as mulheres, que são desprezadas por praticarem a prostituição; os homens ficam livres de críticas e podem exercer assim sua supremacia sobre as mulheres.

Alambert[8] sintetiza a compreensão de Engels acerca das desigualdades entre mulheres e homens, ao informar que, para esse autor, o fim do matriarcado coincidiu com o surgimento da divisão da sociedade em classes e a consequente exploração do ser humano pelo ser humano e da mulher pelo homem; coincidiu com o surgimento de novos instrumentos de produção e com a família monogâmica. Antes desse momento histórico, as tarefas eram divididas, mas isso não representava privilégio ou desigualdade. A partir do surgimento da sociedade de classes, da propriedade, surgiu uma nova forma de atribuir valor, na qual aqueles que possuem os meios de produção dominam os que não possuem. A autora assim conclui:

> A exploração do ser humano pelo ser humano e a supremacia do homem sobre a mulher têm então a mesma origem: a propriedade privada dos meios de produção e a inserção no processo produtivo social. A mulher, excluída de uma e de outro, permanece excluída da sociedade e oprimida na família, pertença ela à classe exploradora ou, com maior razão, se pertence à classe explorada.[9]

Para a autora, a família e as relações matrimoniais são instituições históricas, cujas formas sofrem a influência das transformações da estrutura econômica;

---

7 ENGELS, 1975. p. 70-71.

8 ALAMBERT, Z. "Os marxistas e a elaboração teórica sobre a mulher". In: *Encontros com a civilização brasileira,* n. 26. Rio de Janeiro: Civilização Brasileira, 1980.

9 ALAMBERT, 1980. p. 109.

contudo, tais instituições apresentam certa autonomia, não sofrendo mecanicamente as influências da economia e das relações de produção. Ela faz um resgate da situação da mulher na sociedade feudal, afirmando que a economia era de autoconsumo e que a família era a unidade econômica de produção, o que dava às atividades desenvolvidas pelas mulheres um lugar de suma importância. A autora, porém, sustenta que na passagem para a sociedade industrial, com a economia se tornando de mercado, a família perdeu sua centralidade na produção e passou a ocupar importância como centro de consumo, o que repercutiu na situação da mulher. E conclui sua avaliação da obra de Engels sustentando que, segundo esse autor, a entrada da mulher na atividade produtiva social e a transformação do trabalho doméstico seriam as condições para a emancipação da mulher, ou, dito de outra forma, a dependência econômica seria a causa da opressão da mulher, e essa constatação, conforme Alambert, é recorrente no interior da tradição marxista.

Todavia, a autora reconhece as limitações da tese de Engels, mostrando estudos feitos posteriormente pela Antropologia, os quais afirmam que a dominação masculina sempre existiu, e que Engels, provavelmente, teria confundido o conceito de matrilinearidade com o de matriarcado. De acordo com esses estudos, a origem da subordinação da mulher está na divisão de papéis ocorrida ainda na sociedade primitiva de caçadores-coletores.[10] Em tal período, as mulheres, em decorrência do período de gravidez e da amamentação, não podiam sair para caçar, ficando responsáveis pela colheita[11] e pelos trabalhos domésticos. Os homens, por sua vez, dedicavam-se à caça e eram expostos a situações de perigo, o que passou a ser mais valorizado. Além disso, nas sociedades primitivas, em que a estrutura de parentesco e não as classes sociais organizava as relações sociais, a reprodução dos produtores era de suma importância, fazendo que as mulheres fossem controladas ainda mais para garantir o futuro das comunidades. Lênin (1981) explicita como a subordinação foi perpetuada.

> Após milênios de estruturação das sociedades classistas, a divisão dos papéis se solidificou. Ela foi acompanhada de um trabalho ideológico constante, que começa na

---

10 Segundo Saffioti (2000, p. 72), a ordem patriarcal de gênero tem cerca de 6.500-7.000 anos e surgiu nas sociedades de caça e coleta, nas quais os homens, desfrutando de tempo livre, criaram os sistemas simbólicos que inferiorizavam as mulheres.

11 Nesse sentido, Saffioti (1976) lembra que a mulher nunca foi alheia ao trabalho, tendo sempre contribuído para a produção da riqueza social. No período pré-revolução industrial, enquanto a família era a unidade básica da produção, a mulher desempenhava um papel fundamental.

> família, continua na escola, perpassa pela igreja e termina nos meios de comunicação de massas; um trabalho que tende a racionalizar e justificar a inferioridade das mulheres, a sua segregação; um trabalho que encontra sua expressão antiga já nos mitos dos povos primitivos.[12]

Engels continua sua análise, sinalizando que, quando o modo de produção capitalista se constituiu, a situação da família era a descrita anteriormente, ou seja, já existia a divisão de trabalho entre mulheres e homens e a subordinação da primeira ao segundo, o que, a princípio, se revelou muito propício ao seu desenvolvimento. Todavia, segundo o autor, a ironia da história mostrou que o capital, ao transformar tudo em mercadoria, inviabilizou o respeito às tradições, substituindo os costumes hereditários do direito paterno pelas relações de compra e venda e pelo "livre" contrato. Tal situação poderia nos levar a concluir que passáramos por um progresso incomparável, relativamente a outras épocas históricas, já que evoluíramos do *status* ao contrato, ou seja, de uma situação baseada na hereditariedade, na consanguinidade, para condições livremente consentidas. Mas, como lembra Engels, um contrato só é possível quando as pessoas dispõem de liberdade em relação aos seus atos e aos seus bens e estão em condições de igualdade umas em relação às outras, o que, de fato, não acontece nas relações sociais estabelecidas no capitalismo. Este foi um dos maiores objetivos do capitalismo em sua fase de consolidação: criar a ideia falaciosa de que os povos seriam "livres" e "iguais". Diante disso, a liberdade de contrato para o casamento foi aos poucos consolidada, com o consentimento da burguesia em ascensão. O casamento permaneceu acontecendo isoladamente, ou seja, os indivíduos casavam-se apenas com membros da mesma classe; todavia, dentro de cada classe passou a existir certo nível de liberdade de escolha, consolidando, assim, o casamento por amor como um direito não só do homem como da mulher. Aqui, segundo Engels, a história novamente exerce sua ironia, mostrando que, na realidade, a classe dominante continua dominada pelas influências econômicas, sendo privada de exercer sua liberdade ao casar-se; apenas à classe dominada coube o exercício desse direito, já que pouco tem a negociar no momento do casamento. O autor sustenta que o amor sexual seria regra apenas no proletariado, e, nesse caso, nada tem a ver com a monogamia clássica, uma vez que

12 LÊNIN, V. I. "As tarefas da mulher na República dos Sovietes". In: MARX, ENGELS, LÊNIN. *Sobre a mulher*. 3. ed. São Paulo: Global, 1981. p. 112. (Coleção Bases-Praxis, v. 17).

> [...] não se trata de propriedade privada, pela qual a monogamia e a dominação do homem foram precisamente instituídas, **e, por consequência, falta também qualquer motivo para fazer valer a supremacia masculina.**[13]

Com isso, Engels sustenta que o direito burguês garante a supremacia masculina apenas no interior da classe dominante e sobre a sua relação com o proletariado, o que o leva a concluir que, no interior da classe trabalhadora, a necessidade de sobreviver, que obriga homens e mulheres a trabalhar, faz que não exista a subordinação da mulher, posto que ambos participam da produção social e podem inclusive escolher seus parceiros com base no amor e não nos interesses econômicos, como acontece entre os burgueses.

Diante dessa assertiva, Engels conclui que a plena liberdade do casamento só poderá existir a partir do momento em que forem extintos a produção capitalista e seu corolário, a propriedade privada, o que afastaria as questões econômicas do casamento.[14]

Samora Machel,[15] líder revolucionário de Moçambique, ao avaliar o processo de libertação desse país do colonialismo, desencadeado em setembro de 1964, afirma ser necessário esclarecer a natureza do antagonismo e das contradições presentes na questão da exploração da mulher, para só então estabelecer estratégias e táticas para a luta revolucionária. O autor também se vale das análises de Engels e afirma que o fundamento da dominação da mulher se encontrava no sistema de organização da vida econômica da sociedade: a propriedade privada dos meios de produção, que conduz à exploração do homem pelo homem. Com isso, ele quer dizer que a contradição é entre a mulher e a ordem social, entre a mulher e a propriedade privada dos meios de produção, ou, dito de outra forma, a contradição seria a mesma que existe entre os trabalhadores e a ordem social exploradora — a contradição é a mesma para todos os explorados, e é essa condição de explorada que explicaria a ausência da mulher nas tarefas de concepção e decisão da sociedade no âmbito da vida econômica, cultural e política. Desse modo, só por meio da revolução é que tanto mulheres como trabalhadores podem ser libertados do jugo dos capitalistas, o que mostra a impossibilidade de fazer a revolução sem libertar a mulher, e de libertar a mulher sem

---

13 ENGELS, 1975. p. 57. (Grifos nossos.)

14 ENGELS, 1975. p. 81.

15 MACHEL, S. A Libertação da mulher é uma necessidade da Revolução, garantia da sua continuidade, condição do seu triunfo. In: MACHEL, S. et al. *A libertação da mulher*. 3. ed. São Paulo: Global, 1982.

fazer a revolução. Machel acrescenta que, além dessa contradição da mulher com a ordem social, surge outra, secundária, em consequência da primeira e que opõe as mulheres aos homens, qual seja: o sistema de casamento, em que os maridos, por meio do exercício da autoridade fundada exclusivamente no sexo, oprimem suas esposas, muitas vezes tratando-as com brutalidade.

Aqui, o autor mostra que sua concepção da supremacia masculina é diferente da de Engels, para quem o casamento seria uma instituição baseada em interesses econômicos apenas no interior da burguesia, estando a classe trabalhadora livre da supremacia masculina, baseando suas uniões no amor sexual, ou seja, Engels não reconhecia que a desigualdade entre mulheres e homens também existia na classe trabalhadora, e que, portanto, não derivava da questão meramente econômica.

Machel, contudo, acentua que tais fatos — a opressão dos maridos sobre suas esposas — não são primordiais, e que se dá destaque a essa questão porque vem ocorrendo nas sociedades capitalistas uma ofensiva ideológica, que, sob o disfarce de luta pela libertação da mulher, busca transformar em antagonismo a contradição entre mulheres e homens, no intuito de impedir que estes lutem juntos pelo fim do capitalismo. Essa ofensiva manifesta-se entre algumas mulheres, que já começam a denunciar os homens como os únicos culpados pela sua exploração, atribuindo à diferença entre os sexos a razão da exploração. Segundo Machel, homens e mulheres são vítimas do capitalismo, e é contra ele que ambos devem lutar; as próprias experiências revolucionárias provam que esse é o melhor caminho para alcançar a libertação da mulher.

Apesar de reconhecer a existência de uma contradição na relação entre mulheres e homens que não se explica por meio de análises meramente econômicas, e que se manifesta no interior da família, Machel se recusa a aceitar a necessidade de estabelecer estratégias específicas para a resolução de tal contradição, afirmando que a luta deve se restringir a combater o capitalismo.

Vaitsman,[16] ao tratar da questão da origem da opressão feminina, examina a produção marxista sobre a questão e sinaliza que Engels, em *A origem da família, da propriedade privada e do Estado*, utilizou as teses do antropólogo evolucionista L. Morgan. Como todo evolucionista, Morgan compreendia que a história da humanidade obedecia a fases definidas de desenvolvimento e utilizava o método da história

---

16 VAITSMAN, J. "Biologia e história (ou por que a igualdade é possível)". In: LABRA, M. H. *Mulher, saúde e sociedade no Brasil*. Rio de Janeiro: Abrasco, 1989.

conjectural, que tomava como realidade várias conclusões alcançadas por meio da dedução. A autora diz que tal método, na verdade, partia de modelos de desenvolvimento dos países europeus, generalizando-os para os demais países, o que tornava essa abordagem etnocêntrica. Como observa a autora, uma das limitações da análise desenvolvida por Engels reside no fato de ele referir-se à "comunidade primitiva", como se houvesse homogeneidade entre as definições desta, o que de fato não havia; o que existia, isso sim, eram diversos tipos de comunidade, com modos de produção diferenciados. Outra crítica da autora às ideias de Engels refere-se ao próprio surgimento da opressão da mulher, que, segundo ele, teria decorrido do estabelecimento da propriedade privada. De acordo com Vaitsman, hoje temos conhecimento de várias sociedades cujos meios de produção são coletivos e, ainda assim, as mulheres são subalternizadas.[17] Desse modo, a autora afirma que, se por um lado constatamos a impossibilidade de estabelecer a igualdade entre mulheres e homens sem que se estabeleça um sistema de propriedade social dos meios de produção, o fato de termos uma sociedade desse tipo não garante que a igualdade, automaticamente, acontecerá; ao contrário, temos constatado que, mesmo nas sociedades mais igualitárias, a diferença entre os sexos tem servido para atribuir poder, *status* e riqueza. Vaitsman sinaliza como exemplo as próprias sociedades estudadas por Engels: nelas, as mulheres participavam ativamente da produção social, porque esta se dava no âmbito da família, e nem por isso gozavam de igualdade perante os homens. Outro equívoco de Engels seria a afirmação de já terem existido sociedades matriarcais, e, nesse sentido, concorda com as críticas feitas por Alambert. Segundo a autora, Engels utilizou o método da dedução para chegar a essa conclusão a partir da constatação de que, em determinado momento histórico, houve sociedades matrilineares, ou seja, sociedades em que a herança era transmitida para a sua linhagem, que se dava da seguinte forma: caso um homem morresse, quem herdava sua herança não era o seu filho, e sim o filho de sua irmã. Ora, isso por si só não garante poder às mulheres, até porque quem herdava os bens eram os homens e não as mulheres. O matriarcado, que seria uma sociedade em que as mulheres deteriam o poder político, isso nunca existiu.

17 Lênin, por sua vez, reconhece a importância da economia como a determinante, em última instância, das relações familiares e entre os sexos; contudo, não reduz a questão a essa única determinação, afirmando que "as relações entre os sexos não são simplesmente a expressão do jogo da economia social e da necessidade física, dissociada em pensamento por uma análise fisiológica. A tendência a reconduzir diretamente à base econômica da sociedade a modificação dessas relações à margem de sua relação com toda a ideologia seria não do marxismo, porém do racionalismo" (ZETKIN, 1981. p. 139).

Castro,[18] ao analisar a produção de Marx e Engels a respeito das desigualdades entre mulheres e homens, reconhece que os equívocos apresentados por eles derivam da concepção de reprodução da força de trabalho (RFT), afirmando que na própria obra produzida por Marx a questão aparece com distintas compreensões. Em *A ideologia alemã*, Marx considera a RFT transistórica, premissa da existência humana e, portanto, de toda a história. Já em *O capital*, trata da RFT no capitalismo e enfatiza a preocupação em compreender o capital e sua reprodução, ou seja, com a manutenção e a reprodução da classe trabalhadora, afirmando que a RFT é e deve ser sempre uma condição para a reprodução do capital. Se o referencial utilizado para compreender a condição da mulher na sociedade for baseado nessa segunda definição de reprodução, restrita ao modo de produção capitalista, as desigualdades entre homens e mulheres serão consideradas resultado do modo de produção capitalista, levando a conclusões tais como estas, que a autora elenca:

> Às mulheres, em certa fase do capitalismo, caberia o exercício do trabalho doméstico, porque este é necessário ao barateamento do preço da força de trabalho, a sua reposição. O trabalho não pago da mulher em casa reduziria o custo de reprodução da força de trabalho; [...] As mulheres estariam submetidas, na instituição familiar, a uma série de normas de controle do seu comportamento, da sua sexualidade, porque através dos filhos se daria continuidade ao sistema de propriedade privada; [...] Na família, caberia às mulheres o papel de socialização dos filhos, e aí a transmissão dos valores básicos à manutenção do estado de coisas; [...] No trabalho, as mulheres receberiam menos que os homens, porque a segmentação da força de trabalho é conveniente à realização do capitalismo como válvula de escape às crises de emprego. Jogar-se-ia uma categoria de trabalhador contra outra – homens *versus* mulheres, o que resultaria no desvio, pela competição entre trabalhadores, da conscientização da contradição fundamental, entre capital e trabalho; [...] A entrada da mulher na força de trabalho contribuiria ao rebaixamento do nível geral dos salários; [...] A entrada de mais membros da família na força de trabalho, com menor poder de barganha, viria a disfarçar a desvalorização do trabalhador.[19]

18 CASTRO, M. G. A questão da mulher na reprodução da força de trabalho. In: *Encontros com a civilização brasileira*, n. 26. Rio de Janeiro: Civilização Brasileira, 1980. p. 160.

19 CASTRO, 1980. p. 160-61.

Aqueles que desenvolvem tais análises acabam por concluir que, se a mulher ingressar no mercado de trabalho e o Estado não criar instituições que substituam o trabalho doméstico feito por elas, como creches e lavanderias públicas, a reprodução dos trabalhadores estaria ameaçada; em contrapartida, o ingresso da mulher no espaço público ampliaria a possibilidade de elas desenvolverem consciência política. Tais conclusões revelam uma análise reducionista, e seu risco, segundo a autora, está em cair em uma perspectiva mecanicista da história, compreendendo como causa única da opressão da mulher o papel que esta desempenha na sociedade atual, como se a lógica do capital fosse o único componente de tal opressão. Ora, não é difícil deduzir que essa análise leva à conclusão de que, superando-se o capitalismo, automaticamente superam-se as desigualdades entre mulheres e homens, ou seja, com o socialismo deixaria de existir qualquer tipo de dominação.

Mais adequado seria afirmarmos que, ao capitalismo, interessa a manutenção das desigualdades entre homens e mulheres, pois, de fato, esse sistema se utiliza da subordinação da mulher para potencializar os níveis de exploração da classe trabalhadora, composta tanto de homens como de mulheres.

Castro concorda com a análise de uma das correntes do feminismo, a materialista, que considera que a opressão da mulher é anterior ao capitalismo, sobrevive com ele e não necessariamente será superada com o seu fim. Isso porque, para essa análise, a posição da mulher na sociedade é compreendida em decorrência das relações de produção e de reprodução em vários momentos da história, ou seja, a questão nuclear estaria na divisão sexual do trabalho e suas implicações nas relações de poder entre mulheres e homens em diferentes conjunturas, o que não significa que devemos desconsiderar as conexões existentes entre essas relações e as relações específicas de cada modo de produção — no caso do capitalismo, as relações antagônicas de classe. Para essa corrente, apenas com o estabelecimento do socialismo seria possível construir a igualdade entre mulheres e homens, mas desde que a sua construção não se limite às transformações da base de produção, e sim alcance o nível da vida cotidiana por meio das instâncias ideoculturais, tão prioritárias enquanto terreno de lutas quanto o âmbito da economia. Essa corrente considera, portanto, que a subordinação da mulher é anterior ao capitalismo, tendo inclusive caráter universal, apesar de se manifestar de formas diferenciadas, dependendo de cada formação e de cada classe social. Com isso, não negam que a subordinação da mulher seja importante para a dinâmica do capitalismo, mas atribuem certa autonomia, sem reduzi-la à atual formação social.

Em relação às ideias de Engels, Saffioti,[20] no mesmo sentido que Castro, afirma que este compreendia a situação da mulher como decorrência do surgimento da propriedade privada, o que, para a autora, seria uma simplificação da realidade. Outra afirmação do autor é a de que as relações entre homens e mulheres seriam similares àquelas entre as classes sociais, o que acaba por reduzir a estruturação da sociedade em classes às determinações biológicas. Para Saffioti, o autor deixou-se envolver por um elemento comum às relações entre classes e às relações entre os sexos, que seria a questão da dominação. Diante dessa assertiva, conclui que as categorias de sexo não possuem autonomia socioeconômica e cultural, inserindo-se nas totalidades parciais, que são as relações entre classes.

2.2 A contribuição de autores marxistas contemporâneos

Vaitsman[21] sustenta que a opressão da mulher é universal, tendo existido em todas as sociedades até hoje conhecidas, apesar de manifestar-se de formas diferenciadas, adequadas ao modo de produção de cada sociedade. Tal constatação nos leva à seguinte questão: se a opressão da mulher é universal, seria então algo restrito ao âmbito da natureza, independente, portanto, de determinações históricas e sociais? Segundo a autora, toda dominação, inclusive a masculina, é construção social, determinada, portanto, por questões históricas e não naturais, e ela se vale da teoria do incesto, de Levi-Strauss, para buscar compreender o surgimento e a universalidade da opressão feminina. Segundo esse autor, a transição da natureza para a cultura deu-se pela proibição do incesto, necessária para o estabelecimento de alianças entre os diversos grupos até então existentes, no sentido de garantir a sobrevivência da humanidade. Garcia[22] considera que a fundação da cultura se deu por meio da busca dos homens pelo estabelecimento de uma sociabilidade.

Nesse período histórico, os grupos pouco se comunicavam entre si, e os homens relacionavam-se com as mulheres de seu próprio grupo. Contudo, houve a necessidade cada vez maior de os grupos se aliarem, com o intuito de manter

20 SAFFIOTI, H. I. B. *A mulher na sociedade de classes:* mito e realidade. Petrópolis: Vozes, 1976.

21 VAITSMAN, 1989.

22 GARCIA, F. M. *Ser social, dominação e violência*: um estudo do binômio dominação-violência a partir de uma perspectiva ontológica, com ênfase na questão de gênero. São Paulo: PUC, 1999.

a própria segurança, já que diversos deles viviam guerreando entre si, causando desgaste e a morte de muitos indivíduos. A solução encontrada foi a proibição do incesto, que levou os homens a procurar as mulheres de outros grupos para se casarem, dando origem ao parentesco — a primeira instituição social —, o que permitiu que diversas comunidades se aproximassem. Para Levi-Strauss, o que diferencia o mundo animal do humano é que neste existem normas e no primeiro, apenas instintos. Enquanto tudo aquilo que é universal pertence ao campo da natureza, tudo o que é regido por normas pertence ao campo da cultura, ou seja, estes dois critérios — norma e universalidade — podem, segundo o autor, servir para separar elementos naturais e culturais. Mas, para Vaitsman, a proibição do incesto é uma norma universal, o que demonstra o seu caráter dual, posto que a vida sexual é tanto uma expressão da natureza animal quanto também é regulamentada por normas, o que acaba por representar a introdução da cultura na natureza. Tal constatação leva a autora a concluir que, se com a proibição do incesto surgiu a necessidade da troca de mulheres, o surgimento da cultura supõe a dominação masculina, ou seja, a cultura se constitui a partir da opressão das mulheres. Para investigar o porquê de a dominação masculina ter surgido com a cultura, a autora afirma a necessidade de investigar as sociedades que se encontram mais próximas da natureza, das razões históricas e sociais dessa desigualdade, e aponta duas características encontradas nessas sociedades:

> Nas sociedades onde o nível das forças produtivas é muito baixo, os instrumentos de trabalho funcionam como uma prolongação da mão humana. Nessa situação, a força de trabalho possui um papel mais importante no processo social de produção do que os próprios instrumentos de trabalho; [...] As mulheres têm uma "qualidade" universal, comum a todos os períodos históricos e modos de produção. É uma qualidade natural: elas procriam, isto é, são ao mesmo tempo força de trabalho e reprodutoras biológicas da força de trabalho.[23]

Tais características, que são encontradas em todas as sociedades pré-capitalistas, alteram-se apenas no capitalismo, quando houve uma revolução nos meios de produção, com o operário passando a ser subordinado a tais meios, o que não ocorria nas sociedades anteriores, nas quais o indivíduo dominava os meios de

23 VAITSMAN, 1989. p. 32.

produção. As mulheres são universalmente as reprodutoras biológicas da força de trabalho, elemento fundamental de alguns tipos de sociedade, como a capitalista, e é exatamente nessas circunstâncias que o controle sobre a mulher tem relação com o controle do poder.

Vaitsman chama a atenção para uma questão que diferencia as mulheres dos homens, enquanto produtoras em todos os períodos históricos, e que decorre de sua condição de procriadora. Refere-se a autora ao fato de, no período gestacional e de amamentação, as mulheres terem sua capacidade de mobilidade reduzida, o que, em certos tipos de sociedade, era fundamental, como é o caso da comunidade de caçadores-coletores, bem como nas sociedades em que a guerra era parte integrante do modo de produção; em tais sociedades, este, coloca os homens em vantagem em relação às mulheres. O que a autora quer destacar com isso é que o fato biológico por si só não explica nada; contudo, se inserido em um contexto histórico, interfere na divisão das tarefas entre os dois sexos, necessárias ao processo de produção dos meios de existência. Portanto, se partirmos da análise da divisão do trabalho entre os sexos nas sociedades primitivas, perceberemos como se desenvolveram as desigualdades. As mulheres, em geral, desempenhavam tarefas que não exigiam deslocamento muito grande, como a coleta, o cultivo e o cuidado com os filhos, enquanto os homens realizavam as que exigiam deslocamento espacial maior, como a caça e as guerras, e apesar de não desenvolverem atividades tão importantes economicamente, gozavam de *status*, tendo, portanto, destaque maior, além do fato de desenvolverem atividades que exigiam o exercício da violência, a qual passou a ser monopolizada pelos homens. Com o passar do tempo, as sociedades começaram a valorizar as atividades desenvolvidas pelos homens e a desvalorizar as das mulheres.

Vaitsman analisa a especificidade de outro tipo de sociedade primitiva: a agrícola. Nela, quanto maior o número de pessoas produzindo, maior a riqueza acumulada; portanto, ter mulheres significava ter excedente acumulado, o que levava os homens mais ricos a ter muitas mulheres e filhos, sendo as mulheres *adquiridas* por meio do dote — nessas sociedades, as mulheres estéreis podiam ser devolvidas aos seus pais e ter o dote também devolvido ao marido. Já nas sociedades de caçadores-coletores, como a acumulação de riquezas se dava por meio de grande mobilidade, não havia a valorização de grandes proles, o que explica o infanticídio existente e até a hierarquia sexual, nesse caso, um pouco menor. Vaitsman afirma que o processo que levou ao desenvolvimento da agricultura e da riqueza levou também à importância que assumem a força de trabalho e a circulação de mulheres por meio de dote. Mas a opressão da mulher não pode ser explicada a partir do momento em que a riqueza foi desenvolvida, já que surgiu com a própria cultura; porém, o surgimento da propriedade privada promoveu alterações na desigualdade então existente entre homens e mulheres. Apesar de parecer que essa linha de raciocínio leva ao reconhecimento de que seria impossível alcançarmos a igualdade entre os sexos, a autora afirma que a biologia não é um destino fora da mediação da história, o que possibilita a transformação das relações desiguais entre mulheres e homens.

Garcia[24] afirma que, apesar de Levi-Strauss ter reconhecido a subordinação das mulheres como precondição para a fundação da cultura, ele não reconheceu o impacto que sua afirmação poderia ter para a crítica das desigualdades entre homens e mulheres feita pelas feministas. O autor, então, opta por utilizar a análise de Claude Meillassoux acerca do surgimento das desigualdades de gênero. Meillassoux começa por problematizar a constituição histórica da domesticidade e, discordando da utilização da expressão "comunidade primitiva", que segundo ele agruparia tipos muito diferentes de sociedade, faz uma diferenciação entre dois tipos de sociedade primitiva: as que baseiam sua produção na exploração (cultivo) da terra (sociedade agricultora) e as que praticam uma economia baseada na extração dos produtos existentes na natureza (sociedade de caçadores-coletores). As sociedades agrícolas tendiam a formar grupos regulares de produção, já que a natureza do trabalho exigia uma continuidade regular, e, com o tempo, a célula básica desse tipo de sociedade deixou de ser os indivíduos e passou a ser as famílias autossuficientes quanto à produção, ou seja, os laços estabelecidos nessa célula passaram a coincidir com os laços estabelecidos pela reprodução. A mobilidade dos indivíduos é então submetida às regras de parentesco, "e a preocupação com a continuidade da produção passa a representar-se na preocupação com a manutenção das capacidades produtivas do grupo por meio da reprodução de seus elementos capazes, o que põe em evidência a importância das mulheres como reprodutoras".[25] Em decorrência da necessidade de os filhos serem nutridos pelo leite materno, exige-se a fixação das mulheres no interior do grupo (ginecoestática), dando origem às regras da matrilinearidade, em que as mulheres e seus filhos permaneciam em sua família de origem e os pais (virimobilidade),

24 GARCIA, 1999.

25 GARCIA, 1999. p. 165.

por terem capacidade reprodutiva mais flexível, circulavam entre vários grupos. Em médio prazo, essa situação trouxe um impasse, porque, ao fixá-las em suas famílias de origem, estas não reproduziam mulheres suficientes para assegurar a reprodução do grupo, impondo um problema de ordem demográfica, cuja solução encontrada foi o rapto de mulheres de outros grupos e a constituição das mulheres como *presas*. Sem direito a defesa, as alternativas eram a morte ou a submissão, e a guerra surge como mecanismo de obtenção delas. Garcia sustenta que, a partir de então,

> um sexo se torna forte, poderoso, senhor da vida e da morte: o homem. Um sexo se torna fragilizado, é tomado com violência, é submetido à guarda, é desvalorizado: a mulher. Nas relações homem-mulher insere-se, de forma estranhada, radical, a violência. Postas em situação de vulnerabilidade social, como diz Meillassoux, doravante ficam excluídas das atividades, socialmente tão importantes, da caça e da guerra, posto que não podem se expor, e restam-lhes as atividades menos gratificantes, a cozinha, o trabalho no campo etc.[26]

Com o exercício do rapto de mulheres, a patrilinearidade começou a ser desenvolvida,[27] já que as mulheres raptadas procriavam para a família de seu "marido" e, finalmente, com a passagem da agricultura de brotos para a agricultura de cereais, passíveis de armazenamento, houve maior estabilidade da comunidade em decorrência da manutenção do seu abastecimento, e a patrilinearidade foi instituída de vez, com a circulação de mulheres se dando de maneira pacífica.

Nesse período, os anciãos tornaram-se responsáveis pela troca de mulheres entre as comunidades e se constituíram no poder político de então, o que leva Garcia a concluir que, na comunidade doméstica, as relações de reprodução e as formas de poder político se estabelecem sobre a base da subordinação feminina. O autor lembra que Meillassoux, em seu estudo acerca das comunidades primitivas, afirma que a mulher nunca interveio como vetor da organização social, mas que tal situação não se deve a razões naturais, e sim a circunstâncias históricas e, portanto,

---

26 GARCIA, 1999. p. 168.

27 Aqui, é possível perceber claramente a discordância com a concepção de Engels acerca do surgimento da patrilinearidade, que, segundo esse autor, se deu sem conflitos, de maneira pacífica e gradual.

passíveis de mudança, sempre relacionadas às suas funções reprodutivas.[28] Garcia continua sua análise da obra de Meillassoux, dizendo que esse autor desvendou o processo de constituição da objetividade, que a partir de então introduziu novas representações da realidade, diferenciando homens e mulheres. Tais representações assumem a forma do esquema de gênero, que passa a modelar as subjetividades de acordo com as necessidades impostas por esssa nova realidade, que exige a construção de mulheres frágeis, controladas, subalternas e relegadas a atividades consideradas secundárias. O autor sustenta que, mesmo quando a comunidade agrícola doméstica foi substituída pela divisão da sociedade em classes ou estamentos, os laços da domesticidade continuaram a existir, já que os estratos dominantes tinham total interesse em resguardar os laços de sangue, resguardando suas mulheres e sua prole, o que não ocorre entre as classes subalternas. Origina-se assim o que Chauí[29] denominou dois tipos de moralidade defendida pela Igreja: a das classes dominantes, em que as mulheres deveriam casar virgens, e a dos camponeses, em que era incentivada a relação sexual antes do casamento em decorrência da necessidade de mão de obra.

2.3 As desigualdades entre mulheres e homens no âmbito do capitalismo

> A mulher, considerada presa e objeto para satisfação da concupiscência coletiva, exprime a degradação infinita do homem, que não existe por si, mas pelo mistério das relações do homem com o seu semelhante, encontra a sua expressão não equívoca, decisiva, pública, aberta na relação genérica imediata e natural. A relação imediata, natural, necessária, dos seres humanos é a relação do homem com a mulher.[30]

28 Garcia localiza nesse momento histórico o surgimento do mito do sexo frágil e continua a utilizar Meillassoux, afirmando que, para este, provavelmente a própria fragilidade física da mulher, tida por muitos como a causa das desigualdades, pode ter sido reflexo de sua fragilidade social construída ao longo dos séculos. Lembra que, ainda nos dias de hoje, as meninas continuam a ser formatadas desde cedo, sendo reduzidas à sua função reprodutiva, isso para não citar o costume de fazê-las ingerir menos nutrientes que os meninos.

29 CHAUÍ, M. apud GARCIA, 1999. p. 188.

30 MARX, K. apud Garcia, 1999. p. 112-13.

A partir desse fragmento de texto, Marx sustenta que a relação entre homem e mulher é genérica, natural e, ao mesmo tempo, social, já que representa a forma como o homem se relaciona com a própria natureza e com o seu destino natural. Marx afirma ser possível avaliar o grau de desenvolvimento do homem a partir da forma como este se relaciona com a mulher,[31] ou seja, se considerarmos a relação entre homem e mulher como natural — a relação mais natural possível aos seres humanos —, devemos observar em que medida esse comportamento natural se humaniza e, em contrapartida, a essência humana de ambos torna-se natural. Diante dessa relação, é possível compreender em que medida a necessidade do homem se torna uma necessidade humana, ao observar até que ponto outro ser humano se torna necessidade para ele, enquanto ser humano, o que o tornaria um ser social. Marx afirma que

> A evolução de uma época histórica é determinada pela relação entre o progresso da mulher e da liberdade, porque relações entre o homem e a mulher, entre o fraco e o forte, fazem ressaltar nitidamente o triunfo da natureza humana sobre a bestialidade. O grau de emancipação feminina determina naturalmente a emancipação geral.[32]

Posadas,[33] ao abordar a questão da libertação da mulher no socialismo, afirma que a igualdade entre a mulher e o homem é uma necessidade da história e não uma conveniência econômica, sustentando que ambos devem ser tratados com igualdade porque são seres humanos. Segundo o autor, as diferenças entre mulheres e homens são dadas pela natureza, mas o estabelecimento de relações de poder que se baseiam nessas diferenças é dado pela sociedade. Afirma, assim como Engels, que a mesma relação existente entre capitalismo e proletariado foi transferida para o seio da família, concluindo que a "diferença entre os sexos é estabelecida pelas relações sociais. É a propriedade privada, a vida comercial do sistema capitalista que determina que o sexo seja um problema".[34] E continua, afirmando que o capitalismo fez da

---

31 Na verdade, seria injusto deixar de mencionar que Fourier foi o primeiro a afirmar que, em determinada sociedade, o grau de emancipação da mulher corresponde à medida natural do grau de emancipação geral. (MARX, ENGELS, LÊNIN, 1981. p. 253-54).

32 MARX, ENGELS, LÊNIN, 1981. p. 44-45.

33 POSADAS, J. A libertação da mulher, a luta de classes e a revolução socialista. In: MACHEL, S. et al. *A libertação da Mulher*. 3. ed. São Paulo: Global, 1982. p. 103.

34 POSADAS, 1982. p. 129.

mulher uma mercadoria em caráter duplo[35] — é mercadoria do homem e do capitalista —, e cita a existência de prostíbulos como prova desse fato. Novamente concordando com Engels no que se refere às desigualdades entre mulheres e homens, reconhece inclusive o capitalismo como determinante destas.

Posadas continua sua explanação, afirmando que em uma sociedade socialista há que se possibilitar o desenvolvimento da mulher enquanto militante, enquanto criadora em todos os sentidos, para que esta possa se preocupar com as mesmas questões que o homem, questões que dizem respeito ao progresso da humanidade em geral. Afirma, então, que homem e mulher fazem parte da mesma natureza, divididos em sexos pela forma como a própria natureza se desenvolveu, mas que todo o restante das questões é consequência das relações sociais. Dito de outra forma, a disputa existente entre mulheres e homens é resultado do desenvolvimento de relações baseadas na propriedade privada. É a divisão do trabalho surgida a partir da propriedade privada que faz a mulher parecer inferior ao homem, considerado mais útil para a produção, cabendo a ela a incumbência de *fabricar* filhos, atividade importante para a reprodução da força de trabalho, que, contudo, não dispõe de *status*. Tais ideias são amplamente desenvolvidas pelo capitalismo, o que prova serem não naturais as desigualdades entre mulheres e homens, mas determinadas pelas relações sociais. Posadas conclui que o capitalismo se apropria da divisão entre os sexos, desenvolvida pela propriedade privada, para impedir que mulheres e homens se organizem para a revolução.

Saffioti[36] compreende que as possibilidades de integração da mulher na sociedade variaram em razão inversa ao grau de desenvolvimento das forças produtivas, porque, nas sociedades pré-capitalistas, apesar da inferioridade nos âmbitos jurídico, social e político, elas participavam ativamente da produção, o que deixou de ocorrer com o advento do capitalismo. Enquanto a produtividade era baixa, não foi preciso excluí-las da produção, mas, com o advento do capitalismo e o desenvolvimento das forças produtivas, as mulheres foram cada vez mais alijadas do processo, já que esse modo de produção se vale dos costumes para justificar a

35 Nesse sentido, vale a assertiva de Mai Thi Tu, a respeito das mulheres no Vietnã: "A mulher vietnamita, além da sorte comum a todo colonizado, sofre ainda a milenar opressão de sexo. Tornou-se escrava do escravo" (MAI THI TU, "A mulher vietnamita ontem e hoje". In: MACHEL, S. et al. *A libertação da mulher*. 3. ed. São Paulo: Global, 1982. p. 97).

36 SAFFIOTI, H. I. B. "A mulher sob o modo de produção capitalista". In: *Revista Contexto*, n. 1. São Paulo: Hucitec, 1976a.

discriminação com argumentações naturais, que buscam cristalizar a ideia de que as mulheres são física e mentalmente inferiores. A autora diz que a condição da mulher na sociedade de classes vem sendo tratada por diversos teóricos como resultado da combinação de questões naturais e sociais, as quais tornam o seu trabalho pouco interessante ao capitalista:

- *Questões naturais*: são as relativas à perda da capacidade produtiva da mulher nos períodos gestacional e de amamentação dos filhos, o que costuma justificar o seu afastamento da produção por toda a sua vida.
- *Questões de ordem social*: são as que se referem, por exemplo, ao absenteísmo da mulher muito maior que o do homem, já que, quando o marido ou os filhos adoecem, ela precisa faltar ao trabalho para cuidar deles.

Vale ressaltar a entrevista com um proprietário de fábrica que Marx extraiu de um jornal inglês ao pesquisar a exploração do trabalho do operariado em diversas fábricas. Nela se aponta para o fato de as desigualdades entre mulheres e homens se perpetuarem, mesmo com as mulheres trabalhando fora de casa, como operárias:

> M.E. [...], fabricante, fez-me saber que emprega exclusivamente mulheres nos seus negócios mecânicos; dá preferência às mulheres casadas, sobretudo, àquelas que têm uma família numerosa; estas são mais atentas e mais disciplináveis do que as mulheres não casadas, e, além disso, são forçadas a trabalhar até a exaustão a fim de obterem os meios de subsistência necessários. É assim que as virtudes que melhor caracterizam a mulher se voltam contra ela própria. Aquilo que há de ternura e de moralidade na sua natureza se transforma no instrumento da sua escravidão e da sua miséria.[37]

Apesar de apontar para o fato de as mulheres e até as crianças serem mais exploradas que os homens nas fábricas, Marx afirma também que o capitalismo, ao convocar as mulheres ao trabalho, incita transformações fundamentais, possibilitando o surgimento de uma nova base econômica, sobre a qual poderá surgir uma forma superior de família e de relações entre os sexos. Essa citação retrata o

---

37 MARX, ENGELS, LÊNIN. 1981, p. 91.

posicionamento de Marx quanto à questão: "A grande indústria criará a nova base da forma superior da família e das relações entre os sexos".[38]

Tal posicionamento demonstra uma compreensão mais adequada em relação à ideia de Engels, de que na classe operária não existiriam desigualdades entre mulheres e homens. Já Lafargue[39] diverge de tal compreensão, sustentando que o capitalismo, ao levar as mulheres a participar da produção social, propicia a sua emancipação e, assim, as explora ainda mais que aos homens. A mulher espoliada pelo capital, segundo o autor, passou a enfrentar as dificuldades do trabalho livre juntamente com as cicatrizes de sua situação de mulher. Sua miséria aumentou quando passou a ter de se sustentar, recebendo salários menores que o dos homens e acumulando ainda o trabalho nas fábricas com as atividades domésticas. A maternidade, considerada um trabalho sagrado e uma de suas principais funções sociais, transformou-se em fonte de miséria econômica e fisiológica, e tal situação só seria passível de transformação com o fim da propriedade privada dos meios de produção, já que esta originou a exploração da mulher. Em uma sociedade baseada na propriedade comum, as mulheres poderão libertar-se dos grilhões econômicos, jurídicos e morais que as aprisionam, podendo, assim, desenvolver livremente suas potencialidades físicas e intelectuais. Para o autor, a resolução do antagonismo existente entre os sexos não seria a vitória de um sobre o outro, já que tal antagonismo é apenas uma das consequências da luta entre capital e trabalho, ou seja, a vitória do trabalho, trazendo a emancipação da classe operária, incluiria a emancipação de mulheres e homens. Lafargue finaliza, sustentando que, com o desenvolvimento das técnicas de produção, o esforço muscular será cada vez menos determinante, sendo substituído pela habilidade intelectual, o que possibilitará cada vez mais a participação das mulheres na produção social.

Kollontai,[40] no mesmo sentido que Lafargue, afirma que a entrada das mulheres proletárias nas fábricas as fez acumular três tarefas árduas: o trabalho nas fábricas, os afazeres domésticos e a criação dos filhos. Isso quer dizer que o capitalismo convocou as mulheres a participar da produção sem diminuir suas atividades domésticas, aumentando sobremaneira o nível de exploração exercido sobre elas.

---

38 MARX, ENGELS, LÊNIN, 1981. p. 50.

39 LAFARGUE, P. "A questão da mulher". In: MACHEL, S. et al. *A libertação da mulher*. 3. ed. São Paulo: Global, 1982.

40 KOLLONTAI, A. "A família e o estado socialista". In: MACHEL, S. et al. *A libertação da mulher*. 3. ed. São Paulo: Global, 1982.

Corbisier,[41] na apresentação do livro *A libertação da mulher*, afirma que os autores dos artigos que o compõem partem também da concepção de que a libertação econômica e política da mulher passa pela libertação econômica e política do seu povo. Machel, por exemplo, assim define a questão:

> A exploração da mulher é um aspecto do sistema geral de exploração do homem pelo homem. É essa exploração que cria as condições de alienação da mulher, a reduz à passividade e a exclui da esfera da tomada de decisões da sociedade. Assim, as contradições antagônicas que existem são entre a mulher e a ordem social exploradora. Essas contradições são as mesmas que opõem a totalidade das massas exploradas do nosso país e do mundo às classes exploradoras.[42]

Machel afirma ainda que as contradições se resolvem apenas por meio da revolução, porque esta faz as massas exploradas se mobilizarem para destruir a ordem social capitalista, colocando no poder aqueles que são explorados. Kapo,[43] na mesma direção, sustenta que não se pode falar de emancipação da mulher onde existe a exploração de uma nação sobre outra e cita o exemplo do Partido do Trabalho da Albânia, que iniciou a luta pela emancipação da mulher com a luta pela libertação nacional e social, na qual a participação das mulheres foi decisiva. O autor, contudo, reconhece que a independência nacional não garante, automaticamente, a emancipação da mulher — o que garantiria sua completa emancipação seria o fim da exploração capitalista, da divisão da sociedade em classes e da propriedade privada. Ching-Ling[44] lembra o que Mao Tsé-tung pensava sobre a questão:

> A autoridade política dos proprietários é o principal suporte de todos os outros sistemas de autoridade. Com a sua derrubada, a autoridade do clã, a autoridade religiosa

---

41 Ana de Cerqueira César Corbisier (1941): brasileira, na década de 1960 trabalhou como assistente de produção na TV Cultura e passou a integrar a ALN (Ação Libertadora Nacional) atuando no GTA (Grupo Tático Armado). Como exilada, morou na França e em Cuba, onde fez treinamento de guerrilha.

42 MACHEL, S. "A libertação da mulher é uma necessidade da Revolução, garantia da sua continuidade, condição do seu triunfo". In: MACHEL, S. et al. *A libertação da mulher*. 3. ed. São Paulo: Global, 1982. p. 34.

43 KAPO, V. "A mulher albanesa e a sua completa emancipação". In: MACHEL, S. et al. *A libertação da mulher*. 3. ed. São Paulo: Global, 1982.

44 CHING-LING, S. "A libertação da mulher na China". In: MACHEL, S. et al. *A libertação da mulher*. 3. ed. São Paulo: Global, 1982.

> e a autoridade marital começam a vacilar. [...] o conjunto da ideologia e o sistema feudal-patriarcal está vacilando com o desenvolvimento do poder dos camponeses.[45]

Sendo a libertação da mulher uma necessidade fundamental da revolução, garantia de sua continuidade e condição de seu triunfo, Machel[46] afirma que a revolução tem por objetivo a destruição do sistema de exploração e a construção de uma nova sociedade libertadora das potencialidades do ser humano, reconciliando-o com o trabalho e com a natureza, e a libertação da mulher é parte dessa transformação. Não é possível o triunfo da revolução se apenas uma parte da sociedade deixa de ser explorada e a outra metade, as mulheres, continua oprimida. A revolução necessita da mobilização de todos os explorados, inclusive as mulheres, para dar continuidade às transformações almejadas e, para tanto, há que se investir nas novas gerações. Diante dessa assertiva, percebe-se como a participação da mulher se faz indispensável, já que ainda compete a ela a responsabilidade pela educação dos filhos, o que demonstra também a necessidade de transformar a família em uma célula revolucionária. Deixar as mulheres à margem do processo revolucionário é um erro, assim como é errado considerar que elas não sentem necessidade de mudar sua condição de exploradas. Machel afirma que o fato de as mulheres muitas vezes não se organizarem para mudar sua situação se deve à própria opressão, que as desmobiliza e aliena.

2.4 A separação entre produção e reprodução

Garcia[47] reconhece que os traços gerais da domesticidade foram mantidos na sociedade de classes; contudo, fez-se necessário dissociar a esfera da produção da esfera da reprodução, historicamente fundidas no modo de produção doméstico. Isso significa que, na sociedade doméstica, o modo de reprodução ligava-se organicamente ao modo de produção, sendo o primeiro uma resposta às necessidades do segundo, e sendo a subordinação da mulher uma exigência do modo de produção agrícola. Em contrapartida, quando a sociedade organiza-se em classes, a

45 CHING-LING, 1982. p. 78.

46 MACHEL, 1982.

47 GARCIA, 1999.

base da exploração deixa de ser a diferenciação por sexo e passa a ser a diferenciação por classe. Garcia, porém, faz uma afirmação fundamental diante desses dados históricos:

> Cada grupo social repete, em seu interior, a relação de subordinação que era marca da igualdade no interior da comunidade doméstica: embora com variações, a subordinação da mulher no interior de determinado grupo se mantém e mesmo se agrava, e tanto mais quanto mais bem situado for seu grupo de pertencimento social, dada a necessidade de se fazer a diferenciação pela linhagem, pelo sangue.[48]

Nesse contexto, a reprodução passa a ter significados diferenciados por classe: na classe dominante, serve para produzir novos portadores de privilégios tradicionais, e nos estratos dominados, serve para renovar o contingente populacional a ser explorado pelos estratos dominantes, atribuindo-lhes um perfil imposto de fora.

Com o advento do capitalismo e sua fase industrial, esse padrão de sociabilidade sofreu bruscas alterações. Segundo Garcia, esse modo de produção, que tem como base a exploração intensiva da mão de obra, valia-se de uma massa de trabalhadores preexistente, com a qual se relacionava apenas no sentido de consumir suas capacidades vitais, mas se aproveitava das desigualdades já existentes, explorando mais intensamente aqueles que já eram subalternizados, ou seja, as mulheres, que desde o início do capitalismo têm remuneração inferior à do homem, embora desenvolvendo o mesmo trabalho. Para o capital, o indivíduo deve ser pensado como unidade fornecedora de mão de obra; portanto, era preciso criar instrumentos ideológicos que legitimassem essa compreensão, tais como a propaganda de uma sociedade de liberdade, igualdade e fraternidade, na qual eles são libertados das relações senhoriais e lançados à *liberdade do mercado de trabalho*. Ora, sendo o indivíduo pensado como unidade, os padrões de organização familiar são duramente atingidos quando todos os seus membros (homens, mulheres e crianças) são lançados no mercado de trabalho, demonstrando que, nessa primeira fase do capitalismo, não havia a preocupação com a reprodução da força de trabalho, mas apenas com a sua exploração intensiva. Garcia afirma que, segundo Meillassoux, essa foi a primeira quebra no padrão de domesticidade que havia surgido com a agricultura.

48 GARCIA, 1999. p. 192.

Contudo, esse ritmo feroz de exploração praticado pelo capital não pôde ser mantido por muito tempo, já que a força de trabalho não conseguia ser reposta na proporção necessária para a manutenção desse modo de produção, bem como a própria massa de trabalhadores começou a se organizar, reivindicando melhores condições de trabalho. Uma das consequências desse quadro foi uma maior preocupação com a reprodução da força de trabalho, com o reenvio das mulheres à domesticidade e a revalorização da família. Isso não significou que elas deixariam de trabalhar nas indústrias, mas sim que deveriam, preferencialmente, restringir-se ao espaço doméstico, o que, de fato, representou a perda da possibilidade de serem consideradas cidadãs, já que cidadania era um conceito atrelado a trabalho produtivo e salário. Foi nesse momento que surgiu a figura do homem como interlocutor entre a família e o Estado — segundo Garcia era a *interlocução do pescoço com a espada* —, mas que, não obstante, oferecia vantagem sobre a situação da mulher, ainda mais explorada pelo capital do que o homem, sendo o fenômeno da feminização da pobreza prova disso. Essa foi, segundo o autor, a constituição do processo de reprodução no interior da organização social capitalista: a princípio, o capital pôde explorar *indiscriminadamente* todos os indivíduos, sem se preocupar com a reprodução da força de trabalho; com o tempo, precisou preocupar-se concomitantemente com os ritmos de produção e de reprodução, e, nesse sentido, as mulheres passaram a ser discriminadas no âmbito da produção, com o intuito de mantê-las em casa. Em suma, o capital, após uma primeira fase de negação da instituição família, reconheceu que seria bastante oneroso custear a reprodução da força de trabalho e, em um segundo momento, passou a valorizá-la — aliás, os custos para a garantia da reprodução são altos, até para as sociedades mais ricas da atualidade —, demonstrando que, para a manutenção das taxas de lucro do capitalismo, é imprescindível o trabalho doméstico e gratuito desenvolvido pelas mulheres. Nesse sentido, vale a assertiva de Garcia:

> Se em estágios iniciais, o capitalismo se permitiu um consumo tão perdulário da força de trabalho como para inviabilizar a própria existência da família, logo reconheceu que essa atitude, em futuro próximo, significaria abrir mão do trabalho gratuito que a fórmula tradicional da família permitia extrair das mulheres. Todas as relações teriam de ser remuneradas, e os custos de reprodução humana aumentariam.[49]

---

49 GARCIA, 1999. p. 202.

Assim, o capital deixou de considerar o indivíduo como unidade produtiva e passou a considerar a família trabalhadora como tal, o que servia, inclusive, para evitar a rebeldia dos trabalhadores diante do capital, ao propiciar a criação de laços afetivos entre os indivíduos que ofereceriam suporte psicológico aos que eram superexplorados pelo capital. É importante sinalizar que, quando tais laços não existiam, eles eram — e continuam sendo — forjados por meio de um investimento ideológico, com a criação de mitos, tais como o do amor materno, surgido no século XIX e presente até os nossos dias.

Segundo Garcia, foi a partir do final do século XIX que o capital passou a se preocupar com a construção de uma política de reforço da domesticidade, por meio da legitimação de salários menores às mulheres e de sua subordinação jurídica. O autor, contudo, avalia que as contradições da relação entre capital e trabalho têm gerado novas tensões à domesticidade com o sucateamento das políticas sociais que sempre foram apoio a essa esfera. O resultado é a reconvocação cada vez maior das mulheres para ocupar postos no setor de produção, aumentando a concorrência e colocando novamente em xeque a família tradicional, já que o ônus da reprodução continua a ser das mulheres. Para Garcia, o capital optou, na atualidade, pelo aumento das taxas de acumulação, em detrimento de um sistema social relativamente estável que amortecesse os conflitos.

O autor polemiza com algumas análises de Meillassoux a respeito da responsabilização do Estado pela reprodução. Para Meillassoux, a família deve ser mantida como instituição responsável pela reprodução, dada a sua função de suporte aos trabalhadores e, portanto, como estratégia anticapitalista. Garcia discorda desse posicionamento, lembrando que defender a estrutura atual de família significa legitimar tanto a subordinação das mulheres como a instituição que se subordina às relações mercantis. A dissolução da família representaria o fim de um espaço de construção da personalidade e de criação de relações pessoais; no entanto, lembrando que a família é uma forma histórica, portanto mutável, defende que essa seria a condição para a construção efetivamente plena da individualidade de todos os seres humanos. E conclui: "Não há por que duvidar de que as relações pessoais encontrarão um veículo de expressão adequado ao momento histórico".[50]

Vaitsman, no mesmo sentido que Garcia, avalia como se constituiu a situação da mulher no capitalismo, afirmando que ocorreu aí uma divisão social do trabalho,

50 GARCIA, 1999. p. 211.

estabelecendo a separação entre atividades domésticas e empresariais, provocando, também, uma reorganização da divisão sexual do trabalho, em que os homens passaram a ocupar as atividades públicas e as mulheres, as atividades privadas, no interior da família. As mulheres foram, portanto, excluídas do espaço público e das decisões; reitera-se assim o ideal feminino associado às funções reprodutoras da força de trabalho e restritas ao âmbito da família.

É importante sinalizar que a exclusão das mulheres do âmbito da produção só ocorreu de fato entre aquelas da classe dominante; as das classes baixas tiveram de acumular os afazeres domésticos com o trabalho fora de casa e foram, inclusive, acusadas de desviantes por isso. Com o desenvolvimento da acumulação capitalista, houve a elevação do nível educacional e de informação das massas e a urbanização, o que, entre outras alterações, teve rebatimentos na divisão sexual do trabalho. As mulheres passaram a cada vez mais ocupar cargos públicos profissionais e políticos e, paralelamente, houve o avanço da ciência no que se refere aos conhecimentos acerca de métodos contraceptivos, permitindo maior controle sobre a sua natureza biológica.

Esse contexto propiciou a formação de uma consciência feminista, com o surgimento de movimentos políticos que passaram a reivindicar direitos de cidadania das mulheres. A contradição entre o caráter cada vez mais público das práticas femininas na produção e na política e suas funções tradicionais restritas à vida privada e associadas à função de reprodutoras agudiza-se, e é sobre essa contradição que se direcionam as lutas pela ampliação dos direitos das mulheres. A autora assim conclui: "A reprodução biológica da vida permanece um atributo feminino, mas, em uma época em que é possível o controle técnico da fertilidade, deixa de ser uma imposição da natureza, podendo se transformar em escolha individual legalmente garantida enquanto parte dos direitos de cidadania".[51]

Chaubaud e Fougeyrollas-Schwebel,[52] no mesmo sentido, afirmam que a sociedade capitalista se caracteriza pela autonomização relativa da produção (sob a forma generalizada de produção de mercadorias), da reprodução social dos indivíduos, e que tal separação se baseia nas transformações da família e na emergência de uma nova forma de divisão do trabalho entre os sexos, em que mulheres seriam destinadas

51 VAITSMAN, 1989. p. 38.

52 CHABAUD, D. V. e FOUGEYROLLAS-SCHWEBEL, D. "Sobre a autonomia relativa da produção e da reprodução". In: KATCHERSKY, A. et al. *O sexo do trabalho*. Rio de Janeiro: Paz e Terra, 1986.

prioritariamente ao trabalho doméstico e os homens, ao assalariado. Prioritariamente porque as mulheres nunca deixaram, de fato, de estar presentes no mundo da produção, e nele são também subordinadas. Aqui, as autoras sinalizam:

> O trabalho assalariado não está isento das relações do trabalho doméstico, e os antagonismos de sexo atuam tanto no trabalho como no conjunto da vida social. Com efeito, as diferenciações sociais entre os sexos aparecem igualmente constitutivas das relações fundamentais do trabalho assalariado.[53]

As autoras afirmam, contudo, que, apesar de reconhecer a autonomização entre as esferas da produção e da reprodução, não querem dizer que na primeira existam apenas homens e na segunda apenas mulheres, já que ambos participam de ambas as esferas de forma diferenciada; formulam a hipótese de que o fato de as mulheres serem designadas prioritariamente para o trabalho doméstico determina sua subalternização no mundo da produção, e, reciprocamente, a subalternização no mundo da produção reforça e mantém sua designação prioritária no mundo doméstico.[54]

Lavinas e Castro[55] lembram que o debate entre produção e reprodução foi a pedra fundamental da relação entre marxismo e feminismo, e o caráter polissêmico do conceito de reprodução provocou uma série de controvérsias, como demonstram as autoras:

> Para algumas feministas, a reprodução pode ser entendida ao nível do ideológico; para outras, ao nível das práticas familiares vividas no doméstico; para muitas, através das práticas sociais entre os sexos que não seriam diretamente mediadas por relações mercantis. A produção seria o outro espaço, no caso, as relações entre capital e trabalho, no processo de formação de bens e serviços.[56]

Das diversas interpretações da reprodução, temos três grupos, segundo as autoras:

---

53 CHAUBAUD e FOUGEYROLLAS-SCHWEBEL, 1986. p. 117.

54 CHAUBAUD e FOUGEYROLLAS-SCHWEBEL, 1986. p. 121.

55 LAVINAS, L. e CASTRO, M. G. "Do feminino ao gênero: a construção de um objeto". In: COSTA, A. O. BRUSCHINI, C. (Orgs.) *Uma questão de gênero*. Rio de Janeiro: Rosa dos Ventos; São Paulo: Fundação Carlos Chagas, 1992.

56 LAVINAS e CASTRO, 1992. p. 240.

- Grupo 1: feministas que acreditam que o lugar da mulher na esfera doméstica é determinado pelo seu lugar na produção de bens e serviços.
- Grupo 2: de maneira inversa, esse grupo considera a relação de causalidade, ou seja, que a vida familiar e os padrões de afetividade da mulher condicionam o seu lugar no mercado de trabalho.
- Grupo 3: esse grupo busca integrar as duas esferas, recusando priorizações e defendendo a articulação da sociologia do trabalho com a sociologia da família.

Este último grupo de estudiosas teve, como desdobramento de suas ideias, a superação da postura que busca a mera articulação entre as esferas, surgindo a compreensão das relações por elas engendradas. A novidade dessa forma de compreender é a afirmação de que as relações de classe não se restringem ao âmbito da produção, assim como as relações de sexo não se restringem à esfera da reprodução, ou seja, ambas permeiam ao mesmo tempo as duas esferas. Outra novidade é a compreensão de que a vida social é permeada por uma pluridimensionalidade de relações antagônicas e contraditórias de várias ordens.

Hirata[57] trata da questão da subalternização da mulher ao investigar a divisão sexual do trabalho e afirma que, apesar das alterações ocorridas nas políticas de gestão de mão de obra na atualidade, permanecem as diferenciações de inserção no mercado de trabalho entre mulheres e homens, o que pode levar à conclusão de que a relação de dominação é imutável, como compreendem alguns antropólogos. A autora, contudo, concorda com a análise de Vaitsman, de que as relações de gênero devem ser compreendidas como relações sociais e, portanto, passíveis de transformação, principalmente a partir do resultado de lutas e de movimentos sociais, neste caso, do movimento feminista.

Saffioti afirma que os âmbitos da produção e da reprodução são faces de um mesmo processo de produzir a vida.[58] Com isso, a autora quer dizer que todo modo de produção não pode prescindir da produção de meios de subsistência nem da de seres humanos.[59] Tais constatações levam-na a concluir que patriarcado e capitalismo são duas faces de um mesmo modo de produzir e reproduzir a vida, e, apesar de

57 HIRATA, H. Relaciones sociales de sexo y división del trabajo: contribuición a la discusíon sobre el concepto trabajo. In: *Herramienta Revista de debate y crítica marxista*, n. 14, Buenos Aires: 2000-2001. p. 89.

58 SAFFIOTI, H. I. B. Rearticulando gênero e classe social. In: COSTA, A. O.; BRUSCHINI, C. (Orgs.). *Uma questão de gênero*. Rio de Janeiro: Rosa dos Tempos; São Paulo: Fundação Carlos Chagas, 1992. p. 202.

59 SAFFIOTI, H. I. B. *No caminho de um novo paradigma*. São Paulo: PUC-SP, 1998. p. 143.

o patriarcado ser anterior ao advento do capitalismo, este agudiza as contradições existentes em qualquer sociedade baseada na propriedade privada. Saffioti acrescenta, ainda, que as imbricações das relações entre os sexos com as relações entre as classes sociais têm consequências dramáticas para a classe trabalhadora, demonstrando que a desatenção quanto à divisão sexual do trabalho pode levar as suas lutas à derrota. Ela afirma que a divisão sexual do trabalho está na base da subordinação da mulher — uma relação de dominação que subordina o fenômeno da reprodução à produção — e compreende que as relações sociais de produção não se restringem ao domínio público, estão também inseridas na vida privada, da mesma forma que as relações de reprodução extrapolam a vida privada, invadindo o âmbito da produção pública:[60]

> O sistema de classes não se realiza exclusivamente no plano econômico, pois se trata de uma realidade multifacética, onde têm lugar outros tipos de dominação: social, cultural, política, ideológica, além da econômica. De outra parte, o patriarcado não pode ser reduzido a um sistema de dominação política, porquanto em seu seio também fluem os demais tipos de dominação, inclusive o econômico.[61]

Saffioti[62] afirma que não se deve atribuir aos preconceitos existentes contra a mulher a responsabilidade pela sua posição na estrutura de classes, pois as superestruturas ideológicas não sobreviveriam se não encontrassem o suporte da infraestrutura econômica.

Vaitsman[63] busca compreender alguns dos determinantes históricos da construção social das relações de gênero e sua manutenção no período histórico que corresponde à modernidade, com base na análise dos princípios da modernidade ocidental — igualdade e autonomia. Segundo a autora, tais princípios foram conformados como atributos masculinos, o que a leva a questionar a categoria indivíduo, surgida com a modernidade, com o intuito de representar o ser humano universal, portador de direitos civis, políticos e sociais.

---

60 SAFFIOTI, 1988. p. 144.

61 SAFFIOTI, 1988. p. 145.

62 SAFFIOTI, 1976.

63 VAITSMAN, J. Hierarquia de gênero e iniquidade em saúde. In: *PHYSIS – Revista de saúde coletiva*, v. 4, n. 1, Gênero, prática médica e saúde, 1994.

A autora sustenta:

> Na gênese do indivíduo moderno não houve espaço para que a diferença sexual se expressasse de forma igualitária, traduzindo-se, ao contrário, por meio de uma dicotomia e uma hierarquia de gênero entre homens e mulheres.[64]

Para a autora, os princípios de autonomia e igualdade na modernidade passaram a significar toda a prática que se dava no mundo público da política e do mercado, espaço ao qual as mulheres não tinham as mesmas condições de acesso. A partir do século XVIII, principalmente por meio das ideias de Locke, a hierarquia existente na sociedade deixou de ser considerada um fenômeno da natureza e passou a ser vista como um fenômeno social, sendo, contudo, o resultado do esforço de cada indivíduo no sentido de apropriar-se das coisas da natureza, ou seja, a desigualdade torna-se social, mas é decorrente da capacidade de o homem acumular propriedade por meio de seu esforço, o que demonstra o princípio individualista contido nessa compreensão. Concomitantemente, a sociedade passava por um processo de modernização por meio da industrialização e da urbanização, que provocaram a dicotomia entre público e privado, ou seja, entre o mundo do mercado e da política, de um lado, e o mundo doméstico, de outro. A partir de então, a unidade doméstica perdeu seu caráter produtivo e foi estabelecida a hierarquização entre práticas produtivas e improdutivas e entre práticas públicas e privadas, sendo as primeiras as mais valorizados.

Com o advento do capitalismo industrial e a instituição da família conjugal moderna, coube à mulher o confinamento no mundo privado, doméstico e improdutivo, no qual os princípios universalistas e igualitários não tinham penetração. Importante destacar que a categoria indivíduo surgida com a modernidade nunca teve abrangência universal, já que dizia respeito apenas aos homens livres na esfera pública, e o resultado dessa concepção foi a restrição, em um primeiro momento, dos direitos de cidadania apenas aos homens, os quais só foram estendidos às mulheres após muitos anos de reivindicações.

---

64 VAITSMAN, 1994. p. 8.

2.5 A família burguesa

> A humilhação do sexo é um traço essencial e característico também da civilização e da barbárie, com a diferença de que o vício é praticado na barbárie sem requintes, ao passo que é elevado pela civilização a um grau de existência complexa, equívoca, inconveniente e hipócrita... Ninguém humilha o homem pelo crime de tratar a mulher como escrava.[65]

Marx, em *A ideologia alemã*,[66] ao analisar os fundamentos da família burguesa, afirma que o burguês se relaciona com as instituições de seu regime da mesma forma que um juiz se relaciona com as leis, ou seja, sempre que possível as transgride, mantendo, porém, a exigência que os outros indivíduos as respeitem. Em relação à família, o burguês transgride o casamento ao cometer o adultério, o que não representa uma ameaça às suas bases, já que a família, o casamento e a propriedade privada constituem o fundamento da sociedade burguesa e é exatamente essa dinâmica que dará origem à moral burguesa. O pensador continua, afirmando que a família burguesa, portanto, tem seus laços baseados no tédio e no dinheiro, estando envolta em uma concepção sagrada, baseada na hipocrisia existente nas relações sociais. Para Marx, tal instituição iniciou um processo de decomposição a partir do século XVIII, com a dissolução de seu conteúdo interno, ou seja, foram dissolvidos elementos como obediência, piedade e fidelidade conjugal, e permaneceram os elementos concretos, como as condições de fortuna, a coabitação forçada, a construção das cidades etc., já que tais elementos são indispensáveis ao modo de produção capitalista. Vale destacar que a fidelidade conjugal continuou a ser exigida às mulheres, mas não aos homens, constituindo-se em uma das marcas da subordinação feminina, que, somada à divisão do trabalho entre os sexos, serve aos interesses do capital.[67]

---

65 MARX, K. A santa família ou crítica da crítica-crítica, *Obras*, p. 373-75, apud *Sobre a mulher*. 3. ed. São Paulo: Global, 1981. p. 44.

66 MARX, K. *A ideologia alemã*. São Paulo: Martins Fontes, 1998. p. 162-63.

67 Lênin, apesar de reconhecer as vantagens dos homens no que se refere ao casamento, afirma que eles também sofrem com o tipo de relação que o capitalismo possibilita: "A decadência, a putrefação, a lama do casamento burguês com suas dificuldades de ruptura, com a liberdade para o marido e a escravatura para a mulher, a falsidade infame da moral sexual e das relações sexuais impregnaram os melhores homens de um sentimento de profundo desgosto" (MARX, ENGELS, LÊNIN, 1981. p. 133).

Nesse sentido, Posadas afirma que o capitalismo se vale da divisão matrimonial que a propriedade privada estabeleceu para impedir a concentração das forças proletárias entre homem e mulher,[68] querendo dizer que concorda com a tese de Engels de que as desigualdades entre mulheres e homens decorreram do surgimento da propriedade privada e de que o capitalismo se utiliza de tais desigualdades para desencadear a chamada luta entre os sexos, inclusive no seio da classe trabalhadora, evitando, assim, o fortalecimento e a organização dessa classe no sentido de superar o capitalismo.

Em relação à família burguesa, Posadas compreende-a como uma instituição conservadora, como um centro de nucleamento celular que é mantido por meio do interesse de conservar o poder da autoridade que se transmite entre pai, mãe e filho. O autor sustenta, contudo, que, com a Revolução Russa e o início da construção do socialismo, as relações familiares sofreram modificações, sendo uma delas o fim da hierarquia entre pai e filho na maioria das famílias, passando a existir a reflexão mútua, cuja base essencial foi a luta pelo progresso sindical, político e revolucionário.

No que se refere à legalidade das desigualdades na esfera familiar, Engels afirma ser comum a juristas reconhecer que um dos maiores exemplos do progresso da legislação se refere à situação da mulher. No que tange ao casamento, a civilização moderna reconhece que este deve ser um contrato consentido por ambas as partes, e que, dentro do casamento, ambos têm os mesmos direitos e deveres. Engels, entretanto, sustenta que, se observarmos com atenção, reconheceremos que esse discurso se assemelha ao da burguesia republicana radical em seu diálogo com o proletariado: "O contrato de trabalho é um contrato livremente consentido pelas duas partes!". Sabe-se, porém, que a burguesia precisa criar uma lei que estabeleça formalmente a igualdade das duas partes, mas, na realidade, o que acontece é que uma das classes tem muito mais poder, em decorrência de sua condição econômica. Em relação ao casamento, a lei exige que mulheres e homens consintam formalmente; mas o que acontece antes e depois desse "consentimento" já não faz parte das preocupações dos juristas.[69] Mesmo

68 POSADAS, 1982. p. 133.

69 Mai Thui Tu lembra de uma acusação feita pelos burgueses aos comunistas: com a revolução, seriam criadas comunidades de mulheres. Tal acusação é compreensível, já que o burguês vê as mulheres como meros instrumentos de produção. Ora, se os comunistas dizem que farão a socialização dos meios de produção, compreende-se que também fariam a socialização das mulheres! Marx e Engels inclusive sinalizam para o moralismo burguês de se surpreender com a comunidade de mulheres quando já existem os prostíbulos, que são amplamente frequentados por eles.

no caso de direitos formais, mulheres e homens não os possuem igualmente no casamento,[70] e, para Engels, a desigualdade de direitos é resultado de condições sociais anteriores, sendo importante reter que ela não é a causa, mas sim o efeito da opressão econômica da mulher. O autor esclarece que, na época do comunismo primitivo, como dito anteriormente, as mulheres eram responsáveis pelos trabalhos domésticos, mas este tinha um caráter público. Com o surgimento da propriedade privada, os afazeres domésticos perderam seu caráter público e as mulheres, sua função social anterior mais valorizada, transformando-se na primeira serva do homem, participando nessa condição da produção social.

O autor continua, afirmando que, com o surgimento das grandes indústrias, as mulheres foram novamente convocadas a participar da produção social no espaço público, mas apenas as mulheres proletárias. A nova condição lhes impôs dupla jornada de trabalho — ao mesmo tempo que participa da produção na indústria, devia continuar responsável pelos afazeres domésticos. Algumas mulheres da classe dominante lançaram-se ao mercado de trabalho por meio de profissões liberais, tais como a medicina, mas até estas deviam conciliar a dulpa jornada. Engels define assim tal situação:

> A família individual moderna tem por alicerce a escravatura doméstica, dissimulada, da mulher... O homem de nossos dias, na maioria dos casos, se ganha o suficiente para o sustento da família, e isto lhe dá um lugar preponderante que não precisa ser privilegiado por lei, se torna em relação à mulher um burguês, e a mulher, em relação a ele, proletária.[71]

Alambert[72] afirma que, qualquer que seja a origem da opressão da mulher, o surgimento da propriedade privada e da sociedade de classes ampliou as contradições das relações sociais desiguais, atingindo seu ápice no século XIX, com o capitalismo industrial. A partir de então, em decorrência dos baixos salários que já não permitiam ao homem sustentar sozinho sua família, homens, mulheres e crianças passaram a compor o mercado de trabalho. No entanto, desde o início, a inserção da mulher nesse mercado se deu com base na divisão de papéis existente no interior

70 Segundo Posadas (1982, p. 136-37), a justiça, no capitalismo, é tudo aquilo que interessa ao capitalista.

71 ENGELS, 1975. p. 80.

72 ALAMBERT, 1980.

da família, com elas ocupando serviços similares aos afazeres domésticos, tidos como "femininos", como costureira ou cozinheira. Apesar de as condições de trabalho serem precárias, as mulheres passaram a ter uma relação autônoma com o seu patrão, obtendo independência econômica, o que acirrou a contradição do papel tradicional com o papel moderno da mulher, ou seja, aquele em que ela é vista como mera reprodutora da espécie e dona de casa, responsável pela manutenção da força de trabalho, e aquele em que ela também se torna produtora. É a partir desse momento que as questões da mulher são colocadas pelos movimentos feministas e pelo movimento operário.

Lafargue, na mesma direção, afirma que, com o surgimento do capitalismo, as mulheres da pequena burguesia e do proletariado foram convocadas a participar da produção social, ingressando nas fábricas e nas profissões liberais, tornando-se concorrentes de seus pais, irmãos e maridos. Uma contradição, antes impossibilitada pela reclusão da mulher no lar, que se generalizou à medida que a produção capitalista se desenvolveu, dando fim à predominância dos homens na produção social. Diante desse quadro, o autor sustenta que os operários substituíram o conceito de mulher como dona de casa pelo de companheira em todas as lutas econômicas e políticas pela emancipação do trabalho, deixando entrever sua posição quanto à inexistência de desigualdades de gênero no seio da classe trabalhadora. Já entre a pequena burguesia, quando as mulheres passaram a ocupar os mais diversos postos de trabalho, os homens burgueses se inquietaram, considerando que a concorrência no mercado iria aumentar, e, ao avaliar que não seria adequado recorrer a argumentações moralistas, pois estas já tinham sido amplamente utilizadas pelos burgueses mais ricos, buscaram justificativas científicas para comprovar a inferioridade das mulheres, argumentando que elas não deveriam violar as leis da natureza e da história. Provaram que as mulheres tinham o cérebro menos volumoso, comparando-o com o de uma criança, e que seus músculos e sistemas ósseo e nervoso eram subdesenvolvidos, o que não lhes permitia desenvolver trabalhos na esfera da produção, e que deviam, portanto, continuar responsáveis apenas pelas atividades domésticas: "A natureza designou-a por todos os órgãos para ser a serva do homem".[73] A História também oferecia argumentações que reforçavam a subalternidade da mulher, quando vários filósofos e historiadores, como Augusto Comte,

73 LAFARGUE, 1982. p. 41.

afirmavam que, se em todos os lugares e em todos os tempos a mulher foi subordinada ao homem e se limitava às atividades domésticas, assim deveria continuar.

Diante dessas considerações, Engels estabeleceu duas estratégias para alcançar a igualdade social entre mulheres e homens:[74]

1. A garantia de direitos jurídicos iguais.
2. O investimento na entrada das mulheres na indústria pública.

2.6 A família na sociedade socialista

Machel[75] afirma que, na nova sociedade surgida a partir da instituição do socialismo, as relações familiares devem ser baseadas no amor, mas não no amor banal existente na sociedade burguesa. Para o autor, o verdadeiro amor só pode existir entre seres livres e iguais que possuem um ideal comum. Essa seria a base da moral e do afeto que constituem o amor.

Engels, em seu texto *Princípios do comunismo*,[76] também trata das repercussões que a revolução terá sobre a família. Ele afirma que o fim da propriedade privada

---

74 Em seu texto *A situação da classe trabalhadora na Inglaterra* (ENGELS, *A situação da classe trabalhadora na Inglaterra*. In: MARX, ENGELS, LÊNIN, 1981. p. 70), Engels apresenta relatos presentes no material analisado por ele, que tratam das consequências do trabalho das mulheres nas indústrias para as famílias. É possível perceber um tom moralista e machista nos relatos: "Em muitos casos, a vida familiar não é totalmente destruída, mas desvirtuada pelo fato de a mulher trabalhar. É a mulher quem sustenta a família, o homem permanece na casa, olha as crianças, varre os quartos e a cozinha. O caso é frequente: somente em Manchester, acham-se várias centenas de homens condenados, assim, ao trabalho doméstico. Pode-se imaginar a legítima revolta que esta verdadeira castração provoca entre os operários, e a subversão de todas as relações da família em decorrência disso, enquanto as outras relações sociais permanecem as mesmas" (p. 140-43). Já Marx, ao tratar da questão da mortalidade infantil também analisando inquéritos médicos, aponta os comentários acusatórios, presentes nestes, às mulheres operárias: "Um inquérito médico oficial de 1861 demonstra que, se excetuarmos as circunstâncias locais, as cifras mais elevadas da mortalidade são causadas principalmente pelo trabalho das mães fora de casa. Resulta, com efeito, que as crianças são negligenciadas, maltratadas, malnutridas, às vezes alimentadas com opiatos, abandonadas pelas suas mães, que chegam a sentir por elas uma aversão desnatural. Muitas vezes, são vítimas da fome ou do veneno. Nos distritos agrícolas, onde o número de mulheres assim ocupadas é menor, a cifra da mortalidade é também a mais baixa" (*O capital*, livro I, cap. XIII, apud MARX, ENGELS, LÊNIN, 1981. p. 80-81). Um novo inquérito foi feito para pesquisar as áreas agrícolas e foi constatado que a mortalidade infantil era ainda maior que a das áreas fabris, negando o que foi afirmado na citação referida.

75 MACHEL, 1982.

76 ENGELS, F. *Princípios do comunismo*. In: MARX, ENGELS, LÊNIN. *Sobre a mulher*. 3. ed. São Paulo: Global, 1981. p. 47.

propiciará o fim da submissão da mulher ao homem e dos filhos aos pais. Já no *Manifesto do Partido Comunista*, escrito com Marx, percebe-se o tom ferino dos autores na analise da questão da família, o que é compreensível, dado o objetivo político do manifesto: mobilizar o operariado. Nesse texto, os autores defendem a necessidade de abolir a família, o que escandalizava a sociedade burguesa; e justificam, afirmando que a base da família burguesa é o capital, o enriquecimento, o que, portanto, inviabiliza a existência de famílias proletarias; melhor dizendo, a existência da família burguesa só é possível graças à inexistência da família entre o proletariado e à consolidação da prostituição pública. Segundo os autores, no momento em que houver a revolução e o capital chegar ao fim, a família burguesa desaparecerá juntamente com os seus contrários, a não família proletária e a prostituição, dando origem a um novo tipo de família, verdadeiramente solidária.

Segundo Alambert,[77] no Manifesto está presente a ideia de que somente pela socialização da propriedade a mulher deixará de ser considerada mero instrumento de produção. Marx, em suas *Teses sobre Feuerbach*, também demonstrou quanto a problemática da mulher era importante, principalmente no que se refere à função materna, ao sustentar que o desenvolvimento histórico é definido por três fatores: a produção da vida material, o surgimento de novas necessidades e a procriação, sendo que estes devem ser tomados como três momentos diferentes da história, sem hierarquia de importância para a sua construção. Engels, inclusive, afirmou que Marx pretendia escrever algo que esclarecesse as origens da família e as desigualdades da mulher, tanto na família como na sociedade, contudo, não viveu o suficiente para isso.

Saffioti[78] ressalta que Marx expressa sua opinião a respeito das desigualdades entre mulheres e homens pela primeira vez ao tratar da crítica ao projeto de lei prussiano, que proibia o divórcio, já que, segundo o pensador, o casamento seria uma instituição falida. Na questão da família, Saffioti, assim como Alambert, afirma que, contrariamente ao que muitos dizem, Marx não propõe a destruição da família, mas denuncia a incompatibilidade entre a família conservadora e burguesa e o trabalho da mulher fora do lar; além de denunciar as péssimas condições de trabalho das mulheres e as consequências para a educação dos filhos, ele defende a substituição da família burguesa por outro modelo de família. Assim, Saffioti conclui:

---

77 ALAMBERT, 1980.

78 SAFFIOTI, 1976.

> A verdadeira libertação da mulher é encarada por Marx, portanto, como processo geral de humanização de todo gênero humano. É por isso que o tipo de relação entre os sexos se lhe afigura como o índice de desenvolvimento da humanidade do homem.[79]

O pensador, portanto, compreende que os determinantes da vida da mulher são decorrentes do regime de produção, cujos sustentáculos são a opressão do homem pelo homem e a alienação, o que aponta como solução a superação desse regime e a criação do socialismo, ideia que perpassa todo o socialismo científico.

Kollontai[80] examina a situação da família na Rússia pós-revolução socialista e sustenta a necessidade de estabelecer uma nova forma de relacionamento entre os sexos no Estado proletário. Para a autora, no lugar do amor materno restrito ao seu filho, o amor deve ser voltado para todas as crianças; no lugar do casamento indissolúvel, que tem por base a escravatura da mulher, deve nascer a união livre baseada no amor mútuo entre mulheres e homens, sendo estes portadores dos mesmos direitos e deveres; no lugar da família nuclear, individual e egoísta, deve surgir a grande família universal operária, em que todos os homens e mulheres serão trabalhadores e companheiros. Segundo a autora:

> Estas serão as relações entre homem e mulher na sociedade comunista de amanhã. Estas novas relações assegurarão à humanidade todos os prazeres do amor livre, enobrecido pela verdadeira igualdade social dos sexos, prazeres que eram ignorados na sociedade mercantil do regime capitalista.[81]

Segundo Alambert,[82] Kollontai deu grande contribuição à questão da mulher ao reconhecer que o amor não se restringe a uma questão da vida privada, admitindo que o Estado deve portanto, intervir nas relações familiares, a fim de torná-las mais igualitárias. A autora, contudo, sinaliza que para Kollontai, assim como para Engels, as relações familiares na classe operária são de solidariedade, em decorrência de não serem estabelecidas a partir de interesses econômicos, o que, para Alambert, representa uma limitação de sua análise.

---

79 SAFFIOTI, 1976. p. 74.

80 KOLLONTAI, 1982.

81 KOLLONTAI, 1982. p. 59.

82 ALAMBERT, 1980.

A monogamia, como dito em seção anterior, e como afirma Engels, surgiu como resultado da concentração de riquezas e do desejo do homem de poder transmitir aos seus filhos, por meio de herança, toda a riqueza que acumulara; para isso, a mulher tinha de manter-se monogânica, mas o homem não. Diante dessa assertiva, Engels coloca a seguinte questão: com a revolução socialista e a coletivização dos meios de produção e das fortunas imobiliárias, a monogamia surgida em decorrência de interesses capitalistas teria fim? E ele mesmo responde que, com a revolução, a monogamia poderá finalmente ser exercida por mulheres e homens de fato, já que desapareceria a prostituição, juntamente com o assalariado e o proletariado, o que modificaria as condições de vida dos homens e das mulheres.

Para Engels, ao desaparecerem as condições econômicas que obrigavam as mulheres a suportar a infidelidade dos homens, por preocuparem-se com o futuro dos filhos, os homens, consequentemente, se tornarão monogâmicos. Com a coletivização dos meios de produção, a família individual perde sua função econômica e a economia doméstica privada transforma-se em indústria social. Assim, a educação e os cuidados com os filhos passam a ser de responsabilidade pública, com a sociedade cuidando igualmente de todas as crianças. Essa, aliás, é uma ideia já presente entre os utopistas, que, segundo Engels, compreendiam a transformação do trabalho doméstico em indústria pública como condição *sine qua non* para o estabelecimento de relações recíprocas realmente livres entre os membros da família.

Lênin, na mesma direção, assim se pronuncia:

> Para que ela seja completamente libertada e realmente posta em plano de igualdade com o homem, é preciso que os trabalhos do lar se tornem obra pública e que ela participe da produção geral. Então ela ocupará a mesma situação do homem.[83]

Segundo Heller,[84] a partir do momento em que a vida em geral não for mais centrada na propriedade, o sentimento de posse desaparecerá na relação entre os sexos; as mulheres não serão mais consideradas um objeto de prestígio ou um meio para determinado fim. No relacionamento entre pessoas livres, o outro é sempre uma finalidade em si, e esse relacionamento apenas será mantido enquanto for do

---

83 LÊNIN, 1981. p. 115.

84 HELLER, A. "O futuro das relações entre os sexos". In: *Encontros com a civilização brasileira*, n. 26. Rio de Janeiro: Civilização Brasileira, 1980.

desejo de ambos. A autora afirma que a dor derivada de um amor não correspondido não desaparecerá; contudo, a frustração derivada do sentimento de posse desaparecerá, ou seja, a vaidade ou o orgulho ferido decorrente do sentimento de que se perdeu uma propriedade deixará de existir. Por outro lado, também desaparecerá o sentimento de culpa das mulheres, que se origina em uma moralidade que estabelece muito mais restrições às mulheres no que diz respeito ao exercício da sexualidade. Em um mundo não alienado, os indivíduos serão capazes de humanizar os seus impulsos em vez de suprimi-los.

Neste capítulo, buscou-se apresentar não apenas a compreensão das vanguardas socialistas de diversos países a respeito das desigualdades entre mulheres e homens, mas, principalmente, suas propostas e ações desenvolvidas no sentido de pôr fim a tais desigualdades. Apesar de reconhecer as limitações dessas análises, sobretudo no que se refere à compreensão de que as desigualdades entre mulheres e homens decorrem do surgimento da propriedade privada (e, em alguns momentos, do próprio capitalismo), consideramos importante demonstrar que tal questão representou uma das principais preocupações dos países socialistas, pelo menos nos primeiros anos do regime em questão.

Com isso, fica claro que, ao contrário do que apontam as autoras feministas pós-modernas, as desigualdades entre mulheres e homens foram não apenas objeto de análise, mas de preocupação das vanguardas marxistas, que, ao construírem o socialismo, propuseram um conjunto de leis e de ações concretas no sentido de extingui-las. E, apesar de esse conjunto de leis e de ações concretas não ter obtido o êxito esperado, serviu para provar que as acusações feitas aos marxistas, em geral, e à própria teoria social de Marx, de que são insensíveis à questão de gênero, não procedem.

Capítulo 3

Estratégias socialistas para o fim das desigualdades entre mulheres e homens

Neste capítulo, buscamos apresentar de forma panorâmica algumas percepções socialistas a respeito das desigualdades entre homens e mulheres. Percebemos que muitas dessas percepções são carregadas de boa dose de ingenuidade e, por vezes, apresentam-se insuficientes para um aprofundamento da questão do gênero. No entanto, ainda que tais lacunas se façam presentes, trata-se de uma importante contribuição, datada historicamente e limitada pelas condições de sua época. Buscamos, com este breve resgate, demonstrar que a primeira aproximação da tradição marxista às desigualdades de gênero foi fundamental para o posterior aprofundamento e amadurecimento dessa questão.

3.1 Primeiras propostas

Lênin acentua a importância da coletivização do trabalho doméstico, como estratégia para o estabelecimento da igualdade entre mulheres e homens ao reconhecer que, mesmo depois de garantida a igualdade de direitos após a Revolução Russa de 1917, a mulher continuou a ser oprimida em face de sua situação econômica inferior à do homem.

Nesse sentido, Kollontai[1] sustenta que em uma sociedade socialista a casa individual deve desaparecer, e ser substituída pela casa coletiva, na qual os trabalhos

---

1 KOLLONTAI, A. A família e o estado socialista. In: MACHEL, S. et al. *A libertação da mulher*. 3. ed. São Paulo: Global, 1982.

domésticos serão desenvolvidos por uma equipe de operárias. Portanto, as mulheres que participam da produção social se libertarão dos trabalhos domésticos assim como as mulheres burguesas já se libertaram há muito tempo, já que contratam empregadas domésticas para cuidar de suas casas. Segundo a autora, na Rússia dos sovietes as mulheres operárias não passarão seu período de ócio cozinhando, já que haverá restaurantes coletivos, assim como já existem em toda a Europa, embora sejam desfrutados apenas pela burguesia, nem despenderão seu tempo cuidando das roupas, que serão levadas a lavanderias coletivas. A educação de seus filhos será de responsabilidade do Estado: o Departamento de Previdência Social providenciará creches, escola, colônias, casas para crianças doentes, refeições gratuitas e distribuição de roupas e calçados para as crianças. Diante disso, a infância deixará de ser responsabilidade da família e passará a ser da coletividade. As horas de ócio das operárias poderão ser aproveitadas com leituras instrutivas, com distrações sadias. Esse sistema educacional, em certa medida, já existe na sociedade capitalista, com as escolas primárias e universidades, em que muitas são de responsabilidade do Estado. Com as condições de vida e de trabalho da classe operária, e principalmente com o aumento do nível de consciência sobre seus direitos, a sociedade burguesa criou as instituições educacionais, desonerando as famílias; contudo, isso é feito de maneira comedida, já que os capitalistas compreendem que a manutenção da mulher como "escrava do homem" contribui para impedir o desenvolvimento do espírito revolucionário no seio do proletariado.

Nas instituições educacionais socialistas, as crianças receberão orientações de educadores competentes para se tornarem comunistas conscientes, norteados pelos valores da solidariedade, do companheirismo, da ajuda recíproca e da devoção à coletividade. Para as mães solteiras, em vez da discriminação e do descaso sofridos na sociedade burguesa, serão criadas instituições que assegurem a sua subsistência, assim como a de seu bebê. Mães proletárias poderão pensar que na sociedade socialista as crianças serão arrancadas do seio da família para serem colocadas nessas instituições, mas, segundo Kollontai, isso não procede. Segundo a autora, a família na sociedade capitalista já está em decomposição, pois os pais proletários não têm mais condições de educar seus filhos nem de cuidar deles, o que os faz sofrer. No socialismo, os indivíduos não sentirão receio de se casar, já que o casamento deixará de ser fonte de sofrimento e passará a ser fonte de felicidade; o nascimento de novas crianças será saudado em vez de considerado um estorvo para a sociedade — essas crianças, como dito antes, serão alimentadas, educadas e instruídas pela coletividade, mas seus pais não serão proibidos de participar de sua educação, se assim desejarem. Diante dessa nova realidade, a família deixará de ser necessária nos moldes que até hoje conhecemos, posto que a mulher assumirá outro papel na sociedade. Para a autora, é a partir das ruínas da antiga família que surgirá uma nova família, baseada em uma nova relação entre mulher e homem, na qual ambos serão unidos pelo companheirismo, pelo afeto, será a união de membros iguais da sociedade comunista, ambos livres, independentes e trabalhadores; não haverá desigualdade no seio da família e a mulher não se sentirá abandonada quando se separar do marido, pois não dependerá do trabalho deste e sim do seu próprio, o que demonstra a libertação do matrimônio das questões econômicas e de conveniência que ainda hoje existem. Kollontai afirma:

> O matrimônio transforma-se, assim, numa associação sublime de duas almas que se amam, que têm confiança uma na outra, numa associação que promete a cada operário e a cada operária a satisfação mais completa que pode caber a um ser consciente de si mesmo e da vida que o rodeia. A união livre, mais forte no espírito de companheirismo que a inspira, em vez da escravatura conjugal do passado: eis o que trará ao homem e à mulher a sociedade comunista de amanhã.[2]

A autora afirma que, com o estabelecimento das novas bases do casamento, da família e das relações entre mulheres e homens, desaparecerá também a prostituição, que resulta do regime econômico do capitalismo — a propriedade privada. Quando esta for abolida, o tráfico de mulheres desaparecerá; portanto, as mulheres operárias não devem lamentar o fim da família burguesa, e sim comemorar a libertação de sua escravidão doméstica e o estabelecimento de uma nova sociedade, na qual não mais haverá distinção entre o seu filho e o filho do outro — todos serão filhos de todos —, e as preocupações, os afetos e os cuidados serão iguais para todos.

Marx e Engels, no *Manifesto*, desenvolvem essa questão, expondo como seria a educação das crianças no comunismo. Os burgueses se escandalizam com suas propostas de intervir na relação de exploração entre pais e filhos, argumentando que estariam quebrando laços íntimos quando propõem a substituição da educação por meio da família pela educação garantida pela sociedade. Ora, sabemos que no próprio capitalismo a educação já é determinada pela sociedade, por meio das condições sociais e da

2 KOLLONTAI, A. 1982. p. 58.

própria escola; o que os comunistas propõem é acabar com a influência da classe dominante na educação. Nesse sentido, vale ressaltar a afirmação dos autores:

> As declarações burguesas sobre a família e a educação, sobre os doces laços que unem a criança aos pais, tornam-se cada vez mais incoerentes, à medida que a grande indústria destrói todos os laços de família dos proletários e transforma as crianças em simples artigos de comércio ou simples instrumentos de trabalho.[3]

Lênin avança em relação a Marx e Engels ao fazer um conjunto de propostas que vão além da questão da educação, no sentido de desonerar as mulheres dos afazeres domésticos, tornando-os de responsabilidade pública. Expõe a necessidade de serem criados restaurantes coletivos, lavanderias coletivas, creches, jardins de infância, nos quais tanto mulheres como homens possam fazer suas refeições, deixar suas roupas para serem cuidadas e deixar seus filhos para serem educados.[4] É importante sinalizar que tais instituições já existem no capitalismo e podem ser desfrutadas apenas pelos burgueses, sem contar que são regidas pela lógica do lucro ou, quando muito, pela da filantropia burguesa.

Como Marx e Engels, Lênin também acredita que a inserção das mulheres no mercado de trabalho contribui para a sua libertação. Ao analisar o capitalismo, ele afirma que este busca desenvolver *trusts*, inserindo mulheres e crianças nas usinas, explorando-as, e sustenta que, em uma sociedade comunista, não seria restituído o trabalho doméstico da mulher; ao contrário, estas seriam cada vez mais incluídas nos trabalhos coletivos e públicos. Lênin avança, afirmando que a burguesia imperialista militariza cada vez mais os jovens e que, provavelmente, militarizará as mulheres, fato que deve ser considerado proveitoso para o momento da revolução. O autor chega mesmo a considerar inviável o socialismo, se não forem estabelecidas relações verdadeiramente igualitárias entre mulheres e homens:

> Enquanto as mulheres não forem chamadas a participar livremente da vida pública em geral, cumprindo também as obrigações de um serviço cívico permanente e universal, não pode haver socialismo, nem sequer democracia integral e durável. As funções de

---

3 MARX, K.; ENGELS, F. *Manifesto do Partido Comunista*, apud MARX, ENGELS, LÊNIN. *Sobre a mulher*. 3. ed. São Paulo: Global, 1981. p. 48. (Coleção Bases-Praxis, v. 17).

4 LÊNIN, V. *A grande iniciativa*. In: MARX, ENGELS, LÊNIN, 1981. p. 110-12.

polícia, com as de assistência a doentes e crianças abandonadas, o controle da alimentação etc., não podem, em geral, ter uma execução satisfatória enquanto as mulheres não hajam obtido a igualdade perante os homens, não só nominal, mas efetiva.[5]

3.2 Avanços jurídico-legais da revolução socialista

Voltando a abordar a questão da legalidade formal na sociedade capitalista, Engels assinala que, no mundo industrial, a opressão econômica exercida pela burguesia sobre o proletariado é possível em razão dos privilégios legais de que a primeira usufrui, os quais são mascarados pela igualdade formal garantida pela lei. O autor afirma que "a República democrática não elimina o antagonismo real entre as duas classes; pelo contrário, fornece-lhe o terreno seguro para ser delineada a luta".[6]

Ao abordar a democracia nas sociedades capitalistas, Lênin também discute acerca de suas leis e afirma que "a regra" é a criação de circunstâncias que inviabilizem o proletariado de exercer seus direitos e faz uma analogia com o exercício do direito de divórcio. Para ele, tal direito não é exercido dado que o sexo oprimido é economicamente esmagado e continuará a sê-lo enquanto houver capitalismo. Não acontece de maneira diferente na República Democrática, em cujo programa se declara a soberania do povo e, em realidade, se sabe que a república mais democrática acaba por descambar na corrupção dos funcionários pela burguesia. Isso não significa que república e democracia não interessem aos marxistas, já que, segundo Lênin, estes reconhecem que a democracia não acaba com as desigualdades de classe, mas torna a luta entre elas mais clara, o que é importante para a revolução. O autor reconhece a importância da revolução democrática para a revolução proletária socialista:

> A primeira, crescendo, transformou-se na segunda. A segunda, triunfante, resolve os problemas da primeira. A segunda consolida a obra da primeira. A luta e só a luta decidirá até que ponto a segunda estará apta a desembaraçar-se da primeira e a superá-la.[7]

---

5 LÊNIN, V. *As tarefas do proletariado em nossa Revolução*. In: MARX, ENGELS, LÊNIN, 1981. p.101.

6 ENGELS, F. *Origem da família, da propriedade privada e do Estado*, apud MARX, ENGELS, LÊNIN, 1981. p. 55.

7 LÊNIN, V. *No quarto aniversário da Revolução de outubro*. In: MARX, ENGELS, LÊNIN, 1981. p.124.

No que tange à questão da mulher, Lênin novamente faz analogia com o divórcio e afirma que, quanto maior for o direito formal, mais as mulheres perceberão que a causa de sua escravatura doméstica está no capitalismo, e não na ausência de direitos. Lênin assim sustenta:

> O direito ao divórcio, como todos os direitos democráticos, sem exceção, é dificilmente realizável sob o capitalismo, é condicional, restrito, formal e estreito, mas, não obstante, nenhum social-democrata honesto encontrará entre os socialistas, nem mesmo entre os democratas, quem negue este direito. E aí está o essencial. Toda a democracia consiste na proclamação e na realização dos direitos que, sob o capitalismo, são realizados numa medida muito modesta e muito condicional, mas sem a sua proclamação, sem a luta imediata e direta por esses direitos, sem a educação das massas dentro do espírito duma tal luta, o socialismo é impossível.[8]

Segundo Lênin, o capitalismo preconiza uma igualdade formal, que, na verdade, se fundamenta na desigualdade econômica e social, principalmente no que tange à situação de mulheres e de homens; contudo, a burguesia acusa o poder soviético de antidemocrático, e é justamente no que se refere à questão da mulher que o poder soviético provou dar um impulso à democracia, que se diferencia da democracia burguesa.[9] Nenhum Estado capitalista, por mais democrático que seja, garantiu igualdade de direitos entre mulheres e homens; nesses países, as mulheres são chamadas de escravas domésticas, e isso acontece porque ainda existe a propriedade privada. Segundo o autor, porém, a República dos Sovietes, na Rússia, em seu primeiro ano de governo, estabeleceu de uma só vez a igualdade jurídica entre

8 LÊNIN, V. *Sobre uma categoria e sobre o economismo imperialista*. In: MARX, ENGELS, LÊNIN, 1981. p. 96.

9 É interessante ressaltar que Lênin utiliza a questão da mulher para diferenciar a democracia burguesa da socialista. Ele afirma que, após mais de um século da Revolução Francesa — burguesa e democrática —, nenhuma sociedade burguesa permitiu a igualdade de direitos entre mulheres e homens, permanecendo as promessas de igualdade e liberdade apenas em palavras: "A democracia burguesa é uma democracia de frases pomposas, de promessas grandiloquentes, de sonoras palavras de ordem (liberdade e igualdade), mas, na realidade, ela dissimula a escravidão e a desigualdade da mulher, a escravidão e a desigualdade dos trabalhadores e dos explorados" (MARX, ENGELS, LÊNIN, 1981. p. 119). No mesmo sentido, Alambert lembra que na França pós-revolução foram fechados os clubes femininos, com as mulheres sendo proibidas de participar de manifestações, e, em 1804, o código napoleônico estabeleceu, por lei, a inferioridade da mulher (ALAMBERT, 1980. p. 114).

mulheres e homens com alterações na legislação, entre outras, sobre o casamento, ampliando as condições para o divórcio.

Kollontai,[10] concordando com tal afirmação, diz que na Rússia dos sovietes, por meio do decreto dos comissários do povo, de 18 de dezembro de 1917, o divórcio passou a ser acessível a todas e a todos, o que, segundo a autora, provocou incômodo entre algumas mulheres, que viam seus maridos como fonte de renda, não percebendo que esta era uma lei que contribuía para sua libertação.

Outra alteração refere-se ao reconhecimento legal de crianças nascidas fora do casamento. Kapo,[11] ao tratar da Albânia, afirma que o poder popular, quando instaurado, aboliu por lei toda a discriminação contra a mulher. A democracia socialista, por meio do direito ao sufrágio universal e da liberdade de expressão, entre outros direitos, incentivou a participação da mulher, que cresceu paulatinamente, tendo os conselhos populares como exemplo. Nestes, em 1966, as mulheres representavam 36,7% dos membros eleitos, subindo para 45,8% em 1970.[12] O autor define assim o papel da mulher na Albânia pós-revolução:

> A democracia socialista necessita da participação ativa e eficaz das amplas massas femininas, porque dela aumentam cada vez mais as suas capacidades e o seu papel. Assim, no nosso país, a atividade política não só não é monopólio dos homens, como nenhum problema político pode ser resolvido sem a aprovação e a participação de grandes massas femininas.[13]

Lênin enfatiza a importância dessas alterações, mas reconhece que muito ainda deve ser feito para se construir uma sociedade justa, chegando a admitir que a tarefa de todo Estado operário, relativamente à questão da mulher — que sempre foi pensada pelo poder soviético, por ser um poder dos trabalhadores e contra a exploração —, se divide em duas fases, e a primeira é a eliminação das leis que a inferiorizam. Desse modo, reconhece que esta foi uma das primeiras e mais importantes

---

10 KOLLONTAI, A. 1982.

11 KAPO, V. A mulher albanesa e a sua completa emancipação. In: MACHEL, S. et al. A *libertação da mulher*. 3. ed. São Paulo: Global, 1982.

12 KAPO, V. 1982. p. 67.

13 KAPO, V. 1982. p. 67.

tarefas do Estado operário, mas que se trata apenas do começo de um processo de transformação necessária:

> Presentemente, desembrulhamos o terreno para a edificação do socialismo, mas esta só será possível quando, após a igualdade completa da mulher, proporcionarmos à mulher um novo trabalho, comum ao trabalho de todos, libertando-a de seu antigo labor, mesquinho, brutal e improfícuo. Para esta etapa serão necessários muitos anos. Este novo trabalho não dará resultados, no começo, rápidos e deslumbrantes.[14]

Referindo-se à Albânia socialista, Kapo[15] afirma que as mulheres de lá têm consciência de que, apesar dos avanços, ainda há muito a fazer para elevar o nível educacional, cultural e ideológico da mulher e de toda a sociedade. O autor afirma que há, de fato, um desnível entre mulheres e homens com base objetiva, o que as torna mais limitadas em relação a eles; esse desnível teria sido construído pela opressão, e que a bandeira de luta deve considerar a igualdade entre mulheres e homens não apenas no plano formal, mas também na realidade. Um exemplo desse desnível é o número pequeno de mulheres assumindo a vanguarda do partido, o que demonstra tanto a resistência dos homens em aceitá-las no comando como uma inabilidade delas para exercer tal função, já que foram socializadas para obedecer e não para dar a direção.

Quanto à luta pela emancipação da mulher, é muito importante o fato de Lênin reconhecer que esta seria obra tanto das mulheres como dos operários envolvidos com a construção do socialismo e de demonstrar sua convicção por meio desta afirmação:

> Dizemos que a emancipação das operárias deve ser a obra dos próprios operários, e também a obra das próprias operárias. Estas devem ocupar-se do desenvolvimento de semelhantes instituições e esta atividade feminina modificará completamente a situação de suas ocupações na sociedade capitalista.[16]

14 LÊNIN, V. Tarefas do movimento operário feminino na República soviética, discurso pronunciado a 23 de setembro de 1919, na IV Conferência das operárias sem partido da cidade de Moscou. In: MARX, ENGELS, LÊNIN, 1981. p. 115.

15 KAPO, V. 1982.

16 LÊNIN, 1981. p.116.

Machel[17] também concorda com essa assertiva e diz que a necessidade de lutar pela igualdade entre mulheres e homens é de ambos, já que o homem sofre igualmente com a alienação que a desigualdade provoca, ainda que de forma diferente.

3.3 Política e partido

> [...] duas jovens operárias que levavam uma bandeira vermelha entre a multidão de 10 mil pessoas arremessaram-se à frente dos cossacos gritando: "Matem-nos! Enquanto vivas, nunca vos entregaremos a nossa bandeira!". E os cossacos, perturbados, voltaram às rédeas, enquanto a multidão gritava: vivam os cossacos! Estas imagens de bravura e de heroísmo devem ficar gravadas para sempre na memória do proletariado.[18]

Segundo Kapo,[19] a emancipação da mulher só é possível pela instauração da propriedade social dos meios de produção, e as mulheres na Albânia tomaram consciência disso engajando-se no processo revolucionário, desencadeando o que o autor considera um processo de dependência recíproca: a revolução necessita do engajamento das mulheres, e estas, ao se engajarem, contribuem para a vitória que eleva o seu nível de emancipação. O autor continua dizendo que, com a inserção das mulheres no trabalho social com salários iguais aos dos homens e a defesa de seus interesses por meio de leis que foram sancionadas, elas se libertaram economicamente e puderam desfrutar de algo nunca antes desfrutado: da vida coletiva, por meio do desenvolvimento de suas capacidades intelectuais, técnicas e políticas. Foram mudanças que transformaram a sociedade e a vida das mulheres, tornando-as críticas em relação aos comportamentos conservadores ainda presentes em seu cotidiano, os quais, segundo o autor, são regidos por leis não escritas ou, dito de outra forma, por costumes fundamentados em estereótipos e preconceitos.

Ao tratar dos direitos políticos das mulheres, Lênin considerou de suma importância que estivessem presentes na campanha pelo sufrágio feminino tanto a defesa integral dos princípios do socialismo como a luta pela igualdade de direitos entre

---

17 MACHEL, S. A libertação da mulher é uma necessidade da revolução, garantia da sua continuidade, condição do seu triunfo. In: MACHEL, S. et al. *A libertação da mulher*. 3. ed. São Paulo: Global, 1982.

18 LÊNIN, V. *As lições da insurreição de Moscou*. In: MARX, ENGELS, LÊNIN, 1981. p. 57.

19 KAPO, 1982.

mulheres e homens; cita a proposta de uma inglesa de restringir o voto apenas às mulheres de posses, a qual foi rejeitada pelo congresso do Partido Comunista, que defendeu a articulação da luta pelo direito ao voto das mulheres à luta pelo direito ao voto dos operários, e não às lutas de interesse das mulheres burguesas.[20]

Em relação a essa proposta de Lênin, Saffioti[21] sinaliza que alguns teóricos passaram a diferenciar dois tipos de feminismo: o autônomo e o vinculado às lutas socialistas. A autora diz que tal diferenciação seria um equívoco porque todo movimento tem uma vinculação de classe, ainda que implícita, ou seja, se um movimento é autônomo, de fato está vinculado à classe dominante e contribui para a manutenção do *status quo*.

Lênin continua sua explanação, apresentando uma polêmica surgida no seio de uma comissão entre os austríacos, representados por Victor Adler e Adelheid Popp, e as social-democratas alemãs, principalmente Clara Zetkin. Os austríacos consideravam que, para conquistar o direito de sufrágio universal (que, no caso, beneficiaria apenas os homens operários), seria inoportuno reivindicar o direito ao voto feminino, já que poderia parecer exigência demais. Zetkin, por sua vez, não apenas considerou a proposição oportunista, como também se referiu à incompetência das análises táticas dos austríacos, pois, se apresentassem igualmente a reivindicação do direito ao voto feminino e masculino, o resultado seria uma mobilização popular muito maior. Adler chegou a encaminhar uma emenda, afirmando não aprovar a luta que se vinculasse sempre à reivindicação da igualdade de direitos entre mulheres e homens, mas esta foi reprovada.

Em relação ao movimento operário como um todo, Alambert[22] afirma que, apesar de ter demonstrado preocupação com a questão da mulher, este não desenvolveu ações concretas suficientes no sentido de alcançar igualdade entre ambos. A II Internacional estabeleceu essa questão como um de seus objetivos, mas em relação ao direito ao voto feminino, por exemplo, nada foi feito, a despeito da ação de Clara

---

20 Corbisier (1979) afirma que, a partir da década de 1960, os movimentos feministas dos países capitalistas desenvolvidos assumiram um caráter burguês ao defender o distanciamento das lutas de classe, bem como a exacerbação das diferenças entre mulheres e homens, o que levou ao equívoco de compreendê-los como inimigos.

21 SAFFIOTI, H. I. B. *A mulher na sociedade de classes:* mito e realidade. Petrópolis, Rio de Janeiro: Vozes, 1976.

22 ALAMBERT, Z. Os marxistas e a elaboração teórica sobre a mulher. In: *Encontros com a civilização Brasileira*, Rio de Janeiro: Civilização Brasileira, 1980.

Zetkin para promover uma discussão sobre o assunto. Segundo Alambert, Zetkin sempre lutou para que a questão da mulher estivesse presente em documentos e ações do movimento operário, por meio da luta pelo sufrágio feminino e pela legislação que garantisse melhores condições de trabalho. Contudo, ela fazia distinção entre a luta feminista e a operária, posicionando-se contra qualquer agitação específica feminista, defendendo que o objetivo principal era a formação da consciência de classe da mulher e do seu empenho na luta de classes.[23] Alambert reconhece que tanto o movimento feminista, supostamente independente,[24] como o socialista e suas propostas de libertação da mulher trabalhadora desenvolveram-se separadamente e divergiram em muitos momentos, e que somente a partir das propostas de Lênin houve o investimento na fusão desses dois objetivos, o que suscitou a elaboração de estratégias de luta pela emancipação da mulher como componente da revolução proletária. A autora lembra uma citação de Lênin:

> Odiamos, sim, odiamos, tudo o que tortura e oprime a mulher trabalhadora, da cidade e do campo, a mulher do pequeno comerciante e, em muitos casos, a mulher das classes possuidoras. Reivindicamos da sociedade burguesa uma legislação social a favor da mulher porque compreendemos a situação e os interesses aos quais dedicaremos toda a nossa atenção durante a ditadura do proletariado.[25]

---

23 Benoit, em nota de rodapé, faz um importante resgate da história de Clara Zetkin, que cabe aqui reproduzir: "Amiga de Rosa Luxemburgo, Clara Zetkin (1857-1933) foi uma das figuras marcantes da ala esquerda da social-democracia alemã; em 1907, tornou-se dirigente do movimento internacional das mulheres socialistas. Organizou, em 1915, uma conferência internacional das mulheres, em Berna. Foi dirigente da Liga Spartakista e, mais tarde, do Partido Comunista alemão; em 1921, foi eleita para o comitê executivo da III Internacional. Como Rosa, após 1906, denunciou o reformismo da direção social-democrata, que, segundo pensava, não lutava com bastante energia contra a sociedade capitalista. Clara criou aquele que foi então o mais importante e único órgão de propaganda e agitação socialista dirigido às mulheres trabalhadoras — *A Igualdade*, cujo subtítulo era *Revista dos interesses das trabalhadoras* —, que circulou amplamente na Europa de 1891 a 1917. Em sua luta política pela independência de classe do movimento das mulheres trabalhadoras, enfrentou a ala feminista reformista dentro da própria social-democracia alemã" (BENOIT, L. O. Feminismo, gênero e revolução. In: *Revista Crítica Marxista*, n. 10, São Paulo: Boitempo, 2000:83).

24 Segundo Godelier, o feminismo burguês considerava a subordinação da mulher como a opressão mais importante, defendendo a guerra dos sexos como a primeira batalha a ser travada. Outras vertentes do feminismo vinculadas à esquerda, ao contrário, acreditavam que a luta prioritária seria contra a exploração de classe, a dominação imperialista ou contra a segregação racial (GODELIER, M. As relações homem-mulher: o problema da dominação masculina. In: *Encontros com a civilização brasileira*, Rio de Janeiro: Civilização Brasileira, 1980).

25 LÊNIN apud ALAMBERT, 1980. p. 116.

Alambert sintetiza em quatro pontos as propostas de Lênin para que se alcançasse a libertação da mulher:

- Participação da mulher nas atividades produtivas.
- Criação de uma rede de serviços sociais que se responsabilizem pelos afazeres domésticos.
- Leis que sancionem os novos direitos de liberdade e igualdade da mulher.
- Criação de uma nova concepção de mulher, de relações familiares e de relações homem-mulher.

Ao incentivar a criação de uma política específica voltada para a mulher, Lênin inseriu a temática no Congresso da III Internacional Comunista, ocorrido em Moscou, em 1921, por meio da discussão das teses sobre métodos e formas de trabalho do Partido Comunista entre as mulheres, nos países soviéticos atrasados e capitalistas.[26]

O autor sustentava a inviabilidade do exercício da liberdade, da democracia e do socialismo sem a participação das mulheres nas milícias e na vida política. Reforçando essa ideia, ele destaca a Comuna de Paris, na qual mulheres e crianças maiores de 13 anos lutaram ao lado dos homens, e afirma a necessidade de as mulheres proletárias pegarem em armas no momento da revolução, já que a militarização do mundo é uma realidade. Segundo Lênin, as mulheres da classe oprimida não ficarão apenas a reclamar o desarmamento diante de uma sociedade tão desigual, mas lutarão com seus maridos e filhos para a construção do socialismo.

Quanto à discussão sobre o melhor momento para iniciar a luta pela libertação da mulher, Machel,[27] considerando a situação de Moçambique, afirma que há quem defenda como secundária a tarefa de emancipar a mulher; estes acreditam que, diante do baixo grau de escolaridade destas, não seria possível emancipá-las, devendo-se lutar primeiro pela independência do país e pela construção de uma nova base econômica, social e educacional sólida, para só então lutar pela emancipação da mulher. O autor, contudo, diz ser equivocada a ideia de esperar por um segundo momento para emancipar a mulher, e que isso significa deixar as ideias reacionárias ganharem terreno para combatê-las quando estiverem fortes. Com a luta armada iniciada em

26 LÊNIN apud ALAMBERT, 1980. p. 118

27 MACHEL, S. 1982.

Moçambique, as massas estariam mais receptivas às ideias de transformação, portanto, não iniciar a luta quando as condições estão maduras representaria um erro estratégico e político. Há, ainda, segundo o autor, aqueles que, em nome do respeito a certas tradições, dizem que não seria necessário emancipar as mulheres, até porque elas mesmas, em sua maioria, não consideram que isso seja necessário, o que demonstra conservadorismo diante da questão.

Lênin admite, porém, que na situação em que as mulheres se encontravam, assim como grande parte do proletariado, estas não teriam condições de assumir cargos no Estado, havendo a necessidade de qualificá-las, investindo em formação política e administrativa para que, em um curto espaço de tempo, estivessem em condições de ocupá-los. Concordando com Lênin, Kapo[28] relata que na Albânia, para abrir perspectivas de emancipação da mulher, o Estado, desde o princípio, incentivou-as a frequentar as escolas, oferecendo bolsas e reduzindo a jornada de trabalho, sem redução de salário para as mulheres trabalhadoras.

Mai Thi Tu[29] afirma que no Vietnã do Norte, após a revolução, a emancipação da mulher esbarrou em um dado de realidade: depois de séculos de escravidão feudal e colonialismo, em que as mulheres eram desprezadas e subalternizadas, a maioria delas era analfabeta, sem nenhuma qualificação profissional, o que também as impedia de assumir novas funções. A estratégia foi criar diretrizes do partido que incentivassem a formação de quadros femininos e a promoção da qualificação profissional entre as mulheres, exigindo-se um mínimo de 30% de mulheres nos cargos de direção. Quando as cooperativas foram criadas, várias mulheres foram eleitas para a sua gestão, não atingindo, contudo, a porcentagem definida. Segundo a autora, uma das razões pelas quais as cotas não eram alcançadas tem a ver com o fato de, com o passar do tempo, as lideranças femininas pedirem desligamento dos cargos. Na sua compreensão, isso acontecia em razão do pouco preparo das mulheres para assumir tais cargos, gerando a insatisfação de vários militantes, que acabaram por considerar a eleição das mulheres meramente simbólica. Em contrapartida, elas continuavam tendo sob sua responsabilidade as atividades domésticas, o que as sobrecarregava. Outro fator a ser acrescentado foi a falta de incentivo dos maridos,

---

28 KAPO, V. 1982.

29 MAI THI TU. A mulher vietnamita ontem e hoje In: MACHEL, S. et al. *A libertação da mulher*. 3. ed. São Paulo: Global, 1982. p. 103.

que, não se acostumando com suas atividades públicas, pressionavam as mulheres para que permanecessem em casa, cuidando das atividades domésticas.

Diante desse quadro, propiciar a elas a ocupação de cargos de gestão nas empresas públicas e na administração do Estado para que pudessem exercer e alcançar o mesmo nível de capacidade dos homens seria uma estratégia importante; assim, Lênin passou a defender que o proletariado elegesse mulheres operárias e comunistas, ou até mulheres não filiadas, tornando a política acessível às mulheres. Ele chegou a afirmar: "Que haja mais operárias no Soviete de Moscou"![30]

No caso do movimento feminista de Moçambique, Machel[31] afirma que este propunha, como tarefas das feministas, formar a nova geração, criando uma nova mentalidade no intuito de dar continuidade à revolução; educar as crianças para que pudessem dominar a ciência e ser agentes da transformação; e, por último, transformar as esposas dos militantes em militantes.[32] Faz-se mister a formação de uma nova geração livre de regionalismos, de racismo e de uma mentalidade que oprima a mulher; uma nova geração que seja livre da superstição e que tenha uma mentalidade internacionalista, com consciência de classe.

Lênin reconheceu, inclusive, a importância estratégica de conciliar um movimento operário feminino forte com a fundação da primeira República dos Sovietes e da Internacional Comunista. Só esse regime asseguraria a democracia aos que são oprimidos pelo capitalismo, e o movimento operário feminino seria decisivo para lutar pela igualdade econômica e social, além da igualdade formal que hoje existe entre mulheres e homens.

Aliás, sobre a compreensão do que vem a ser a emancipação da mulher, Machel[33] afirma que existem diferentes maneiras de pensar a questão. Uma maneira vulgar, segundo o autor, seria pensá-la como uma igualdade mecânica entre mulheres e homens, com ambos, por exemplo, dividindo os afazeres domésticos e desempenhando todos os tipos de trabalho; portanto, a luta, em um sentido,

---

30 LÊNIN, V. I. "Igualdade completa para as mulheres". In: MARX, ENGELS, LÊNIN. *Sobre a mulher*. 3. ed. São Paulo: Global, 1981a. p. 103. (Coleção Bases-Praxis, v. 17).

31 MACHEL, S. 1982.

32 MACHEL (1982) aponta para um desafio colocado aos que lutam pela emancipação da mulher: quando as mulheres que estão engajadas nas lutas se casam, em geral abandonam a militância por iniciativa própria, mas com o incentivo do marido. Tal atitude demonstra que a concepção de mulher como propriedade privada do homem persiste, o que, segundo o autor, deve ser combatido.

33 MACHEL, S. 1982.

seria fazer os homens desenvolver tarefas domésticas e, em outro, capacitar as mulheres a desenvolver os trabalhos no âmbito da produção. Outra concepção seria atribuir a capacidade de emancipação da mulher ao seu nível de instrução; portanto, estas deveriam acumulá-lo. E uma terceira concepção defende que a emancipação se dá por meio da ascensão econômica e social, devendo as mulheres, por conseguinte, buscá-la. Todas essas concepções são equivocadas, segundo o autor, já que a emancipação exige uma ação em vários níveis, e o primeiro deles seria o engajamento político das mulheres para traçar uma linha de ação, a qual deve ser traçada por uma organização revolucionária que lute pelos interesses das massas populares exploradas e as conduza no combate contra a sociedade capitalista. Para o autor, é por meio da prática revolucionária que tornamos nossas iniciativas mais críticas e criativas em direção à destruição da sociedade exploradora. Seria de fundamental importância o engajamento das mulheres na educação política das novas gerações, na mobilização das massas; assim, elas estariam de fato participando das decisões que dizem respeito ao futuro da nação. Outra necessidade é seu engajamento nas atividades produtivas, a fim de que possam adquirir um conhecimento mais sólido da realidade. Por fim, segundo Machel, seria necessário que as mulheres adquirissem educação científica e cultural, pois isso lhes permitiria compreender melhor as relações sociais e a sociedade sem a interferência das mistificações. Apenas a partir dessas iniciativas as mulheres estariam com efeito capacitadas, podendo assumir cargos em todos os níveis e nas mais diversas instituições.

Mai Thi Tu[34] defende que a luta da mulher vietnamita pela igualdade deve estar articulada à luta pela libertação nacional; algumas mulheres foram influenciadas pelas ideias da democracia burguesa e entenderam pequenas reformas, como o direito ao acesso às atividades sociais e a liberdade do casamento, como a emancipação em si. Outras também pensavam em adquirir a igualdade por meio dos estudos; contudo, depois de formadas, as administrações públicas "fechavam-lhe as portas". A autora, com isso, conclui que as feministas pequeno-burguesas reduziam as causas da desigualdade à sua dependência econômica e, a partir dessa avaliação, sugeriam a inserção das mulheres em algumas atividades compatíveis com sua feminilidade e que não colocassem em xeque o seu papel de mãe.

34 MAI THI TU, 1982.

Kapo[35] afirma estar na ordem do dia falar da emancipação da mulher, e que isso é resultado do próprio comportamento delas, que tomam cada vez mais consciência do seu papel e se engajam em manifestações de luta pelo reconhecimento dos seus direitos; segundo o autor, nos países socialistas também se observou a valorização do papel da mulher na sociedade com práticas concretas, que alteram as desigualdades entre mulheres e homens, e sua conclusão é de que a emancipação está sendo tratada tanto nos países capitalistas como nos socialistas. Nos países capitalistas, a emancipação é considerada por uns mera proclamação da legislação social dos direitos da mulher, enquanto outros exaltam a sociedade capitalista, afirmando que é nela que as mulheres podem participar das manifestações, transitar em lugares públicos e, principalmente, adquirir a liberdade sexual; e outros, ainda, falam que é na sociedade capitalista que as mulheres podem usufruir de eletrodomésticos e de produtos industrializados, como alimentos e vestuário. O autor reconhece a importância dessas possibilidades; contudo, considera que elas não representam a verdadeira emancipação da mulher; pelo contrário, são estratégias do capitalismo para dificultar-lhes a aquisição da consciência de classe.

No caso da Revolução Russa, Lênin afirma que todos os que eram explorados no capitalismo puderam chegar ao poder, incluindo as mulheres, já que uma das estratégias foi fazê-las assumir cargos das mais variadas naturezas, criando instituições novas que pudessem absorvê-las. A partir de então, o poder do Estado concentrou-se nas mãos das massas trabalhadoras que, por meio da política, iniciaram a construção de uma sociedade nova, incluindo as mulheres; estas ao serem introduzidas na política, saíram da sombra em que se encontravam no capitalismo.[36]

Ao analisar as dificuldades pelas quais o regime soviético passava, como os ataques de países capitalistas, Lênin afirma que as mulheres sem partido podem contribuir com sua capacidade de organização e participar também de trabalhos de agitação no campo militar, no desenvolvimento dos restaurantes e na fiscalização da distribuição dos produtos. Ele sustenta que, com o fim da propriedade privada, o

---

35 KAPO, 1982.

36 Digno de nota é a afirmação de Posadas de que, em Stalingrado, cerca de 500 mil mulheres morreram em combate, não porque lutavam por seus maridos e filhos, mas porque lutavam pela União Soviética, participando assim da construção da história do socialismo naquele país (POSADAS, J. "A libertação da mulher, a luta de classes e a revolução socialista" In: MACHEL, S. et al. *A libertação da mulher*. 3. ed. São Paulo: Global,1982. p. 134).

poder soviético se esforçou para fazer que homens e mulheres, com ou sem partido, participassem da construção de uma nova economia.[37]

Ao entrevistar Lênin, Clara Zetkin questionou-o sobre movimento feminista, e o autor não apenas reconheceu a sua importância, já que considerava a plena igualdade social da mulher como um princípio incontestável do comunismo,[38] como também afirmou a necessidade de criar um movimento de mulheres internacional forte, balizado por uma fundamentação teórica consolidada, justificando que, sem a teoria marxista, não há possibilidade de uma prática política competente. Lênin sustentou que a ditadura do proletariado iniciaria, de fato, a construção da igualdade social entre mulheres e homens, mas que, apesar disso, a inexistência de um movimento internacional de mulheres torna o trabalho da Internacional incompleto. Disse que, embora o II Congresso Internacional tenha feito o levantamento da condição feminina, não deliberou sobre o assunto, e afirmou a necessidade de elaborar uma resolução de teses. Zetkin, por sua vez, afirmou que o Partido Bolchevique, ao incentivar a participação das mulheres, vinha oferecendo bons quadros ao movimento feminino internacional, o que serve de exemplo histórico para todo o mundo. E Lênin, concordando, afirmou que a atitude das mulheres diante da revolução em Moscou foi admirável; sem a participação delas, a vitória provavelmente não teria sido possível. Lênin assim se pronuncia:

> Sim, temos em nosso partido mulheres comunistas seguras, inteligentes, de uma atividade infatigável. Elas poderiam ocupar postos importantes entre os Sovietes, nos comitês executivos, nos comissariados do povo, na administração. Muitas delas trabalham dia e noite no partido, ou entre as massas proletárias e camponesas, ou ainda no exército vermelho. E isto é precioso para nós e para as mulheres do mundo inteiro, pois testemunha as capacidades das mulheres e o alto valor de seu trabalho para a sociedade.[39]

---

37 Machel (1982), concordando com Lênin e tratando da revolução em Moçambique, afirma que o movimento feminista desse país deveria buscar engajar as mulheres, militantes ou não, indo até os lugares onde elas se encontrassem, ou seja, nos locais de trabalho, nos hospitais, nas creches etc.

38 Segundo Posadas, se o proletariado não demonstra preocupação com a incorporação das mulheres na política, isso é responsabilidade da direção dos partidos, que deve reconhecer que a incorporação da mulher na luta fortalece o movimento revolucionário e incentiva os homens a eliminar o comportamento que subalterniza a mulher, ou seja, elimina a relação de sexos e eleva a relação humana ainda no capitalismo (POSADAS, 1982. p. 133).

39 MARX, ENGELS, LÊNIN, 1981. p. 125.

Zetkin, referindo-se à situação da Alemanha, sustentou que uma das prioridades de Rosa Luxemburgo foi engajar as massas femininas na luta revolucionária. Quando o Partido Comunista foi formado, ela insistiu para que fosse publicado um jornal voltado ao movimento feminista, assunto que foi tratado desde a primeira conferência ilegal do partido, na qual foi traçado um plano de trabalho organizado entre as operárias. Mas uma das principais polêmicas na entrevista de Lênin à Zetkin diz respeito às questões teóricas e políticas que envolvem a decisão de introduzir a luta pelo fim das desigualdades entre mulheres e homens como um princípio comunista e, principalmente, à forma como essa luta deve ser encaminhada. Lênin questionou Zetkin sobre textos utilizados por ela nas discussões com as operárias, nas quais a sexualidade e o casamento eram colocados como centrais no ensino político e em sua prática educativa, e mais: afirmou que na ditadura do proletariado faz-se necessário resistir às contrarrevoluções, e por isso não via sentido em priorizar a discussão sobre sexualidade entre as mulheres. Em suas críticas, Lênin referiu-se principalmente às teses desenvolvidas por Freud, sustentando que, no Partido Comunista, não pode haver espaço para tais questões; como alternativa para tratar da situação da mulher, ele apontou a análise das mudanças no casamento havidas no decorrer da história, como resultado das transformações da economia e da consolidação da sociedade burguesa.

A respeito desse assunto, Kapo[40] também apresenta críticas a alguns movimentos de mulheres que dizem estar lutando pela sua emancipação, afirmando que tal luta se dá no plano dos conceitos, o que acaba por legitimar a opressão da mulher e neutralizar sua luta, confundindo-as, para que não encontrem o verdadeiro caminho científico.

Em resposta a Lênin, Zetkin disse que, para compreender as questões sexuais e matrimoniais de um ponto de vista materialista-histórico, necessitaríamos não apenas de um vasto conhecimento da teoria marxista, mas também de material de ensino para subsidiar as discussões, situação ainda não alcançada. Apesar de saber da insuficiência de material marxista para discutir a questão da mulher, ela discorda da utilização de materiais produzidos por teóricos burgueses, porque a compreensão deles aponta que a grande questão social é decorrente de questões sexuais, ou seja, são estas que determinam a questão social e não o contrário, e que a consequência dessa compreensão é considerar secundário aquilo que é mais importante,

40 KAPO, 1982.

obscurecendo a consciência de classe das operárias. Para Lênin, todos os pensamentos das operárias devem estar voltados para a revolução proletária, já que é esta que, de fato, poderá criar novas condições para o casamento. O autor afirmou que foi a própria história que impôs a necessidade de colocar na ordem do dia a questão dos Sovietes, do desemprego, da baixa dos salários e de sua repercussão para as massas femininas, e questionou Zetkin por ter sido omissa, por não ter criticado as dirigentes que deram outro encaminhamento para a compreensão da questão feminina. A autora respondeu, dizendo que nunca deixou de criticar suas camaradas, e que suas críticas acabaram surtindo efeito, pois as questões de sexo e do casamento não eram mais consideradas principais nas discussões do partido.

No decorrer da entrevista, Lênin afirmou que, a partir do momento em que se inicia a revolução, os antigos valores ideológicos perdem a força que os mantinha e novos valores surgem; assim, as concepções sobre as relações entre mulheres e homens são transformadas da mesma forma que os sentimentos e as ideias, com os direitos dos indivíduos e da coletividade sendo redefinidos por meio de um processo lento e muitas vezes doloroso. Vale ressaltar, mais uma vez, as palavras de Lênin em relação ao processo revolucionário e a questão da mulher:

> Através deste processo adquirirão igualmente importância o problema das relações dos sexos, as questões do casamento e da família. Deveis lutar sempre e em toda parte. Não deveis permitir que essas questões sejam tratadas de outra maneira que não no sentido marxista, para que elas não cresçam em terreno favorável aos erros e às deformações perniciosas.[41]

3.4 Ideologia

Segundo Saffioti,[42] a elaboração social do fator sexo não deve ser tomada como uma variável meramente ideológica; pelo contrário, há que se compreendê-la como um fenômeno cujas raízes se encontram no núcleo econômico. A autora, contudo, destaca que sua repercussão ideológica dessa elaboração, manifestada pela criação da chamada "mística" feminina, tem por objetivo marginalizar a

41 MARX, ENGELS, LÊNIN, 1981. p. 139.

42 SAFFIOTI, 1976.

mulher na estrutura ocupacional, sendo construída no centro de dominância capitalista internacional e irradiada por meio de "trabalhos científicos", de novelas, de histórias em quadrinhos, para os países dependentes, que fazem a adequação da "mística" feminina à sua cultura regional. Outra constatação da autora é a de que tal "mística" afeta tanto homens como mulheres, já que ambos compõem a produção e a reprodução da vida.

Nessa direção, Machel afirma que o colonialismo tem por objetivo explorar as riquezas existentes em uma nação, bem como a sua força de trabalho; para isso, precisa destruir a capacidade de os trabalhadores resistirem à exploração, o que é feito introduzindo-se o sistema de opressão, que inclui a opressão física (polícia e forças armadas) e a moral (a superstição e a ignorância). A opressão moral, que destrói o sentido de justiça e de crítica, assim como o espírito de iniciativa criadora, tornando as pessoas passivas, dá origem à humilhação e ao desprezo exercidos pelos que exploram, tendo o racismo como sua forma suprema. O autor sustenta que o processo de alienação da mulher segue o mesmo mecanismo de alienação do homem colonizado ou do trabalhador na sociedade capitalista. A partir do momento em que os homens começaram a produzir mais do que consumiam, surgiu uma camada da sociedade que se apropriou do produto do trabalho das massas trabalhadoras, fundando assim o sistema de exploração do homem pelo homem. A mulher, no entanto, oferece outras características que a torna objeto de exploração no capitalismo: é fonte de prazer e é fonte de outros trabalhadores, portanto, de mais riquezas. Segundo Machel,[43] porém, com a possibilidade de o explorador acumular riqueza, surgiu o desejo de deixá-la aos seus filhos, criando-se assim o direito de herança; com isso, as mulheres passaram a ser consideradas produtoras de herdeiros.

Para ser legitimada, essa sociedade impõe a sua ideologia e investe na criação de uma cultura que defenda os seus valores, tornando a exploração econômica da mulher legítima. O autor afirma que esses valores não surgiram repentinamente, e sim por meio de um processo que foi elaborado há milênios, e o primeiro passo para construir os valores que legitimam a inferioridade da mulher é fazê-la ignorante. Desde as civilizações mais desenvolvidas do passado até as sociedades atuais, a Ciência é tida como monopólio dos homens e mantida distante das mulheres, como forma de impedi-las de compreender as contradições e os antagonismos existentes na sociedade,

43 MACHEL, 1982.

o que lhes permitiria perceber que é possível transformar a realidade. A consequência da ignorância é a superstição e a passividade, e uma demonstração disso é que, nos mais diversos cultos religiosos, a frequência de mulheres é muito maior que a de homens. Nas sociedades capitalistas, os rituais religiosos constituem um dos principais veículos de transmissão de valores que atribuem inferioridade à mulher, produzindo, assim, sua passividade. A educação familiar também é um importante veículo de divulgação desses valores, com as crianças sendo educadas de maneiras diferentes, dependendo do sexo. O autor diz ainda que é dessa forma que a sociedade capitalista fomenta a ideologia, a cultura e a educação que serve aos seus interesses de manter na ignorância os trabalhadores e as mulheres. Assim, surge o racismo, em que o colonizado é definido como um ser humano inferior em decorrência de sua cor, e a mulher também é definida da mesma forma em decorrência de seu sexo, com o processo de alienação atingindo o seu ápice quando o indivíduo explorado, reduzido à passividade e sem conseguir imaginar a possibilidade de superação, se torna ele próprio um agente difusor de sua subalternidade.

Machel reconhece que as mulheres, depois de séculos de exploração, se encontram não só nesse estado de passividade, como também são veículos de divulgação dos valores que as oprimem. Apenas a revolução, com a construção de novas bases ideológicas e culturais, com rebatimentos na esfera da educação, será capaz de destruir esses valores. O autor sinaliza uma estratégia indispensável para a luta pela emancipação da mulher: mobilizar a opinião internacional a favor dessa luta. Faz-se mister que as organizações de mulheres consigam manter claros os objetivos reais da luta, investindo inclusive no plano ideológico, a fim de que as mulheres militantes possam aderir firmemente às ideias de fato revolucionárias, evitando o avanço da ofensiva ideológica reacionária, fortalecendo assim sua mobilização.

Posadas[44] também defende a necessidade de criar um plano da intervenção da mulher com base nos princípios comunistas e compreende que a sua participação na revolução é fundamental, já que, mesmo no seio do movimento, nota-se um tratamento diferenciado dado à mulher, que seria decorrente dos costumes e da tradição que precisa ser superada. O autor afirma que tal comportamento do proletariado é resultado das contradições existentes nas sociedades exploradas ou capitalistas e apresenta a contradição: o proletariado, que tem atitudes revolucionárias para acabar com a exploração imperialista, tem um comportamento conservador em relação

44 POSADAS, 1982.

à questão da mulher. Para ele, isso é produto da educação anterior e das próprias relações sociais ainda estabelecidas; para elevar o papel da mulher na história, tanto na sociedade como na revolução, é preciso incentivar a participação delas nos Estados operários. Nestes, ela deve perceber que sua função é igual à do homem, não porque lhe estão dando direitos, mas sim porque ela tem condições de desenvolver suas potencialidades da mesma forma que o homem. Antes da instituição do Estado operário, lhe era negada essa possibilidade por se tratar de uma sociedade de classes, na qual havia propriedade privada.[45] Em uma sociedade capitalista, o que determina as leis e o que tem poder de mando é a propriedade privada, e não as condições e desenvolvimentos naturais dos indivíduos.

A burocracia no Estado operário tem reforçado as desigualdades entre mulheres e homens, porque, igualmente, tem interesses em manter os homens no poder e, para isso, divulga, por exemplo, imagens cinematográficas de mulheres, em que estas aparecem como mero objeto sexual. Em uma sociedade socialista, a mulher apareceria como o homem, buscando comunicar-se, influindo e determinando por meio de sua razão e inteligência, e não pela sedução. Aliás, para Posadas, até a concepção de beleza será transformada em uma sociedade socialista, com os casais não mais se sentindo atraídos apenas pelo sexo, mas, principalmente, pela inteligência, o que constitui uma das maiores superioridades do Estado operário. Nas sociedades capitalistas, vem aumentando cada vez mais o investimento para atrair os jovens por meios sensuais, vazios de sentido, o que os degenera. Os jovens que se envolvem em lutas sociais, por sua vez, exercem sua sexualidade sem se degenerar porque existe o desejo de se libertar da mera submissão às questões sexuais, buscando, assim, estabelecer relações humanas superiores.

---

45 Saffioti sinaliza como um equívoco compreender que a independência econômica da mulher lhe traria automaticamente a emancipação. O investimento em legislação que trate da igualdade entre mulheres e homens é fundamental, bem como a socialização dos meios de produção; contudo, há que se investir na transformação das mentalidades habituadas a promover a inferiorização da mulher, e isso é tarefa a ser desenvolvida por várias gerações. Afirma a necessidade de separar sexualidade de reprodução e sinaliza para o fato de que tal separação não depende apenas da invenção de tecnologias, como métodos anticoncepcionais, e sim de fatores de ordem ideológica, como a influência dos valores religiosos, o que reforça que a emancipação da mulher não se restringe a questões econômicas. Outro fato a ser destacado é que os homens soviéticos prestavam muito menos auxílio às suas mulheres nos afazeres domésticos do que os homens ingleses e norte-americanos. Segundo a autora, para alcançar a igualdade entre mulheres e homens, faz-se necessário dividir os afazeres domésticos, o que será possível a partir do momento em que os homens se sentirem responsáveis por tais serviços e as mulheres permitirem essa divisão, ou seja, requer-se uma mudança de atitude de ambos.

Este capítulo apresentou a compreensão dos marxistas envolvidos com a revolução socialista em diversos países, no que tange à questão das desigualdades entre mulheres e homens, e também o reconhecimento, por parte das lideranças revolucionárias, da importância de transformar as relações desiguais entre estes, bem como suas propostas nesse sentido. Alambert,[46] contudo, sinaliza para o fato de que na Rússia, onde ocorreu a experiência socialista mais significativa, que serviu de exemplo para outros países, os debates sobre relações entre homens e mulheres, sexualidade etc. cessaram em 1928, quando tais assuntos passaram a ser considerados secundários diante da conjuntura de crise internacional (guerra mundial, nazismo na Alemanha e o consequente aumento da ameaça ao socialismo). Desde então, esses debates não foram retomados naquele país, permanecendo como questão secundária até a queda do muro de Berlim.

46 ALAMBERT, 1980.

Capítulo 4

Gramsci e as relações sociais de gênero

Este capítulo tem por objetivo apresentar o debate acerca das relações sociais de gênero, valendo-se do referencial teórico-metodológico marxista e, sobretudo, de algumas análises e categorias que foram desenvolvidas por Antônio Gramsci. A importância desse autor para a compreensão das relações sociais de gênero reside, principalmente, na sua abordagem a respeito da política, bem como na sua concepção de Estado ampliado. Ao enfatizar o *fazer política* como indispensável para a transformação da sociedade, assim como ao reconhecer o Estado enquanto terreno de lutas, devendo, portanto, ser ocupado pelas classes subalternas, Gramsci contribui para as estratégias de transformação também das relações de gênero porque, ao reconhecermos que as desigualdades de gênero são milenares, e que um dos espaços mais resistentes às mudanças dessas relações é o da política, podemos concluir que a estratégia de transformação de tais relações deve ser, como aponta Gramsci, o investimento na organização e no desenvolvimento da consciência política de mulheres e homens em torno dessa questão. Em decorrência dessa estratégia, a concepção de Estado ampliado em Gramsci também coloca na ordem do dia a necessidade de disputarmos hegemonia, buscando dar a direção das políticas públicas, no sentido de contribuir para a transformação das relações de gênero.

4.1 A respeito da categoria gênero

De acordo com Araújo,[1] o conceito de gênero surgiu da necessidade de compreender como a subordinação é reproduzida e a dominação masculina é sustentada em suas

---

1 ARAÚJO, C. Marxismo, feminismo e o enfoque de gênero. In: *Revista Crítica Marxista*, n. 10, São Paulo: Boitempo, 2000.

múltiplas manifestações, buscando incorporar as dimensões subjetiva e simbólica de poder além das fronteiras materiais e das conformações biológicas.[2] A postura de pensar as práticas materiais paralelamente às questões simbólicas, evitando análises biologicistas e economicistas, tornou possível a utilização desse conceito por feministas marxistas, preocupadas em compreender a permanência de relações desiguais entre mulheres e homens mesmo em contextos econômicos e políticos diferenciados. Nesse sentido, gênero é considerado relacional, ou seja, tanto o processo de dominação como o de emancipação envolvem relações entre homens e mulheres, tornando as estratégias políticas de transformação de responsabilidade de ambos. Segundo a autora, tal conceito, ao reconhecer a importância da subjetividade na construção de lugares e significados socialmente identificados com o masculino e o feminino, contribuiu para que a agenda feminista da luta fosse incorporada no plano ideológico e cultural.

Almeida,[3] por sua vez, sustenta a importância de não se considerar o gênero como um campo específico de estudos, mas como uma categoria que potencializa a apreensão da complexidade das relações sociais, porque as relações de gênero se apresentam como um dos fundamentos da organização da vida social. Assim, sua utilização torna-se imprescindível, e só é possível pela análise de determinados processos políticos, econômicos e culturais, não sendo, portanto, utilizável em análises abstratas das relações entre os sujeitos sociais. Dito de outra maneira, sua utilização se dá por meio da análise de práticas sociais, de preferência em conexão com os processos macropolíticos, que tanto são constituintes das relações de gênero como são constituídos por elas, o que faz desta uma categoria histórico-analítica.[4]

Saffioti e Almeida,[5] em contrapartida, sustentam que a organização social de gênero, que se traduz por relações hieraquizadas e desiguais, modeladas a partir da diferenciação social dos sexos, embora mutáveis e reatualizadas continuamente, encerra em si uma dimensão de violência. As autoras concluem que a violência de gênero tem por objetivo preservar a organização social de gênero, fundada na hierarquia e na desigualdade de lugares sociais sexuados, que subalternizam o gênero

---

2 ARAÚJO, 2000. p. 68.

3 ALMEIDA, S. S. *Relações de gênero*: notas preliminares para análise de seu potencial heurístico. Rio de Janeiro: UFRJ, 1997.

4 ALMEIDA, 1997. p. 2.

5 SAFFIOTI, H. I. B.; ALMEIDA, S. S. *Violência de gênero. Poder e impotência.* Rio de Janeiro: Revinter, 1995. p. 151.

feminino. Garcia,[6] no mesmo sentido, afirma que as relações sociais desiguais estabelecidas em nossa sociedade comportam a dominação, cujo par inseparável é a violência, ou, dito de outra forma, as relações sociais, sendo de dominação, são relações de violência e podem assumir variadas formas, manifestando-se ou se mantendo em potência.

Saffioti[7] acrescenta que, se o gênero é relacional, quer como categoria analítica, quer como processo social, o conceito de relações de gênero deve, então, ser capaz de captar a trama de relações sociais, bem como as transformações historicamente sofridas por ela por meio dos mais distintos processos sociais, trama que inclui as relações de gênero. A autora desenvolve, assim, uma crítica aos estudos feministas que centram a discussão das desigualdades entre mulheres e homens a partir das diferenças de sexo; segundo Saffioti, as posições sociais respectivas de mulheres e homens, ou seja, o gênero, não são construídas sobre a categoria aparentemente natural do sexo, mas, ao contrário, o sexo tornou-se um fato pertinente e, portanto, uma categoria da percepção a partir da criação da categoria gênero, isto é, da divisão da humanidade em dois grupos antagonistas que se oprimem mutuamente — os homens e as mulheres —, e, graças às relações de gênero, as diferenças entre eles são profundas.[8] Vale destacar a assertiva da autora: "A organização social de gênero afeta, por conseguinte, os processos e as estruturas psíquicas inconscientes. É preciso, todavia, lembrar que se trata de um processo de mão dupla".[9]

Veloso,[10] na mesma direção, entende gênero como um fenômeno histórico e social, em ampla articulação com o desenvolvimento e a reprodução da sociedade, devendo ser tomado como uma categoria, pois expressa modos de ser, ou seja, refere-se ao padrão de organização de determinada sociedade ou do ser social. Conclui que as relações de gênero são parte da estrutura e da organização da sociedade, tendo consequências mediatas e imediatas para a reprodução do ser social, o que significa reconhecer o gênero como um elemento fundante da vida social, que participa da

---

6 GARCIA, F. M. *Ser social, dominação e violência*: um estudo do binômio dominação-violência a partir de uma perspectiva ontológica, com ênfase na questão de gênero. São Paulo: PUC, 1999. p. 212.

7 SAFFIOTI, H. I. B. Rearticulando gênero e classe social. In: COSTA, A. O.; BRUSCHINI, C. (Orgs.) *Uma questão de gênero*. Rio de Janeiro: Rosa dos Tempos; São Paulo: Fundação Carlos Chagas, 1992. p. 187.

8 SAFFIOTI, 1992. p. 190.

9 SAFFIOTI, 1992. p. 191.

10 VELOSO, R. Notas introdutórias sobre o debate das relações de gênero. In: *Revista Universidade e Sociedade*. São Paulo: Sindicato Nacional dos Docentes das Instituições de Ensino Superior, 2003.

totalidade social e é utilizado para a naturalização de determinados fenômenos sociais, como a violência contra a mulher — e, acrescentaríamos, para a justificação da própria hierarquia de gênero. O autor considera, portanto, que gênero designa o conjunto de fenômenos que expressam um padrão específico de relações existentes entre mulheres e homens, mulheres e mulheres e homens e homens. Tal padrão de relacionamento é histórico, constituído pela própria sociedade, seguindo o seu movimento, pelo conjunto de forças sociais que a organizam e lhe dão direção.

Saffioti[11] argumenta que conceber gênero como uma relação entre sujeitos historicamente situados é fundamental para demarcar o campo de batalha e identificar o adversário. Nessas circunstâncias, o inimigo da mulher não é o homem, nem como indivíduo, nem como categoria social, embora seja personificado por ele. O "alvo a atacar" passa a ser, em uma concepção relacional, o padrão dominante de relações de gênero. Diferentemente do que se costuma pensar, o gênero não regula somente as relações entre homens e mulheres, mas normatiza também as relações homem-homem e mulher-mulher, como observa Veloso. É isso que nos leva a compreender que a violência cometida por uma mulher contra outra pode ser produzida pelo gênero tanto quanto a violência exercida por um homem contra uma mulher. Diante dessa assertiva, compreender adequadamente as relações de gênero é condição *sine qua non* para a construção de estratégias de luta mais eficazes.

Kergoat,[12] ao abordar a questão, afirma ser necessário pensar as desigualdades entre os sexos em termos de relações sociais e assim sustenta:

> [...] relação significa contradição, antagonismo, luta pelo poder, recusa a considerar que os sistemas dominantes (capitalismo, patriarcado) são totalmente determinantes e que as práticas sociais apenas refletem essas determinações. Em resumo, o que é importante na noção de relação social — definida pelo antagonismo entre grupos sociais — é a dinâmica que ela reintroduz, visto que isso implica introduzir a contradição, o antagonismo entre grupos sociais no centro da análise. Trata-se, efetivamente, de uma contradição viva, perpetuamente em vias de modificação, de recriação.[13]

---

11 SAFFIOTI, H. I. B. Posfácio: conceituando o gênero. In: SAFFIOTI, H. I. B.; MUÑOZ-VARGAS, M. (Orgs.) *Mulher brasileira é assim*. Rio de Janeiro: Rosa dos Tempos: Nipas; Brasília: Unicef, 1994. p. 271-283.

12 KERGOAT, D. "Em defesa de uma sociologia das relações sociais – Da análise crítica das categorias dominantes à elaboração de uma nova conceituação". In: KARTCHEUSKY, A. et al. *O sexo do trabalho*. Rio de Janeiro: Paz e Terra, 1986.

13 KERGOAT, 1986. p. 82.

Quanto à problematização sobre a constituição de uma sociedade justa e igualitária, do ponto de vista das relações de gênero, Garcia[14] se vale do conceito de androginia para considerar necessária a superação das categorias masculino e feminino, com a consequente eliminação do esquema de gênero, ou, dito de outra forma, com o fim dessas categorias enquanto determinantes de uma estruturação social que impõe tais figuras sociais. O autor, afirma que as categorias sociais de homem e mulher surgiram por necessidade social, sendo, portanto, determinações sociais que carregam em si seus significados necessários. Para o autor, uma fêmea é uma fêmea, um macho é um macho, e estes apenas tornaram-se mulher e homem em um determinado contexto histórico-social, quando foi necessário diferenciar machos e fêmeas em uma ordenação hierarquizada. O desaparecimento dessas categorias pressupõe sua desnecessidade social, e, quando isso acontecer, a capacidade de a mulher gerar um novo ser, atributo natural, o que até os nossos dias tem um significado social importantíssimo na definição da categoria social, deixará de ser o fator mais importante da sua constituição.

Diante dessa breve apresentação dos autores citados, é importante afirmar que concordamos com a compreensão do gênero como um fenômeno histórico e social que participa da organização da sociedade, constituindo-se dialeticamente por meio dos processos que compõem a totalidade social. Tal definição deixa claro o fato de compreendermos o gênero à luz do referencial teórico marxista e, sobretudo, à luz do método materialista histórico e dialético desenvolvido por Marx e amadurecido por alguns autores, como Antônio Gramsci. Em face disso, consideramos de suma importância para a compreensão das relações sociais de gênero, estabelecidas nas sociedades em que o modo de produção é capitalista, e principalmente no caso brasileiro, apresentarmos alguns conceitos centrais da obra de Marx e de Gramsci, bem como sua utilização para a compreensão das relações sociais de gênero. Iniciaremos com o conceito de ideologia, a seguir.

4.2 Ideologia e gênero

Para tratarmos da questão da ideologia em Gramsci, faz-se necessário nos reportarmos à discussão de práxis social de Lukács. Segundo esse autor, o trabalho

14 GARCIA, 1999.

consiste em uma relação entre o homem e a natureza, em que o primeiro, por meio de sua ação, transforma objetos naturais, atribuindo-lhes valor de uso; contudo, à medida que a sociedade se desenvolve, surge outro tipo de ação humana — aquela que age sobre outros homens —, fazendo que a teleologia dos homens, que no primeiro caso visa à transformação da natureza, passe, neste segundo caso, a visar à transformação da teleologia de outros homens. Lukács[15] sustenta que esse segundo tipo de relação humana, chamada de práxis interativa, sofre uma determinação que a diferencia da práxis social: quando investimos sobre a ação do outro, nossa relação com a consciência desse outro é diferente da relação que mantemos com ele quando queremos transformar um pedaço de madeira, por exemplo. Então, quando investimos sobre a ação do outro, precisamos convencê-lo a agir da forma que desejamos, o que extrapola o conhecimento científico, tão necessário para a práxis social. Os conteúdos de consciência utilizados por nós não se reduzem ao conhecimento científico; são compostos, portanto, por normas e valores. O autor continua sua análise, demonstrando que, na práxis interativa, ciência e ideologia se confundem.

Para Gramsci, filosofia é sinônimo de ideologia na medida em que consiste em uma *unidade de fé entre uma concepção do mundo e uma norma de conduta adequada a essa concepção*; por isso, como salienta Coutinho,[16] "[...] não se pode separar filosofia de política: ao contrário, pode-se demonstrar que a escolha e a crítica de uma concepção do mundo são também fatos políticos". A partir dessas conclusões, Gramsci afirma que todo homem é filósofo, quando, a partir de sua ação interativa, manifesta tanto noções do *que é* como do *que deve ser*, demonstrando uma concepção de mundo e uma ética.

É importante sinalizar que Gramsci e Marx concebem ideologia de maneiras distintas. Para Gramsci, ideologia não se reduz à falsa consciência; corresponde a uma visão de mundo articulada a uma ética; é algo que transcende o conhecimento e se liga diretamente à ação voltada para influir no comportamento dos homens, como explica Coutinho.[17] Lukács define ideologia de maneira semelhante à de Gramsci, afirmando que esta se dirige sempre à práxis, no sentido de transformar a realidade ou de lutar para mantê-la. Fica claro, portanto, que, diferentemente de

15 LUKÁCS, G. apud COUTINHO, 1992. p. 109.

16 COUTINHO, 1992. p. 111.

17 COUTINHO, 1992. p. 112.

Marx, para quem a ciência (filosofia) é distinta da ideologia, Gramsci a compreende como uma forma superior de ideologia. Para o autor, é por meio da filosofia que se pode promover a passagem do momento egoístico-passional para o ético-político, o que, segundo Coutinho, equivale a dizer que a ideologia é o *medium* da hegemonia, ou seja, na batalha por hegemonia há que se preocupar com a construção de uma concepção de mundo correspondente. Coutinho cita o próprio Gramsci para afirmar o suprarreferido:

> A compreensão crítica de si mesmo ocorre através de uma luta de hegemonias políticas, de direções contrastantes, primeiro no campo da ética, depois da política, para chegar a uma elaboração superior da própria concepção do real [...]. Por isso, deve-se sublinhar como o desenvolvimento político do conceito de hegemonia representa um grande progresso, não só político-prático, mas também filosófico.[18]

É preciso salientar que Gramsci, de maneira equivocada, de acordo com Coutinho, acaba por reduzir conhecimento humano a ideologia, mas, ainda assim, a grande contribuição desse autor é sua recusa em definir ideologia como falsa consciência, em oposição à consciência verdadeira, que seria a ciência.[19] Gramsci, e em certa medida Lukács, considera a ideologia uma força real, com caráter ontológico, capaz de modificar as relações sociais; o primeiro, porém, concebe dois tipos de ideologia: as arbitrárias — de pequenos grupos ou individuais e com pequena duração — e as orgânicas — que correspondem às grandes aspirações de classes, com possibilidade de disputar hegemonia. Como afirma Coutinho,[20] a filosofia da práxis, ou marxismo, seria para Gramsci uma ideologia orgânica. Destacaríamos a necessidade de compreender as ideologias orgânicas como portadoras da categoria gênero, o que significa dizer que estas são também necessárias na luta pelo fim das desigualdades de gênero.

Para finalizar, Gramsci afirma que, ao homem, só é possível conhecer objetivamente à medida que o conhecimento seja real para todos, em um sistema cultural

18 COUTINHO, 1992. p. 113.

19 Araújo (2000) afirma que a concepção de ideologia desenvolvida por Marx e Engels se diferencia da de Gramsci, já que este a entende como concepção de mundo, presente em todas as esferas da vida social. A autora acentua que compreender a ideologia de maneira mais ampla, como faz Gramsci, permite perceber a intercessão entre as categorias de classe, de gênero e de raça/etnia.

20 COUTINHO, 1992. p. 114.

e histórico unificado. Ora, tal unificação só é possível a partir da extinção das contradições existentes na sociedade, que são as causas da fragmentação dos homens e do surgimento de ideologias parciais. Diante dessas afirmações, Coutinho[21] percebe que, ao enfatizar a importância da ideologia para a transformação social, Gramsci se aproxima de Marx, e destaca que, para ele, ideologia é um elemento ontologicamente determinante do ser social e uma realidade prática.

Já Saffioti e Almeida,[22] compreendendo a influência ideológica na ciência, sustentam que a epistemologia surgida com a modernidade, e que se autodefine como objetiva e neutra, na verdade reflete o ponto de vista dominante e não se refere apenas à classe social, mas também ao gênero, o que equivale a dizer que o ponto de vista masculino, por ser dominante, define a instância epistemológica, que possui o verniz da universalidade. Desse modo, uma perspectiva parcial é apresentada como geral, ou seja, os interesses dos homens são de interesse de homens e mulheres. As autoras continuam:

> Reside na base deste fenômeno a pretensão de que a produção de conhecimentos independe das condições materiais de existência, assim como da localização de seus sujeitos na estrutura social. Desta forma, a aparência indica que as ideias não são produzidas por seres humanos situados quanto a gênero, raça/etnia e classe social, mas que elas são geradas no seio do próprio pensamento. As ideias parecem, assim, independentes das condições históricas de sua produção. As ideias se apresentam como aquilo que elas não são e não se apresentam como aquilo que elas são. Este fenômeno da inversão constitui característica fundamental da ideologia.[23]

Conclui-se então que, assim como a hegemonia burguesa extrapola o domínio econômico e político, por meio de manifestações ideológicas, a dominação masculina também se estende no terreno ideológico a partir do momento em que suas raízes, por meio da ideologia, são situadas fora das relações sociais, atribuídas ao reino da natureza. E engana-se quem pensa que a naturalização das relações sociais

---

21 COUTINHO, 1992. p. 117.

22 SAFFIOTI, H. I. B.; ALMEIDA, S. S. *Epistemologia, Estado e políticas públicas dirigidas à mulher*. Caxambu: Anpocs, 1992.

23 SAFFIOTI e ALMEIDA, 1992. p. 6.

de gênero acontece apenas no senso comum, pois a ciência quase sempre participa da constituição das ideologias; prova disso é a teoria freudiana da *inveja do pênis*, que condena as mulheres a serem inferiores aos homens por não possuírem tal equipamento reprodutivo.

Nesse sentido, as autoras sustentam a importância de forjar novos contextos para a reprodução de subjetividades das gerações futuras e dos educadores, bem como o oferecimento de programas de formação política em relações de gênero, classe e raça/etnia para os formuladores e executores de políticas públicas, com o intuito de tornar a questão das desigualdades de gênero, de fato, um objeto de tais políticas. Trazer à baila a discussão das relações de gênero, tanto no âmbito das políticas públicas como no da sociedade em geral, é de fundamental importância para a luta pelo fim das desigualdades. É urgente a construção de instrumentos pedagógicos a partir de um olhar feminista,[24] bem como a utilização de uma pedagogia que, partindo da fala das mulheres, ultrapasse sua realidade imediata e encontre nexo com as determinações mais gerais. É preciso abandonar a ideologia da vitimização da mulher, discutindo de que maneira homens e mulheres participam da definição de seus lugares na sociedade e, principalmente, buscando construir propostas de superação da hierarquia de gênero.

Segundo Saffioti e Almeida, se, por um lado, a ideologia contribui para a reprodução das relações sociais dominantes, por outro, ela também pode servir para a transformação dessas relações com a construção de uma contraideologia, por parte dos grupos oprimidos, que explicite as contradições existentes na sociedade, ressaltando que sua construção é condicionada por mudanças estruturais. As autoras, então, sustentam a necessidade de realizar uma sólida ação educativa junto à sociedade civil, superando a visão espontaneísta de que grupos isolados podem provocar grandes mudanças. Assim, as estratégias para a transformação das relações de gênero se dividiriam em duas frentes: a primeira seria a da organização das mulheres, no sentido de reivindicar a criação de condições concretas para romper com sua posição subalterna; e a segunda, a construção de um movimento pela difusão de um

24 Benevides acredita que a educação para a cidadania democrática consiste na formação de uma consciência ética que inclua tanto sentimentos como razão, o que significa conquistar corações e mentes no sentido de mudar mentalidades, combater preconceitos e discriminações e enraizar hábitos e atitudes de reconhecimento da dignidade de todos (BENEVIDES, 1998, p. 148).

novo senso comum,[25] de uma nova cultura, na concepção gramsciana, capaz de contemplar relações de gênero igualitárias.[26]

Portanto, para superar as desigualdades de gênero há que se realizar um intenso trabalho de crítica ao senso comum cristalizado, elaborando e difundindo uma nova cultura, na qual sejam superados os mecanismos que permitem a discriminação das mulheres. É importante dar às mulheres a oportunidade de refletir sobre a sua concepção de mundo, aquela que está implícita em suas análises e em suas ações, já que, como afirma Gramsci, citado pelas autoras, o início da elaboração crítica é a consciência daquilo que realmente somos. Isso corresponde a um processo de autoconhecimento, no qual a mulher se compreende como produto do processo histórico até hoje desenvolvido, aquele que deixou no sujeito uma infinidade de traços recebidos, "sem inventário, devendo-se, portanto, fazer este inventário".[27]

A partir do momento em que as mulheres começam a refletir sobre a sua experiência de vida e a relação desta com a sua visão de mundo, passam a refletir também sobre as relações sociais; e quando iniciam o processo de transformação de si mesmas, obviamente contribuem para a transformação das relações, colocando como imprescindível a participação dos homens nesse processo de reflexão, já que, enquanto relação social, o gênero diz respeito a ambos. Assim, faz-se necessária a prática da autocrítica de nossas visões de mundo, buscando desvendar as contradições entre o desejo e a ação; na linguagem gramsciana, esse processo lento significa luta de hegemonias, que requer, antes de tudo, organização coletiva.

Nesse processo, mulheres e homens devem construir novas formas de relação, nas quais as diferenças não sejam utilizadas como pretexto para desigualdades. No que se refere à construção de uma nova cultura, é urgente que se realizem estudos profundos acerca de materiais ideológicos, como jornais, livros, revistas, filmes, programas de rádio e de TV e outros já existentes, que têm servido para divulgar a imagem da mulher submissa. Para as autoras, a ação educativa deve ser abrangente e interdisciplinar, já que a fragmentação das disciplinas acadêmicas

---

25 No que se refere à relação entre ideologia e senso comum, é interessante a contribuição de Evangelista (1997, p. 93), que afirma que, para que uma classe social alcance a hegemonia, sua concepção de mundo, elaborada pela Filosofia, deve ser traduzida para o senso comum e para o folclore, impregnando o cotidiano dos indivíduos e orientando suas ações e seus valores no interior das relações sociais.

26 SAFFIOTI e ALMEIDA, 1992. p. 189.

27 SAFFIOTI e ALMEIDA, 1992. p. 190-91.

muitas vezes oferece a impressão de que a própria realidade é fragmentada. As autoras destacam que os recortes acadêmicos não devem ser tomados como totalidades autônomas, e sim inseridos em totalidades dialéticas. Elas utilizam Lukács para problematizar a situação:

> Ao estabelecer a distinção metodológica entre a teoria e a história, ao separar os problemas particulares uns dos outros por princípio e por método, ao eliminar, portanto, o problema da totalidade por razões de exatidão científica, a ciência burguesa faz da história um peso morto na exposição e no estudo do próprio problema, algo que só pode ter interesse para os especialistas e cujo caráter indefinidamente extensivo asfixia cada vez mais o sentido verdadeiro dos problemas reais, favorecendo o desenvolvimento de uma especialização vazia de espírito.[28]

Assim, buscar compreender a realidade social em sua totalidade, valendo-se das diversas disciplinas, é indispensável para o desenvolvimento de uma nova cultura, livre das desigualdades de gênero.

4.3 A questão da hegemonia

Para Gramsci, o problema da hegemonia é central, quando se trata de pensar as estratégias de transição ao socialismo. Na obra do autor, segundo Coutinho,[29] está presente a ideia de o proletariado ter de superar os posicionamentos corporativos, expressos em propostas reformistas que reivindicam interesses de pequenos grupos, configurando-se em classe nacional, tomando para si todas as reivindicações da classe trabalhadora. De acordo com Gruppi, hegemonia consiste em

> determinar os traços específicos de uma condição histórica, de um processo, tornar-se protagonista das reivindicações de outros estratos sociais, da solução das mesmas, de modo a unir em torno de si esses estratos, realizando com eles uma aliança na luta contra o capitalismo e, desse modo, isolando o próprio capitalismo.[30]

---

28 SAFFIOTI e ALMEIDA, 1992. p. 192.

29 COUTINHO, 1992. p. 68.

30 GRUPPI *apud* COUTINHO, 1992. p. 68.

Para Gramsci, a hegemonia materializaria a criação de uma vontade coletiva, que articularia diversos grupos sociais capazes de superar os interesses meramente econômico-corporativos em prol da construção de uma consciência ético-política universalizadora. Ora, para o autor tal possibilidade existe, já que ele compreende vontade como um fenômeno histórica e economicamente determinado, composto por contradições sociais, o que o leva a concluir que nem todos os fenômenos são resultado de um contrato. Com base na ontologia social de Hegel e Marx, Gramsci afirma que a sociedade é uma síntese de causalidade e teleologia, de determinismo e liberdade. Ao recordar a frase de Marx — *os homens fazem sua história, mas não a fazem nas condições que escolheram* —, reconhece a existência tanto do determinismo histórico como da ação teleológica livre dos homens. Contudo, assim como Marx, Gramsci também reconhece que, quanto mais os homens se socializam, menos sofrem com os limites das barreiras naturais e mais se amplia o espaço da liberdade e da autonomia dos indivíduos sociais.

Segundo Gramsci, nas sociedades ocidentais, é fundamental que, antes do poder, se conquiste a hegemonia, que deve necessariamente ser mantida mesmo após a tomada do poder. Condição indispensável, como dito antes, é que o proletariado supere todo e qualquer resíduo corporativista e sindicalista.[31] Contudo, Gramsci percebeu que a questão da hegemonia não se reduziria à convergência de interesses econômicos e políticos, mas incluiria afinidades culturais, ou seja, para que o proletariado conquistasse aliados seria preciso dar respostas às questões ideológicas vividas por eles. Fica explícito aqui o lugar privilegiado que a batalha das ideias ocupa na luta por hegemonia, como sinaliza Coutinho.

A crise hegemônica, entendida como um tipo específico de crise revolucionária das sociedades mais complexas, caracteriza-se por ser relativamente longa, com avanços e retrocessos em seu percurso. Como qualquer crise, possibilita o surgimento de diversas alternativas decorrentes tanto da classe subalterna quanto da dominante, sendo possível que esta continue dominando por meio apenas da coerção, o que só se sustenta em médio prazo; também é possível que a classe dominante, por meio de reformas e concessões, se mantenha no poder, mas é igualmente factível que as classes dominadas se tornem dirigentes, caso consigam apresentar propostas que respondam às demandas levantadas pelo conjunto da nação, e isso as colocaria na posição de classes dominantes. Diante desse feixe de possibilidades, Gramsci afirma

31 COUTINHO, 1992. p. 70.

que, contra a "impaciência revolucionária", a ação diante desse tipo de crise requer "qualidades excepcionais de paciência e espírito inventivo".[32] Portanto, é possível afirmar que, para Gramsci, seria inconcebível uma postura passiva e espontaneísta, em que se esperam o dia e hora exatos para fazer a revolução socialista. A estratégia principal, não só para agir diante da crise de hegemonia, mas para provocar seu desencadeamento, é o desenvolvimento da capacidade de os sujeitos políticos coletivos fazerem política.

Nesse sentido, ao nos reportarmos à obra gramsciana como um todo, passando por sua concepção ampliada de Estado e, consequentemente, pela questão da hegemonia, há que se questionar de que modo ele concebia as estratégias de transformação rumo a uma sociedade socialista. Ao analisar os condicionantes histórico-sociais das sociedades capitalistas ocidentais e o próprio Estado, o autor considera ineficaz uma postura passiva e espontaneísta travestida de um discurso radical que tenha como estratégia a tomada de assalto do Estado de maneira violenta e repentina, estratégia que apenas deve ser efetivada em um pretenso "momento ideal". Coutinho[33] aponta como Gramsci pensa as estratégias de transformação, afirmando que, para o autor, antes de estabelecer uma situação revolucionária, é necessário desenvolver um longo e árduo trabalho com as massas, dotado de uma linguagem acessível, a fim de conquistar aliados para o estabelecimento de objetivos transitórios, como o problema constitucional. Para Gramsci, o estabelecimento de uma Assembleia Constituinte é fundamental como estratégia de transição, pois é uma oportunidade de se *fazer política*, conquistando paulatinamente a hegemonia da classe subalterna. Nesse sentido, a luta para estabelecer uma Assembleia Constituinte seria um meio e não o fim para a construção do socialismo; seria um espaço no qual, ao se colocar as reivindicações da classe trabalhadora, seria possível demonstrar que apenas em uma sociedade socialista tais reivindicações seriam atendidas em sua plenitude. A Assembleia Constituinte, para Gramsci, seria, portanto, uma das etapas da guerra de posição.

Togliatti, autor marxista italiano, baseou-se em Gramsci para avançar nas estratégias de transformação, elaborando o conceito de democracia progressiva. Para esse autor, a articulação dialética entre democracia representativa e democracia direta seria fundamental para a construção do socialismo, combinação que

32 COUTINHO, 1992. p. 154.

33 COUTINHO, 1992. p. 159.

permitiria o fortalecimento de uma república democrática dos trabalhadores, na qual as reformas sociais seriam amplamente realizadas. Curiel, autor italiano, reforça esse posicionamento de Togliatti ao afirmar que uma democracia progressiva é condicionada pela ampliação da participação popular e o consequente amadurecimento da hegemonia da classe trabalhadora.[34]

No que tange à questão da transformação das relações de gênero, Alambert afirma que o Partido Comunista Italiano (PCI), no período compreendido entre 1945 e 1970, tendo Togliatti à frente, foi um dos primeiros a tentar refletir sobre a questão da mulher e propor ações relacionadas a ela: foram realizadas cinco Conferências Nacionais da Mulher Comunista Italiana, que buscaram construir o processo de elaboração do caminho italiano para o socialismo e a linha política do PCI, no que se refere à situação da mulher. Nesse contexto, Togliatti afirmou que a questão da mulher deveria ser pensada como componente do momento democrático, que, por sua vez, possui um nexo com o momento socialista, e reconheceu que as mulheres seriam imprescindíveis para a revolução democrática e socialista. Outra contribuição de Toglliati foi a sua defesa do direito das mulheres ao voto, considerando que a extensão desse direito seria uma conquista da democracia progressiva. A autora cita o próprio Togliatti: "Se a democracia italiana quer se afirmar como democracia nova, antifascista e popular, progressista, tem que emancipar a mulher".[35] O autor italiano considerava que as mulheres, ao lutar por seus direitos e pela completa igualdade com os homens em relação à vida econômica, política e social, estariam contribuindo para o ressurgimento da Itália como um todo.

Em relação à época da elaboração do seu artigo (final da década de 1970), Alambert afirma que o PCI continuava a desenvolver contribuições acerca da mulher, e cita como exemplo a publicação de Carla Ravaioli, *La questionne femminile*. O livro de Carla Ravaioli aborda o aborto, a relação entre mulher e homem, a questão do público e do privado, entre outras. Alambert destaca, também, as contribuições de outros partidos comunistas para a elaboração teórico-marxista sobre a questão da mulher, com a organização de seminários para abordar temas relacionados a trabalho doméstico, contracepção, educação sexual, aborto, relação entre democracia, socialismo e promoção da mulher. Para ela, a

34 COUTINHO, 1992. p. 162.

35 ALAMBERT, 1980. p. 122.

emancipação da mulher havia voltado a ser preocupação dos comunistas, mas que muito ainda precisava ser feito; em sua opinião, isso não deveria ser analisado de maneira monótona, repetindo-se análises marxistas do passado, cabendo a eles interpretar criativamente as realidades emergentes. Segundo a autora, não basta afirmar que a superação da sociedade classista emancipará automaticamente a mulher, ou que sua entrada no espaço da produção lhe garantirá a liberdade. Ao defender o primado do material sobre o cultural, Alambert reconhece que se faz urgente reestabelecer o vínculo dialético entre estrutura e superestrutura, entre economia e cultura.

Pietro Ingrao[36] — jornalista e político italiano que, durante muitos anos, foi dirigente do Partido Comunista Italiano — elaborou seu conceito de democracia de massas partindo dos conceitos de Gramsci. Para Ingrao, com a socialização da política e a consequente ampliação das instituições de massa, não apenas se cria um terreno propício para a luta pelo socialismo, como podem começar a surgir formas estatais que corresponderiam a uma democracia socialista. Esse autor redimensionou o conceito de hegemonia, articulando-o ao de pluralismo.

De acordo com as estratégias elaboradas por Gramsci e aprofundadas por Togliatti, Curiel e Ingrao, fica implícita a concepção que esses autores têm de democracia, o que, mais uma vez, prova o caráter inovador dos posicionamentos de Gramsci. Dentro da própria tradição marxista, a democracia foi tratada pela maioria dos autores por seu valor instrumental.[37] Segundo Coutinho,[38] Lênin referia-se a ela como a melhor forma de dominação burguesa e fazia a distinção entre democracia proletária — dos conselhos — e burguesa — representativa. Ora, não seria difícil apontar o equívoco de tal distinção, posto que a democracia representativa foi constituída a partir de uma árdua luta da própria classe trabalhadora.

---

36 Pietro Ingrao (1915-), jornalista e político italiano, expoente histórico do Partido Comunista Italiano e presidente da Câmara dos Deputados de seu país de 1976 a 1979.

37 Seria injusto se não reconhecêssemos a contribuição de Rosa Luxemburgo no sentido de considerar a democracia como valor universal. A autora marxista afirmava ser inconcebível um governo dos trabalhadores sem participação popular, e Coutinho, para demonstrar a defesa de Rosa pela democracia, cita a própria autora: "Jamais fomos idólatras da democracia formal, mas isso quer dizer apenas o seguinte: sempre distinguimos entre o núcleo duro de desigualdade e servidão recoberto pelo suave invólucro da igualdade e da liberdade formais, mas não para rejeitar estas últimas, e sim para incitar a classe operária a não se contentar com elas e a tomar o poder político a fim de preencher esse invólucro com um conteúdo social novo" (COUTINHO, 1996. p. 86).

38 COUTINHO, 1992. p. 270.

Em contrapartida, os liberais, após resistirem quanto puderam, adotaram a questão da democracia de forma extremamente reducionista e minimalista, considerando-a mero respeito às leis estabelecidas.

Nesse sentido, cabe resgatar a concepção de Estado do filósofo e sociólogo grego Nicos Poulantzas,[39] citado por Coutinho,[40] a qual, sem dúvida, partiu de Gramsci, mas avançou em relação a este, contribuindo para a compreensão da questão da democracia:

> Esse processo, a longo prazo, de tomada do poder numa via democrática ao socialismo, consiste, no essencial, em desenvolver, reforçar, coordenar e dirigir os centros de resistência difusos de que as massas sempre dispõem no seio das redes estatais, criando e desenvolvendo novos, de tal modo que esses centros se tornem, no terreno estratégico que é o Estado, os centros efetivos de poder real.[41]

Quando Poulantzas vislumbra a possibilidade de ocupação de espaços no seio do Estado, em sentido estrito, está implícito que ele considera a democracia uma via para o socialismo, assim como vislumbra a possibilidade de reverter a correlação de forças em favor dos trabalhadores. E, como desafio para essa via democrática, o autor coloca a transformação do Estado por meio do aprofundamento da democracia representativa, mas concomitantemente ao aprofundamento da democracia de base.[42]

Segundo Coutinho, não seria possível atribuir as reflexões acerca do vínculo entre democracia e socialismo exclusivamente ao marxismo, mas se pode reconhecer a existência de novos sujeitos políticos lutando pela democracia e pelo socialismo, ou seja, pela transformação social. Nas últimas décadas, surgiram diversos movimentos sociais, trazendo reivindicações concretas, bem como a necessidade de articular a luta pela liberdade e pela realização individual com a necessidade

---

39 Nicos Poulantzas (1936-79), filósofo, sociólogo, escritor grego e membro do Partido Comunista da Grécia. É sabido que cometeu suicício, lançando-se do 22º andar de uma torre na capital francesa, onde se exilara a partir de 1960, mas se cogita que tenha sido vítima da Operação Gladio, uma ação anticomunista de caráter internacional, no período da Guerra Fria.

40 COUTINHO, C. N. *Marxismo política:* a dualidade de poderes e outros ensaios. 2. ed. São Paulo: Cortez, 1996.

41 COUTINHO, 1996. p. 66.

42 COUTINHO, 1996. p. 68.

de promover transformações estruturais na sociedade. Ora, essas mudanças repercutem diretamente sobre as estratégias a serem adotadas para a construção do socialismo; isso significa que a classe operária, mesmo mantendo sua centralidade, deixou de ser o único sujeito nessa luta. Os novos sujeitos apresentam reivindicações que fogem à pauta tradicional dos operários, mas que se originaram nas próprias contradições do capitalismo, o que, para Coutinho, representa um desafio para a luta pelo socialismo, qual seja: a expansão da democracia representativa, articulada à expansão da democracia de base, mas, sobretudo, com uma postura pluralista, que considere a diversidade dos sujeitos.

Para o autor, tanto a complexificação do cenário político citado como a falência do socialismo real, colocou na ordem do dia para os marxistas aquilo que Georges Marchais[43] chamou de "desafio democrático". Diante de tal desafio, duas correntes se formaram: a dos que preferiram providenciar o "atestado de óbito" do marxismo e a dos que ignoram a complexificação das relações sociais na contemporaneidade, defendendo a utilização de fórmulas antigas, assumindo, assim, uma postura dogmática. Em suma, para Coutinho, o desafio, mais do que nunca, se faz presente:

> De que modo é possível agregar um novo bloco histórico onde a centralidade da classe operária se articule com a necessária diversidade política e cultural dos novos sujeitos sociais emergentes e também empenhados na luta pela transformação da sociedade?[44]

O autor sinaliza que, no atual momento histórico, a democracia estaria dizendo a todos aqueles que lutam pela construção de uma sociedade socialista: "Decifra-me ou te devoro"! O desafio, portanto, é decifrá-la.

Ao considerarmos a complexificação das relações sociais na contemporaneidade, com o surgimento de um movimento feminista combativo, que colocou na ordem do dia a necessidade de transformarmos as relações de gênero, demonstrando o amadurecimento da capacidade das mulheres "fazerem política", compreendemos que o desafio democrático deve absorver tais demandas;

43 Georges Marchais (1920-97), político francês de origem operária que foi líder do Partido Comunista Francês de 1972 a 1994.

44 COUTINHO, 1996. p. 83.

do contrário, cairá novamente em um dos dois caminhos apontados por Coutinho e citados anteriormente. O próximo item tratará exatamente da importância do "fazer política".

4.4 A política em Gramsci

Segundo Coutinho, é por meio da política que Gramsci dá sentido às suas investigações históricas, que ocupam centralidade em sua obra. Contudo, o autor utiliza dois conceitos de política, que Coutinho nomeia de "amplo" e "restrito", os quais explicaremos a seguir, a fim de evitar interpretações equivocadas.

Conceito amplo de política

A concepção ampla de política adotada por Gramsci diz respeito à liberdade, à universalidade e a uma forma de práxis que não se restringe a ações repetitivas e não refletidas, ou seja, refere-se à práxis criadora. Diante dessa definição, podemos concluir, como aponta Gramsci, "que todas as esferas do ser social são atravessadas pela política, contêm a política como elemento real ou potencial ineliminável".[45] Para tornar mais clara essa concepção de política, Gramsci afirma que ela é sinônimo de "catarse", compreendida como o momento em que o homem passa dos interesses econômico-corporativos (ou egoístico-passionais) para os ético-políticos, superando a fase da necessidade e alcançando a da liberdade. Nessa afirmação de Gramsci, Coutinho percebe a ascensão do determinismo econômico para a liberdade política e cita, como exemplo desse movimento, a passagem da *classe em si* para a *classe para si* (Marx), quando a classe trabalhadora supera seus interesses imediatos e corporativos e alcança os interesses universais, tornando-se, assim, sujeito consciente da história.

Para Gramsci, no momento catártico, a estrutura econômica que oprime o homem, tornando-o passivo, transforma-se em meio de liberdade, dando origem a novas iniciativas, ou seja, o autor reconhece no homem a capacidade não apenas de resistir às pressões estruturais, mas também de se apropriar do conhecimento dessa estrutura para, por meio de uma práxis autônoma, criar novas estruturas.

---

45 COUTINHO, 1992. p. 90.

Portanto, com essa contribuição, Gramsci demonstra ter partido de uma reflexão dialética e materialista quando afirma o aspecto ontológico do ser social,[46] qual seja, de que todo ser social é resultado tanto do determinismo econômico como da liberdade. Diante dessa assertiva, ele conclui que a realização dessa catarse é condição *sine qua non* para a conquista da hegemonia. Essa compreensão do ser social, inclusive, desmente a acusação feita pelos pós-modernos de que, para o marxismo, os indivíduos sofrem a determinação exclusiva da economia, já que reconhece a liberdade dos sujeitos e, assim, a existência do próprio sujeito na história.

Conceito restrito de política

A concepção restrita de política adotada por Gramsci refere-se ao conjunto de práticas referentes ao Estado e às relações entre governantes e governados, constituindo, portanto, algo transitório, ou seja, algo que existe da forma como percebemos em nossa sociedade, em decorrência da história, e não como algo que diga respeito à natureza humana, tendo, inclusive, surgido com a divisão da sociedade em classes. Assim, Gramsci conclui que a política, em seu sentido restrito, nem sempre existiu e que, fatalmente, deixará de existir numa sociedade socialista, ou regulada, como ele costumava definir.

No momento em que historiciza a política, Gramsci, indiretamente, está afirmando que não acredita no chamado *homo politicus*, ou seja, que o homem seja dotado naturalmente de uma "vontade de poder". Tal afirmação se faz importante, já que várias vertentes de teorias elitistas, tanto conservadoras quanto liberais, tomam a questão do poder como "vontade de poder", sustentando que alguns indivíduos assumem essa vontade e a maioria, composta de "fracos", apenas obedece. Esse conceito a-histórico está presente em autores como Max Weber e Nietzsche, sendo considerado do âmbito da natureza humana. Vale lembrar que tal concepção orienta grande parte dos estudos sobre gênero, já que se utilizam de Foucault e que este "bebe da fonte" dos autores citados.

Em suma, a grande contribuição de Gramsci com sua concepção ampla de política se dá quando ele aponta o seu caráter ontológico e social, demonstrando o

46 Em sua obra *Ontologia do ser social*, Lukács afirma que, ao contrário da natureza, em que os fenômenos são explicados por meio apenas de causalidades, em relação ao ser social, ou seja, ao homem como ser genérico, este, a partir de seu trabalho, articula causalidade e teleologia, determinismo e liberdade. Segundo o autor, a sociedade só pode ser plenamente compreendida se considerarmos a dimensão criadora da práxis humana e as determinações causais (COUTINHO, 1996. p. 149).

momento de articulação entre particular e universal, entre subjetividade e objetividade e entre determinismo e liberdade.[47] E, no caso da concepção restrita de política, Gramsci contribui ao afirmar seu caráter transitório e sua extinção em uma sociedade comunista.

Apesar de o autor privilegiar a política em suas análises sobre a realidade, isso não significa que desconsidere a economia nem que considere a política como determinante desta. Para Gramsci, o processo catártico só se desencadeará quando a sociedade estiver em condições concretas para isso, ou, dito de outra forma, quando houver determinações econômico-objetivas que propiciem o desencadeamento do processo. Da mesma forma que para Marx e Engels, para Gramsci a economia determina a política não de maneira mecânica, mas como um condicionante. Dessa forma, vale recordar que, para Marx, uma das maiores contradições impostas pelo modo de produção capitalista é a socialização cada vez maior do trabalho e a apropriação por poucos dos produtos desse trabalho, o que coloca a socialização desses produtos por meio da socialização dos meios de produção como um desafio para a transformação da sociedade. Segundo Coutinho,[48] o que nem sempre é enfatizado na obra de Marx é o fato de esse pensador também ter sinalizado que outra contradição do capitalismo é a socialização da política, o que ele valoriza quando, por exemplo, afirma que em uma democracia plena desapareceria a alienação na esfera política. Ora, parece claro que tal contradição mina o próprio capitalismo, e isso foi percebido por Lênin, já que, em 1917, este afirmou que

> se todos os homens participarem efetivamente na gestão do Estado, o capitalismo não mais poderá se manter. E o desenvolvimento do capitalismo cria os pressupostos necessários para que todos possam efetivamente participar da gestão do Estado.[49]

Há que se considerar, porém, que a democracia existente nas sociedades capitalistas, muitas vezes, se reduz ao seu caráter formal e que, por isso, a participação

---

47 A célebre frase de Marx — "Os homens fazem certamente sua história, mas não a fazem nas condições que escolheram" — sintetiza a relação entre liberdade e determinismo concebida por Gramsci. Para o autor, segundo Coutinho (1999, p. 252), ao lado da ação teleológica livre, há também um determinismo histórico, uma causalidade objetiva que, embora gerada pela própria práxis dos homens, vai frequentemente além da consciência e da vontade dos indivíduos e dos atores sociais.

48 COUTINHO, 1996. p. 74.

49 COUTINHO, 1996. p. 78.

popular não se dá de maneira tão simples; contudo, a possibilidade existe, necessitando da organização da sociedade civil para realizar tal intento. Acrescentaríamos, então, que a luta das mulheres por leis que garantam seus direitos e, principalmente, sua organização em torno de movimentos sociais e de partidos são fundamentais para a destruição das desigualdades de gênero.

Outra forma de demonstrar a compreensão de Gramsci sobre a relação entre economia e política, e que também parte das mesmas análises de Marx, é a relação entre a socialização da produção e o recuo das barreiras naturais, tendo como consequência o desenvolvimento da sociedade civil. Os dois pensadores consideram que o processo de socialização da produção é irreversível e provoca o recuo das barreiras naturais, o que amplia a liberdade humana em relação às determinações naturais. A socialização da produção (esfera econômica) desencadeia também a socialização da participação política, o que fortalece a sociedade civil, na concepção gramsciana. Aqui não é demais sinalizar que tal desencadeamento não se dá de maneira mecânica, posto que se sabe da socialização da produção entre as mulheres da Rússia pós-revolução socialista, bem como da manutenção das desigualdades no que se refere à participação política, entre mulheres e homens.

Coutinho[50] afirma que Gramsci destaca uma lei que só será desenvolvida por Lukács, qual seja, a da prioridade ontológica do econômico. Isso, contudo, não significa uma hierarquia fixa e formal. Como exemplo, Gramsci cita as diferenças entre as consequências de uma enchente em uma sociedade primitiva e em uma em que a socialização da produção tenha desenvolvido tecnologias, na qual as barreiras naturais recuaram mais do que na sociedade primitiva. Do mesmo modo, não podemos comparar as repercussões da economia em sociedades cuja sociedade civil tenha diferentes níveis de desenvolvimento, ou seja, em uma sociedade em que o grau de desenvolvimento da sociedade civil tenha promovido o "recuo de barreiras", no caso, econômicas. Com isso, ele demonstra as mediações entre economia e política, apontando concretamente como, dependendo do nível de desenvolvimento das sociedades (grau de socialização da produção, da política e autonomia da sociedade civil), a economia determina as relações sociais. Aqui, vale lembrar a compreensão de Meillassoux a respeito do surgimento das desigualdades entre mulheres e homens, apresentada anteriormente. Segundo o autor, nas sociedades primitivas que tinham a

50 COUTINHO, 1992. p. 100.

economia baseada na agricultura familiar, as mulheres eram vistas quase que exclusivamente como reprodutoras, e como o número de indivíduos na família determinava o seu potencial de produção, as mulheres passaram a ser consideradas instrumentos importantes para o enriquecimento da família, dada a sua capacidade de produzir mão de obra. Nesse período histórico, portanto, as barreiras naturais determinavam sobremaneira a organização das relações de gênero.

Faz-se mister sinalizar que Gramsci reconhecia a importância não apenas da socialização da produção, mas também da política, em uma sociedade verdadeiramente justa e igualitária, o que facilita a compreensão de que, na experiência socialista soviética, por ter sido socializada somente a produção, nem mulheres nem homens atingiram o grau de emancipação necessário para a constituição de uma sociedade justa.

4.5 O partido em Gramsci

A partir do que vimos até aqui neste capítulo, quando demonstramos a necessidade de os indivíduos superarem seus interesses egoístico-passionais por interesses ético-políticos (Gramsci) ou a necessidade de as classes desenvolverem uma "consciência para si" em vez de uma "consciência de si" (Marx), "fazendo política" e, com isso, contribuindo para o fortalecimento da sociedade civil, Gramsci, concordando com Lênin, reconhece no partido um espaço fundamental para a disputa de hegemonia. Em seu livro *Que fazer?*, Lênin afirma que a tarefa principal do partido operário é contribuir para a superação de uma consciência "tradeunionista", sindicalista, para uma consciência de classe, que considere a totalidade, e o partido faria a mediação para que a classe operária pudesse enfrentar as questões do Estado.[51]

Segundo Gramsci, o partido contribuiria para a constituição de uma "vontade coletiva nacional-popular", o que viabilizaria a conquista de hegemonia, já que, para o autor, nesses espaços, a necessidade se torna liberdade a partir do momento em que os indivíduos que procuram o partido não o fazem por interesses corporativos. Coutinho[52] afirma que não apenas o partido é a objetivação do

51 COUTINHO, 1992. p. 168.

52 COUTINHO, 1992. p. 169.

momento catártico, mas todos os indivíduos que nele ingressam também vivem esse momento, sendo capacitados a atuar de maneira mais livre e consciente na sociedade. Diante dessas considerações, é preciso destacar que as mulheres também necessitam de um momento anterior à constituição da vontade coletiva nacional-popular, no qual possam reconhecer suas particularidades e sua condição subalterna na sociedade, tornando explícitas as desigualdades de gênero e buscando, com os homens, destruí-las. A partir de então, uma verdadeira vontade coletiva nacional-popular emergirá, com a formação da unidade na diversidade de uma dada sociedade.

Quanto à construção da vontade coletiva nacional-popular, Gramsci a concebe como uma necessidade elevada à consciência e convertida em práxis transformadora. No entanto, se concebermos a necessidade, como historicamente constituída, por meio de condições objetivas, a vontade coletiva nacional-popular só poderá se desenvolver após a estrutura social de um determinado país ser analisada pelo partido, a fim de embasar sua linha de ação com vistas a transformar essa sociedade. Coutinho[53] destaca a importante contribuição de Gramsci ao discutir a "espontaneidade" e a "direção consciente", em que o autor critica os que sacralizam as iniciativas espontâneas, desvalorizando uma direção consciente que busque superar os interesses corporativos, e discorda dos que acreditam na construção da vontade popular pelo alto, desconsiderando as massas. Para Gramsci, a espontaneidade das massas deve ser educada e orientada, constituindo, assim, uma unidade entre espontaneidade e direção consciente; cabe ao partido realizar essa síntese disciplinadora, bem como essa mediação político-universal.

Ao nos reportarmos à história do feminismo, é possível perceber que, em alguns momentos, as militantes desenvolveram estratégias que consideram as duas posturas citadas anteriormente:

- *Postura espontaneísta:* celebração das diferenças, com a adoção de uma visão romântica das desigualdades e a valorização de um suposto "ser mulher" (visão essencialista), além da defesa da organização das mulheres, mas sem aprofundar-se nem fazer a correspondente articulação com a totalidade da vida social.

53 COUTINHO, 1992. p. 172.

- *Postura vanguardista:* postura adotada principalmente por feministas ligadas aos partidos comunistas até a década de 1970, consistia da compreensão das desigualdades de gênero de forma mais ampla e articulada, mas de maneira vanguardista, muitas vezes com a imposição de lutas às mulheres das classes populares sem ao menos prestar esclarecimentos quanto à importância de tais lutas.

Aqui, novamente, a dialética entre objetividade e subjetividade se faz presente na obra de Gramsci, e, nesse sentido, vale a assertiva de Coutinho: "O partido não luta apenas por uma renovação política, econômica e social, mas também por uma revolução cultural, pela criação de desenvolvimento de uma nova cultura".[54] Aliás, a ênfase dada por Gramsci à cultura constitui uma de suas maiores contribuições; para o autor, a luta das classes subalternas deve considerar, além das frentes econômica e política, a frente cultural, estabelecendo, assim, uma batalha também no plano das ideias. Segundo Gramsci, o partido deve ser o organizador de uma reforma intelectual e moral, a fim de propiciar a construção da vontade coletiva nacional-popular para a disputa de hegemonia. Quando Gramsci afirma que, nas sociedades ocidentais, a estratégia de transição demanda um esforço pela conquista de hegemonia, do consenso e da direção antes da tomada de poder propriamente dita, a cultura passa a ter importância fundamental — sem que esta seja transformada, as classes subalternas continuarão passivas; portanto, há que se conquistar a direção política e também a ideológica. De acordo com Coutinho,[55] Gramsci crê que, em uma sociedade comunista, deve haver a supressão tanto da propriedade privada dos meios de produção como da apropriação privada do saber e da cultura, extinguindo-se, assim, a hierarquia entre intelectuais e pessoas simples.

Aqui, vale destacar a iniciativa de alguns países socialistas na década de 1970, que, preocupados com a extinção das desigualdades de gênero, investiram pesadamente na socialização da educação entre as mulheres, aumentando seu grau de instrução; isso, por si só, não garante o fim das desigualdades, mas instrumentaliza as mulheres para que desenvolvam a consciência e se organizem para lutar.

Em relação à estrutura interna do partido, Gramsci, apesar de reconhecer que todos os membros são, em certa medida, intelectuais, também reconhece que nem todos têm o mesmo nível; para ele, existem três níveis de intelectuais dentro do

54 COUTINHO, 1992. p. 172.

55 COUTINHO, 1992. p. 174.

partido: o primeiro, compõe-se de homens disciplinados e fiéis, mas com menor espírito criativo; o segundo, é formado por homens com capacidade de centralização e organização, que estão na direção; e o terceiro, um estrato intermediário, inclui indivíduos que servem de ligação entre um grupo e outro.

Isso não significa que Gramsci estaria cristalizando tais posições; ao contrário, o autor prevê, como tarefa do partido, a extinção dessas diferenças, mas reconhece que, a princípio, estas devem ser consideradas fenômenos históricos presentes na realidade; diante disso, ele prioriza o segundo tipo de militante. Ao reconhecer a historicidade do partido, Gramsci afirma que este precisa renovar-se teórica e praticamente, acompanhando o movimento do real, conforme citação de Coutinho:

> Pode-se dizer que um partido jamais está completo e formado, no sentido de que todo desenvolvimento cria novas tarefas e funções, e no sentido de que, para certos partidos (os partidos da revolução socialista), é verdadeiro o paradoxo de que se completam e se formam quando não existem mais, ou seja, quando sua existência se tornou historicamente inútil (porque cumpriram os objetivos para os quais foram criados).[56]

Se considerarmos a necessidade de o partido acompanhar o próprio movimento do real, seguindo as orientações de Gramsci, compreenderemos que o surgimento do movimento feminista e a crescente organização das mulheres em torno da reivindicação de seus direitos exigiram que a desigualdade de gênero passasse a compor a agenda de lutas dos partidos, principalmente os de esquerda.

A seguir, trataremos da concepção de Estado ampliado de Gramsci, bem como da maneira como tal concepção permite que se apreenda a presença do gênero no próprio Estado.

4.6 Estado ampliado

Segundo Coutinho,[57] em 1848, quando Marx e Engels escreveram o *Manifesto Comunista*, a participação política das classes subalternas era extremamente

---

56 COUTINHO, 1992. p. 180.

57 COUTINHO, C. N. *Gramsci*: um estudo sobre seu pensamento político. Rio de Janeiro: Campus, 1992. p. 75.

escassa e se dava na clandestinidade, por meio de vanguardas que eram duramente reprimidas pelo Estado. Naquele momento, os trabalhadores eram proibidos de se organizar em sindicatos, assim como foram proibidas as corporações de ofício, tudo para evitar que a "paz social" fosse abalada. Diante de tais limitações impostas pelo Estado, só restava aos autores afirmar que "o poder executivo do Estado moderno não passa de um comitê para gerenciar os assuntos comuns de toda a burguesia".[58] Portanto, segundo Marx e Engels, o Estado exercia suas funções por meio apenas da coerção, despolitizando a sociedade civil, e a luta de classes, consequentemente, acabava sendo compreendida como um mero conflito bipolar e "simplificado" entre burgueses e proletários.[59]

Engels, contudo, por ter vivido alguns anos a mais que Marx, pôde acompanhar as transformações ocorridas nas relações sociais, particularmente no âmbito do Estado; isso lhe permitiu realizar uma autocrítica e reelaborar o conceito de Estado que concebera com Marx e explicitara no *Manifesto Comunista*, em 1848. Essa reelaboração consta na Introdução que Engels escreveu para a reedição de *As lutas de classe na França*, em 1895, ocasião em que ele afirma terem as condições da luta de classes se modificado, o que exigia novas estratégias para a transformação social. Segundo ele, não caberiam mais golpes repentinos, dirigidos por uma pequena minoria de conscientes; seria preciso que as próprias massas tomassem consciência da necessidade dessa transformação, o que exigia um trabalho longo e perseverante das vanguardas. Essa mudança de estratégia fundamentava-se na compreensão de Engels de que a dominação de classe exercida pelo Estado não mais se limitaria à coerção, mas se valeria de mecanismos de legitimação que buscassem o consenso dos dominados, mecanismos que se manifestariam nas próprias instituições surgidas em decorrência das reivindicações da classe operária. Portanto, é possível afirmar que, ao introduzir a dimensão consensual do Estado, Engels foi o primeiro marxista a ampliar a concepção do Estado, não mais o compreendendo apenas como representante dos interesses da burguesia.

Trotski também considerou a possibilidade de, antes de ocorrer a revolução, a classe revolucionária, como estratégia, penetrar no seio do Estado, apesar de seus posicionamentos serem contraditórios, já que, logo após afirmar isso, ele sustenta que a classe dominante mantém a unidade do poder, demonstrando a

---

58 COUTINHO, 1992. p. 12.

59 COUTINHO, 1992. p. 25.

negação da existência de correlação de forças no próprio Estado. Não se quer dizer com isso que não exista de fato unidade do poder no Estado; entretanto, há que se considerar as tensões e disputas existentes no interior dessa unidade, o que a torna contraditória e passível de transformação. Como exemplo, pode-se citar a criação dos sindicatos — instituições surgidas a partir de reivindicações operárias no seio da sociedade capitalista. Por seu turno, Otto Bauer, representante do chamado austromarxismo, ao analisar a revolução austríaca de 1918, afirma, na mesma direção, que a república democrática trouxe dinamicidade e processualidade ao Estado, ao considerar que suas ações seriam determinadas pela correlação de forças entre as classes em disputa.

Diante do exposto, Coutinho salienta que Gramsci apresenta dois momentos do Estado capitalista, que, obviamente, representaram duas concepções de Estado, as quais ele denominou "concepção restrita de Estado" e "concepção de Estado ampliado". A primeira seria representada pela definição de Estado presente no *Manifesto Comunista*, na qual esse organismo seria concebido como o comitê executivo dos interesses da burguesia; já a segunda, a concepção de Estado ampliado, foi elaborada por Gramsci, a partir das reflexões de Engels e de outros autores, que passou a considerar a presença de uma correlação de forças no interior do Estado, representada pelas classes sociais fundamentais, o que ampliou a definição. Coutinho destaca, contudo, a importância de considerar tal ampliação em seu aspecto histórico-ontológico e não meramente gnosiológico. Com isso, ele quer dizer que, quando Marx elaborou sua concepção restrita de Estado, este, de fato, o era (lembremo-nos da repressão aos operários quanto à sua organização), e, em contrapartida, quando os demais autores ampliaram sua concepção de Estado, tal ampliação se deu na própria realidade, em que a ação do proletariado passou a se dar de maneira mais organizada. Disso se depreende que não foi a análise de Marx que foi restrita, mas sim a própria realidade do Estado naquele momento histórico, o que torna sua análise perfeitamente coerente com o momento de sua elaboração.

Sem dúvida alguma, apesar de reconhecer a contribuição de Engels e de outros autores na ampliação da concepção de Estado, Gramsci foi o autor marxista que mais avançou na explicitação das múltiplas determinações do Estado moderno. Isso foi possível porque o autor viveu em uma época e em um país em que a complexificação da sociedade, promovida pelo processo de socialização das forças produtivas, teve como reflexo a socialização da participação política dos trabalhadores com o surgimento dos grandes partidos políticos operários, podendo ele acompanhar as transformações do Estado. Diante disso, Gramsci dialogou com a concepção de Marx e Engels. Segundo Coutinho, esse diálogo conserva e supera tal concepção, atribuindo ao Estado uma nova definição:

> [...] o Estado em sentido amplo, "com novas determinações", comporta duas esferas principais: a sociedade política (que Gramsci também chama de "Estado em sentido estrito" ou de "Estado-coerção"), que é formada pelo conjunto dos mecanismos através dos quais a classe dominante detém o monopólio legal da repressão e da violência, e que se identifica com os aparelhos de coerção sob controle das burocracias executiva e policial-militar; e a sociedade civil, formada precisamente pelo conjunto das organizações responsáveis pela elaboração e/ou difusão das ideologias, compreendendo o sistema escolar, as Igrejas, os partidos políticos, os sindicatos, as organizações profissionais, a organização material da cultura (revistas, jornais, editoras, meios de comunicação de massa) etc.[60]

Diante de tal definição, Coutinho demonstra que, para Gramsci, o Estado possui duas esferas que coexistem em relativo equilíbrio: a sociedade política e a sociedade civil, cabendo à primeira o exercício da coerção e à segunda, o do consenso, ou seja, o exercício da ditadura e a busca da hegemonia, respectivamente. O Estado definido por Marx restringia-se ao que Gramsci considera sociedade política, e esse autor, ao elaborar uma concepção ampliada do Estado, estabeleceu uma relação dialética com a definição de Marx, na qual mantém a percepção do caráter de classe e da forma repressiva de exercer o poder do Estado, acrescentando a dimensão consensual, acréscimo dado pela própria realidade histórico-social. Para Gramsci, as duas esferas servem para conservar ou transformar uma dada formação econômico-social e se diferenciam pela forma como encaminham seus objetivos. Enquanto no âmbito da sociedade civil as classes buscam exercer sua hegemonia por meio do convencimento e da conquista de aliados para a construção do consenso, no âmbito da sociedade política — ou do Estado-coerção — a estratégia utilizada é a dominação baseada na coerção. Outra diferenciação entre essas esferas se refere à sua materialidade. A sociedade política ganha materialidade por meio dos aparelhos coercitivos do Estado, em que os governados são obrigados a obedecer e são punidos quando não o fazem. Já a sociedade civil materializa-se por meio do

60 COUTINHO, 1992. p. 76-77.

que Gramsci chama de aparelhos privados de hegemonia, instituições em que a adesão é voluntária.

Gramsci, com isso, aponta para um dado historicamente novo: a esfera ideológica e simbólico-axiológica ganha certa autonomia em relação ao Estado em sentido restrito, em decorrência não só das instituições criadas pelo protagonismo político dos trabalhadores, como também da renovação de antigas instituições, como o sistema escolar e as Igrejas.[61] Foi exatamente a necessidade de criar consenso para legitimar a dominação de classe que fez essas instituições se tornarem espaços de disputa de hegemonia. Essa independência material, para Coutinho, funda a sociedade civil como esfera específica que busca mediar a base econômica e o Estado em sentido estrito.

Apesar de Gramsci diferenciar as duas esferas, ele não nega o caráter dialético dessa relação, afirmando o princípio da unidade na diversidade, como aponta Coutinho: "A supremacia de um grupo social se manifesta de duas maneiras: como dominação e como direção intelectual e moral".[62] O autor salienta que supremacia, nesse sentido, quer dizer a síntese entre hegemonia e dominação e afirma que ambas as esferas estão presentes em qualquer Estado moderno, mostrando que o que diferencia um Estado de outro é a predominância da coerção ou do consenso, o que dependerá tanto da correlação de forças entre as classes como do grau de socialização da política de uma sociedade.

Para compreender tais diferenciações entre determinadas sociedades, Gramsci investigou as sociedades ocidentais e orientais e percebeu que, entre estas, havia diferenças estruturais, o que exigiria a elaboração de estratégias diferenciadas para fazer a revolução. Nas sociedades orientais predominava o Estado-coerção, com espaços para participação política praticamente inexistentes; diante dessa realidade, a estratégia para a construção do socialismo seria a de ataque frontal ao Estado, o que corresponderia à chamada "guerra de movimento". Já no caso das sociedades ocidentais, o próprio desenvolvimento do capitalismo impôs a formação do proletariado e o consequente

---

61 O fato de essas instituições não possuírem autonomia em relação ao Estado, no período histórico referente à elaboração do conceito restrito de Estado de Marx, revela a herança deixada pelas sociedades pré ou protocapitalistas, nas quais havia indissolubilidade entre Igreja-escola-Estado, o que tem, como consequência, a veiculação exclusiva da ideologia da classe dominante por meio dessas instituições, o que deixa de ocorrer nas sociedades de tipo ocidental, em parte por conta da laicização do Estado (COUTINHO, 1992. p. 133).

62 COUTINHO, 1996. p. 57.

surgimento das instituições sindicais; portanto, a estratégia seria a da "guerra de posição". Isso significaria a luta pela conquista de espaços e posições, visando à obtenção da direção político-ideológica, e do consenso para a formação de uma "vontade coletiva nacional-popular", que se iniciaria no âmbito da sociedade civil[63] e se espraiaria, posteriormente, até a tomada de posições no Estado em sentido estrito. Quando a sociedade é de tipo ocidental, a conquista de hegemonia deve preceder a tomada do poder. A guerra de posição, segundo Coutinho, só é possível diante da luta pela conquista da hegemonia, o que Gramsci demonstra por meio da seguinte assertiva:

> Um grupo social pode e mesmo deve ser dirigente já antes de conquistar o poder governamental (é essa uma das condições principais para a própria conquista do poder); depois, quando exerce o poder, e mesmo que o conserve firmemente nas mãos, torna-se dominante, mas deve continuar a ser também "dirigente".[64]

É interessante mostrar que Marx negava a possibilidade de uma classe conseguir a hegemonia antes de ser dominante justamente porque a classe dominante tinha o monopólio da propriedade dos meios de produção intelectual, o que, em certa medida, deixa de existir com a consolidação da sociedade civil que viabiliza a criação de entidades culturais ligadas às classes subalternas.

Ao reconhecer essa possibilidade, Gramsci sustenta que, para a realização da guerra de posição, é imprescindível que se desencadeie o processo da chamada crise de hegemonia,[65] que possibilitaria, *a priori*, a tomada de espaços pelas classes subalternas de forma gradual, no sentido de contribuir para a transformação da sociedade. Coutinho[66] lembra que a capacidade de fazer política é condição *sine qua non* para o desencadeamento da crise de hegemonia. Esse "fazer política" nada mais é que o envolvimento

---

63 No que tange à sociedade civil, há que se considerar a contribuição de Vasconcelos (1988, p. 11) no sentido de percebê-la de maneira ampliada, além dos interesses de classe. O autor, em seu artigo, já aponta a necessidade de perceber outras questões, como a divisão sexual do trabalho e a identidade étnico-racial.

64 COUTINHO, 1992. p. 91.

65 Sobre a crise de hegemonia, Coutinho, citando Gramsci, afirma: "Se a classe dominante perdeu o consenso, ou seja, não é mais 'dirigente', porém unicamente 'dominante', detentora da pura força coercitiva, isso significa, precisamente, que as grandes massas se separaram das ideologias tradicionais, que não creem mais no que antes criam etc. A crise consiste precisamente no fato de que o velho morre e o novo não pode nascer" (COUTINHO, 1992. p. 93).

66 COUTINHO, 1992. p. 93.

das grandes massas na solução dos próprios problemas e na luta pela conquista de espaços, sem perder de vista o objetivo final, que é a transição ao socialismo.

Coutinho,[67] contudo, chama atenção para o fato de que, apesar de Gramsci enfatizar a busca do consenso como uma questão ideológica, na qual a classe dominante procura incessantemente por legitimação para o seu domínio, ele não a restringe a isso, sustentando que, quando se tem uma sociedade civil forte, o consenso serve para garantir a formulação de políticas que respondam aos seus interesses, esta sendo, então, a base material do consenso. Sobre essa questão, Coutinho afirma:

> Falar em base material do consenso é mostrar a necessidade de que a classe dominante, através do Estado, faça concessões às classes dominadas, permitindo que alguns dos interesses destas últimas sejam representados no Estado e influam na formulação de políticas públicas.[68]

Esse autor, inclusive, vale-se do conceito de seletividade estrutural de Offe,[69] para quem a definição da natureza de classe de um Estado, isto é, de quem são os interesses que ele representa, reside em seu padrão de seletividade, ou seja, nos critérios adotados pelo Estado para selecionar o que deve e o que não deve ser objeto de política pública.[70]

Outro autor marxista que contribuiu para a ampliação da concepção de Estado foi Nicos Poulantzas. Segundo Coutinho,[71] Poulantzas partiu das análises de Gramsci, mas superou-o dialeticamente. Para este, a disputa por hegemonia e por espaços era algo que se limitaria ao âmbito da sociedade civil; já Poulantzas afirma que a luta se trava também no âmbito da sociedade política, no interior dos aparelhos estatais, o que torna ainda mais complexa a estratégia para a transformação. Não seria difícil deduzir que o avanço na concepção de Estado feito por esse autor apenas foi possível em decorrência das condições histórico-sociais existentes no momento de sua elaboração.

---

67 COUTINHO C. N. Representação de interesses, formulação de hipóteses e hegemonia. In: *Reforma sanitária:* em busca de uma teoria. 2. ed. São Paulo: Cortez; Rio de Janeiro: Abrasco, 1995. p. 55.

68 COUTINHO, 1995. p. 56.

69 Claus Offe (1940-), sociólogo político alemão, de orientação marxista.

70 COUTINHO, 1995. p. 49.

71 COUTINHO, 1992. p. 187.

4.7 Estado, feminismo e partido

Para Coelho,[72] o Estado é produto de uma correlação de forças, perpassado e dividido pelas contradições de classes, de gênero e de raça/etnia, e as políticas públicas são o resultado dessas contradições. A autora afirma que, a partir do momento em que o movimento feminista percebeu tais contradições, modificou suas estratégias de ação, passando a investir também na participação nas instâncias de decisão do Estado, dos partidos, dos sindicatos e dos espaços político-administrativos em geral, e que, se não tomasse essa atitude, estaria correndo o risco de ter as reivindicações feministas esvaziadas pela falta de realizações concretas. Sustenta, ainda, que é consenso entre as feministas a percepção da necessidade de as mulheres ocuparem cargos nas cúpulas governamentais, por acreditarem que, se não o fizerem, as políticas do Estado não atenderão seus interesses. A autora aponta três frentes de luta que devem ser travadas no âmbito do Estado: a redistributiva, que diz respeito às decisões em torno das políticas sociais e públicas; a regulatória, que trata das leis referentes à igualdade entre mulheres e homens; e a distributiva, que diz respeito às políticas de subsídios e aos sistemas de créditos voltados às mulheres.

Todo o avanço obtido pela teoria marxista sobre o Estado, no que tange à descoberta das contradições de classe existentes em seu seio, propicia, no nosso ponto de vista, que outras contradições também sejam consideradas componentes não apenas do próprio Estado, mas da realidade social, como é o caso das contradições de gênero. Nesse sentido, Saffioti[73] afirma que o Estado é hegemonicamente composto pelos interesses não apenas da classe dominante, como também dos brancos (ou daqueles que se identificam com a ideologia destes) e do gênero masculino. É óbvio que aqui não se considera o Estado como um organismo estático, e sim em permanente movimento, cedendo, sempre que inevitável, às pressões da sociedade civil organizada, mas igualmente, sempre que possível, fazendo tais demandas parecerem concessões, mascarando, assim, as tensões presentes em seu seio. A autora conclui:

---

72 COELHO, C. C. Gênero e políticas públicas. In: ALCIONE, L. S.; LAGO, M. C. S.; RAMOS, T. R. (Orgs.) *Falas de gênero*. Florianópolis: Editora das Mulheres, 1999.

73 SAFFIOTI, H. I. B. *O poder do macho.* São Paulo: Moderna, 1987.

> Do ângulo feminista, o Estado é masculino: a lei vê e trata as mulheres da maneira como os homens veem e tratam as mulheres. O Estado burguês, coercitiva e autoritariamente, constitui a ordem social no interesse dos homens como um gênero – através de suas normas, padrões, relação com a sociedade e políticas substantivas legitimadoras.[74]

A autora sustenta que todo o arcabouço jurídico do Direito, com sua suposta neutralidade, dissimula o caráter sexista do Estado; apenas aparentemente o Estado independe do gênero, da mesma forma que só aparentemente independe do regime de classes sociais. Diante dessas considerações, Saffioti defende que as feministas disputem espaços no próprio aparelho de Estado, seguindo a estratégia proposta por Poulantzas, para que possam formular e implementar políticas públicas voltadas às mulheres no sentido de contribuir para a transformação das relações de gênero. O desafio seria propor políticas feministas para um Estado androcêntrico, trazendo à arena pública o diálogo do movimento feminista com esse Estado, tornando pública a discussão das relações de gênero.

Soares[75] afirma ser inegável o lugar de destaque que as mulheres vêm ocupando no cenário político e social brasileiro desde o período da ditadura, quando estiveram à frente de movimentos populares de oposição que lutavam por direitos sociais, justiça econômica e democratização do país. É possível afirmar que as mulheres contribuíram para a construção de muitas organizações da sociedade civil e de partidos de esquerda, tendo participado de movimentos importantes, como aqueles pela anistia política, contra a alta do custo de vida e pela construção de creches. Diante desse quadro, a autora sustenta que os primeiros grupos feministas no Brasil surgiram na década de 1970, com o compromisso de lutar tanto pela igualdade entre homens e mulheres como pela abertura política e pela anistia. Faz-se mister reconhecer que não existe apenas um movimento de mulheres; aliás, a autora trabalha com a ideia de que o movimento feminista é uma das expressões do movimento de mulheres mais amplo, assim como o movimento das mulheres das periferias dos centros urbanos e dos sindicatos é outra expressão.

---

74 SAFFIOTI, 1987. p. 161-62.

75 SOARES, V. Muitas faces do feminismo no Brasil. In: BORBA, A.; FARIA, N.; GODINHO, T. (Orgs.) *Mulher e política:* gênero e feminismo no Partido dos Trabalhadores. São Paulo: Fundação Perseu Abramo, 1998.

De acordo com Alvarez,[76] a segunda onda do feminismo na América Latina estabeleceu, como estratégia para a melhoria das condições de vida das mulheres, o engajamento nas lutas gerais por justiça e contra os regimes autoritários implantados pelos militares nas décadas de 1960 e 1970. A maioria de suas lideranças era avessa ao Estado, já que, de fato, este era excludente e opressivo, e engajou-se nos movimentos populares ou nas organizações clandestinas de esquerda, constituindo o que várias autoras vão chamar de "movimento de mulheres". Contudo, como as próprias organizações de esquerda também eram sexistas, a segunda onda do feminismo passou a centrar sua atenção política em questões específicas[77] dos direitos da mulher, reivindicando, inclusive, a criação de novas formas não hierárquicas de "fazer política". Houve, então, uma recusa de privilegiar tanto a luta geral como a específica, pois se compreendeu que ambas eram imprescindíveis para a construção de uma sociedade justa, e o entendimento de que a luta feminista se daria também na vida cotidiana, nas relações interpessoais, e não apenas nas instituições de dominação de classe. A realização de oficinas de conscientização, nas quais eram abordados assuntos como saúde reprodutiva, sexualidade e relações de poder entre os gêneros, tornou-se parte da estratégia de luta feminista.

Na verdade, no que se refere ao Brasil, Alvarez salienta que o feminismo era definido em relação e/ou contraste com diversos setores, tais como a própria esquerda, que insistia em relegar as contradições de gênero ao estatuto secundário e às mulheres não feministas, que participavam do movimento de oposição e priorizavam a luta geral.

A autora lembra que o feminismo foi se impondo aos poucos diante dos demais movimentos, já que a resistência era grande tanto por parte da direita, que o julgava imoral, como por parte da esquerda, que o considerava reformismo burguês, isso sem contar que, para muitas mulheres e homens, ser feminista era ser antifeminina.

---

76 ALVAREZ, S. E. A globalização dos feminismos latino-americanos — tendências dos anos 90 e desafios para o novo milênio. In: ALVAREZ, S. E.; DAGNINO, E.; ESCOBAR, A. (Orgs) In: *Cultura e política nos movimentos sociais latino-americanos:* novas leituras. Belo Horizonte: Editora UFMG, 2000.

77 Kergoat (1996, p. 85), ao analisar as relações sociais de sexo, faz uma importante afirmação a respeito do debate entre questões gerais e específicas. Segundo a autora, é falso o dilema entre reivindicações gerais e específicas, em que se atribuem as lutas das mulheres às questões específicas. Se levarmos em consideração que as desigualdades entre homens e mulheres têm sua origem nas relações sociais, tanto o geral como o específico dizem respeito à sociedade em sua totalidade.

Como aponta Godinho,[78] foram introduzidos novos elementos no campo de reivindicações da esquerda:

> A importância da sexualidade, a denúncia da opressão e da violência presentes na vida familiar e pessoal, o reconhecimento da homossexualidade como forma legítima da sexualidade, o questionamento da falta de autonomia das mulheres, o papel da divisão sexual do trabalho na superexploração e discriminação no mercado de trabalho e no trabalho doméstico, os cortes de gênero na usurpação e nas disputas de poder.[79]

A abordagem de todos esses aspectos exigia uma nova compreensão da política, ou pelo menos o questionamento de posições tradicionais até então existentes. O resultado foi a resistência em reconhecer as mulheres como sujeitos sociais, e os conflitos de gênero no interior das classes sociais, e a consequente necessidade de combatê-los no interior das classes trabalhadoras, o que leva, ainda hoje, alguns militantes a defender que a luta contra a opressão das mulheres deve ser subsumida à luta de classes.

Borba,[80] ao avaliar o processo de elaboração da Nova Constituição, afirma que a participação política das mulheres foi de fundamental importância para a garantia de avanços em relação aos seus direitos. Por meio dos *lobbies* feministas foi possível a ampliação de novos direitos de cidadania para as mulheres, como a ampliação da licença-maternidade, o direito à licença-paternidade, o direito à creche, o reconhecimento da união estável, a criação de direitos para as empregadas domésticas, bem como a redução da discriminação da mulher no trabalho e a criação de mecanismos para coibir a violência doméstica. Tais conquistas influenciaram a elaboração de constituições estaduais e de leis orgânicas municipais. Contudo, diversos direitos garantidos na carta constitucional necessitam de regulamentação, o que tem colocado como desafio ao movimento feminista a pressão junto aos estados e municípios para a efetivação desses direitos.

---

78 GODINHO, T. O PT e o feminismo. In: BORBA, A.; FARIA, N.; GODINHO, T. (Orgs.) *Mulher e política:* gênero e feminismo no Partido dos Trabalhadores. São Paulo: Fundação Perseu Abramo, 1998.

79 GODINHO, 1998. p. 18.

80 BORBA, A. Legislando para mulheres. In: BORBA, A.; FARIA, N.; GODINHO, T. (Orgs.) *Mulher e política:* gênero e feminismo no Partido dos Trabalhadores. São Paulo: Fundação Perseu Abramo, 1998.

No que se refere à participação de mulheres em cargos de poder em partidos políticos, os processos de seleção seguiam a influência dos mesmos preconceitos e estereótipos que as impediam de assumir cargos de chefia no mercado de trabalho, provando que a divisão sexual do trabalho também interfere na organização dos partidos. Foi então que, em 1991, foram aprovadas medidas de ação afirmativa, estabelecendo a cota mínima de 30% de mulheres nas direções partidárias, e, em 1996, as medidas de ação afirmativa foram estabelecidas também para as eleições parlamentares, com a cota mínima de 20% de mulheres.

Essas medidas, segundo Godinho,[81] foram importantes para suscitar o debate a respeito das desigualdades de gênero na sociedade; contudo, não se podem negar as contradições geradas por sua aplicação em um sistema eleitoral que privilegia a votação individual e não por lista partidária. Apesar das contradições, a autora defende a necessidade da aplicação das políticas de ação afirmativa, já que o "feminismo da igualdade", em contraposição ao "feminismo da diferença", reivindica uma verdadeira igualdade de oportunidades, que se concretize por meio de medidas políticas que busquem superar as desigualdades sociais entre homens e mulheres, além do estabelecimento de igualdade formal, restrita à definição de direitos e deveres legais, independentemente das condições sociais dos indivíduos.

A autora continua sua argumentação, afirmando que, apesar de reconhecer que as desigualdades entre homens e mulheres permeiam as relações sociais em toda a sociedade, extrapolando o partido político, este, ao reproduzir a hierarquia de gênero, estabelecendo a valorização diferenciada de tarefas e restringindo as mulheres aos espaços de poder considerados secundários, contribui para a manutenção das desigualdades. Ampliar a presença das mulheres nos espaços de poder é condição *sine qua non* para que elas sejam consideradas sujeitos políticos de fato, e não apenas esporadicamente. Assim, Godinho defende a importância das políticas de ação afirmativa:

> Na verdade, as políticas de ação afirmativa se fundamentam em uma concepção de política e democracia de gênero em que as mulheres, como o gênero, são alvo. Buscam alterar as relações de poder entre homens e mulheres, reforçadas pela convicção de que sua presença coletiva, e não como exceções, é elemento essencial, embora não suficiente, para se alterar as relações de gênero.[82]

---

81 GODINHO, 1998.

82 GODINHO, 1998. p. 30.

Soma-se a isso a necessidade de manter um polo dinamizador da política feminista no partido, composto pelas secretarias, comissões ou núcleos, com atuação organizada, no sentido de fazer que o partido incorpore de fato a plataforma feminista, ampliando a consciência feminista tanto *das* militantes como *dos* militantes do partido.

Borba,[83] na mesma direção, constata que política ainda não é lugar de mulher. A autora afirma que as mulheres já ocupam lugares de destaque no mundo do trabalho, apesar de receberem salários menores que o dos homens e de continuarem responsáveis pelos afazeres domésticos, mas, em se tratando do espaço da política, são poucas as que conseguem enfrentá-lo, já que são muitos os obstáculos postos pelos preconceitos presentes na sociedade. Bruschini,[84] por sua vez, afirma que, após anos de luta feminista, é possível perceber que, se o sistema educacional e a saúde se tornaram mais acessíveis às mulheres, o mesmo não pode ser dito em relação às oportunidades políticas e econômicas.

A partir dos anos 1990, com o avanço do ideário neoliberal no Brasil e no mundo, concomitantemente ao fim do socialismo real, os movimentos sociais passaram por transformações de grande monta, no que se refere às estratégias de organização e de luta, e o movimento feminista também vivenciou tais transformações.

Alvarez,[85] ao analisar as tendências dos movimentos feministas na América Latina, na década de 1990, afirma que estes ampliaram os espaços de atuação e que tal fato é, ao mesmo tempo, causa e consequência da absorção de algumas ideias feministas pelos Estados latino-americanos. Prova disso é que, nos anos 2000, praticamente todos os governos latino-americanos criaram órgãos especializados, ministérios ou secretarias, no intuito de melhorar a situação das mulheres; várias das novas Constituições democráticas incluíram em seus textos a proclamação da igualdade entre mulheres e homens; foram criadas delegacias de mulheres; e os partidos políticos, de direita, de centro ou de esquerda, sentiram-se pressionados, pelo menos formalmente, a considerar a questão de gênero. No Brasil e na Argentina foram estabelecidas cotas para as mulheres nas listas eleitorais de candidatos; centrais sindicais, como a Central Única dos Trabalhadores (CUT), também estabeleceram cotas de representação, no sentido de aumentar a participação das mulheres na liderança sindical.

---

83 BORBA, 1998.

84 BRUSCHINI, C. *Reflexões sobre o uso de estatísticas sensíveis à questão de gênero*. Caxambu: Anpocs, 1996.

85 ALVAREZ, 2000.

Apesar de as reivindicações estarem sendo absorvidas pelo discurso oficial dos governos, a maioria deles ainda resiste a implementá-las. Alvarez lembra que o Estado não apenas absorveu as demandas feministas, como também passou a ter as próprias feministas compondo o seu quadro burocrático-administrativo, e isso se deve ao fato de muitas delas terem percebido que o Estado, assim como outras instituições, desempenham papéis importantes na definição do que pode ser posto na agenda do desenvolvimento.[86] Essa manobra feita pelas feministas que deixaram de priorizar a militância por meio dos movimentos sociais, passando a compor o quadro burocrático-administrativo do Estado, levou algumas analistas a considerar o fim do movimento de mulheres, encarando tal contexto como cooptação das feministas pelo Estado.

A autora chama a atenção para um fenômeno ocorrido a partir dos anos 1990, qual seja: o surgimento de diversas organizações não governamentais (ONGs) feministas. Tais ONGs absorveram as demandas da agenda feminista, promovendo uma verdadeira profissionalização e especialização dessas instituições, que passaram a intervir nos processos políticos nacionais e internacionais. Com a proliferação de políticas públicas voltadas às mulheres, e a respectiva legislação, foi gerada uma demanda para que tais instituições produzissem informações especializadas sobre a situação das mulheres, objetivando a eficiência das políticas públicas. Esse processo, chamado de "onguização", desenvolveu-se vertiginosamente, sobretudo com a contratação, por parte dos órgãos especializados, como o Conselho Nacional dos Direitos da Mulher (CNDM), de ONGs feministas para a coleta de dados, avaliação de políticas e, progressivamente, a implementação e outras formas de gerenciamento de projetos. Isso acabou por repassar às ONGs atividades que cabiam ao Estado; com isso, tais atividades deixaram de ser não governamentais e tornaram-se *neo*governamentais. Em outras palavras: algumas ONGs parecem prover serviços públicos que antes eram (e deveriam continuar a ser) de responsabilidade dos governos.[87]

A expressão "ONG feminista", segundo a autora, surgiu com o objetivo de diferenciá-las da proposta dos grupos feministas históricos da década de 1970. Essas ONGs possuem equipes especializadas e pagas, recebem fundos de agências e de fundações estrangeiras e fazem planejamento estratégico para desenvolver

---

86 ALVAREZ, 2000. p. 399.

87 ALVAREZ, 2000. p. 403.

relatórios e projetos destinados a influenciar as políticas públicas e oferecer assessoria aos movimentos de mulheres, bem como serviços para as mulheres de baixa renda. Já o movimento feminista, em contrapartida, continua sendo composto por militantes voluntárias, com organização mais informal e objetivos mais conjunturais. Segundo a autora, foram as ONGs feministas que se destacaram no processo de Beijing latino-americano, preparatório para a IV Conferência Mundial Sobre a Mulher, ocorrida em Beijing, em 1995, recebendo financiamentos de organizações internacionais para produzir relatórios ou publicações.

Essa proliferação de espaços de ação feminista, com a criação de redes formais e transnacionalizadas e de ONGs profissionalizadas, não se deu sem tensões com as feministas históricas, e o que se viu foi um constante processo de negociação e debate sobre os objetivos da política feminista — na verdade, sobre o próprio significado do feminismo. Muitas militantes do movimento de mulheres consideram estadocêntricas as posturas das ONGs feministas, afirmando que estas não levam em conta a importância de a luta feminista se dar de modo contínuo para o desenvolvimento da consciência de gênero. Vale citar a crítica feita por Margarita Pisano, também citada por Alvarez:

> As estratégias de pressão política baseadas nos *lobbies* têm um limite sutil e perigoso, uma fronteira não muito bem demarcada com o tráfico de influência. Se dirigimos nossas energias para influenciar o sistema e seus poderes, enfraquecemos profundamente o poder dos movimentos sociais como o feminismo e seus possíveis aliados, que vêm construindo um projeto transformador de mudança civilizacional [...].[88]

As feministas históricas avaliam que o feminismo deixou de ser marginal para ser institucional; portanto, referem-se às feministas de ONGs como "institucionalizadas", e o tensionamento existente entre esses dois grupos provocou o surgimento de uma série de distinções dualistas, como onguistas *versus* movimento e movimento burocrático-institucional *versus* feministas independentes. Alvarez continua sua análise, afirmando que várias autoridades eleitas e formuladores de políticas convocam as ONGs para consultá-las, utilizando tal consulta como álibi para a afirmação de que a sociedade civil participou da construção das políticas públicas.

88 ALVAREZ, 2000. p. 409.

Castro,[89] concordando com tais análises, afirma que no Brasil, no final dos anos 1980, surgiu o feminismo institucionalizado, de corte liberal e social-democrata, financiado por agências do governo e de capital internacional, como o Banco Mundial. Representantes dessa tendência do feminismo vêm ganhando espaço na elaboração de documentos de conferências e convenções internacionais organizados pelas Nações Unidas, que constituem campos de representação discursiva de importância simbólica e normativa, mas que não se deve desprezar na disputa dos sentidos. Nesse contexto, um tipo ambíguo de agência vem competindo com o sentido de movimento social do feminismo, qual seja, as ONGs, que, em muitos casos, são constituídas como miniempresas, que fazem comércio com o social, ou como organizações neogovernamentais, que competem entre si na disputa do título de vozes legítimas do feminismo a fim de obter os financiamentos das agências internacionais. Um detalhe significativo a ser considerado é que as instituições internacionais não financiam projetos vinculados a sindicatos ou partidos políticos de esquerda, privilegiando as ONGs.

Diante das questões apresentadas, pode-se concluir que a onguização e a transnacionalização do feminismo na América Latina, e mais especificamente no Brasil, levou um grande número de feministas a privilegiar o Estado e as arenas políticas internacionais em detrimento do investimento na transformação das relações de gênero, com ênfase na mudança de consciência, por meio da organização e da mobilização local. Com isso, corre-se o risco de as feministas se afastarem de vez do projeto de transformação feminista. Apesar de reconhecer a importância das batalhas travadas na arena política convencional, há que se priorizar a manutenção da mobilização local, bem como o trabalho de conscientização junto às mulheres de classes populares, sem o qual as feministas perdem a base social e política que lhes garantiria o potencial de pressão pela implementação dos direitos das mulheres.

Coelho[90] apresenta uma visão mais otimista do feminismo, afirmando que, a partir dos anos 1990, este abandonou o gueto e modificou suas estratégias, saindo da fase das denúncias e transformando suas bandeiras de luta em propostas de políticas públicas. Nessa nova fase, as feministas passaram a compor os quadros dos ministérios, dos partidos políticos e das secretarias de estado.

---

89 CASTRO, M. G. Marxismo, feminismos e feminismo marxista: mais que um gênero em tempos neoliberais. In: *Revista Crítica Marxista*, n. 10. São Paulo: Boitempo, 2000.

90 COELHO, 1999.

Almeida,[91] por seu turno, afirma que o movimento feminista no Brasil avançou com propostas inovadoras, tornando-se público, participando da formulação de um projeto político de sociedade por meio da reconstrução da sociedade brasileira em bases democráticas, lutando contra a ditadura militar e institucionalizando-se ainda no início da abertura política. Contudo, foi aos poucos fragmentado e desmantelado e atualmente necessita se reconstituir; para tanto, segundo a autora, falta em seu horizonte um projeto político global. Ela afirma que mudanças profundas em termos de relações de gênero supõem a constituição de um espaço público de negociação democrática, de formulação e debate de projetos políticos de sociedade, considerando-o um espaço contraditório, marcado por relações de gênero, classe e raça/etnia dotadas de profundas desigualdades. E conclui enfatizando a necessidade de que as lutas travadas nesse espaço visem fundamentalmente à construção de novas formas de sociabilidade democrática na sociedade civil, capazes de impulsionar igualmente a democratização do Estado, consolidando-se um novo espaço político.

No próximo capítulo, buscamos demonstrar o potencial tanto do feminismo como do marxismo para o Serviço Social. Se, por um lado, a tradição marxista tem estado presente no debate teórico e político da categoria profissional, o mesmo não pode ser dito em relação à contribuição, para essa profissão, da crítica feminista.

---

91 ALMEIDA, S. S. *Violência de gênero:* público × privado. São Paulo: PUC-SP, 1996.

Capítulo 5

Marxismo, feminismo e Serviço Social

Acreditamos ser viável e proveitoso intervir na esfera profissional do Serviço Social, atividade impregnada de contribuições do marxismo e do feminismo, desde que tal intervenção ocorra de maneira adequada, sem distorções ou vieses de qualquer natureza. A categoria analítica "gênero" tem um potencial bastante promissor se incorporada às análises desenvolvidas pelo Serviço Social. Essa profissão, que possui marcante influência da tradição marxista, além de ser majoritariamente feminina e de atender usuários, também majoritariamente, do sexo feminino, caracteriza-se por intervir sobre a produção e a reprodução de relações sociais protagonizadas por homens e mulheres, demandando, portanto, uma análise que permita conhecer concretamente tais relações sociais.

Reivindica-se, dessa forma, uma postura que incorpore as contribuições da tradição marxista, além de algumas oferecidas pela crítica feminista. A questão é que marxistas e feministas vêm — ou pelo menos assim o fizeram em determinado momento — criticando-se duramente. Aqui, portanto, a ideia é apresentar parte do debate sobre a relação entre marxismo e feminismo, apontando algumas críticas que este último tem feito ao primeiro, e demonstrando que estas, algumas vezes, se baseiam em uma noção de marxismo único, no singular, e não em um conjunto de múltiplas ideias, de vertentes diferenciadas e alternativas. Antes, porém, cabe tecer algumas considerações a respeito da relação entre a tradição marxista e o Serviço Social.

5.1 Serviço Social e tradição marxista

Iniciamos essa discussão com um conhecido texto de Netto,[1] no qual é analisada a interlocução entre o Serviço Social e a tradição marxista. Esse autor inicia suas reflexões afirmando que as vertentes culturais em que se inserem o pensamento marxiano e o Serviço Social são dois movimentos bastante diversos, embora haja um denominador comum. Para Netto,

> o que é piso comum para Marx e o Serviço Social são os quadros macroscópicos, inclusivos e abrangentes da sociedade burguesa. Tanto a obra marxiana quanto o Serviço Social são impensáveis fora do âmbito da sociedade burguesa. De fato, ambos têm como substrato imediato o que está sinalizado na nossa bibliografia sob o rótulo de "questão social" — vale dizer, sem eufemismo, o conjunto de problemas econômicos, sociais, políticos, culturais e ideológicos que cerca a emersão da classe operária como sujeito sociopolítico no marco da sociedade burguesa.[2]

Apesar desse "piso comum", o autor aponta a existência de alguns aspectos que diferenciam profundamente o Serviço Social e a obra marxiana. O primeiro deles seria a grande diferença entre a "questão social" sobre a qual Marx se debruça e a "questão social" na qual o Serviço Social surge como profissão institucionalizada. De acordo com Netto, enquanto Marx se defronta com a "questão social" ainda no período do capitalismo concorrencial, o Serviço Social só o faz na passagem daquele último para a idade do monopólio. Enquanto Marx crítica a "questão social" em sua fase "clássica", o Serviço Social atua em seu momento mais tardio, mais avançado, ou, ainda, em seu "estágio imperialista".

Outro aspecto refere-se ao fato de que, para Marx, a "questão social" está estreitamente vinculada ao capitalismo, sua superação só sendo possível com a "ultrapassagem" desse modo de formação social. Já o Serviço Social original toma para si a tarefa de "administrar a questão social" no interior dessa forma de organização da sociedade.

---

1 NETTO, J. P. O Serviço Social e a tradição marxista. In: *Serviço Social e sociedade*, n. 30. São Paulo, Cortez, 1989.

2 NETTO, 1989. p. 90.

> Para Marx, o que a bibliografia tradicional do Serviço Social (e não só) entende por "questão social" é um complexo de processos absolutamente indivorciável do capitalismo; mais exatamente, para Marx, o capitalismo é a produção e a reprodução contínua e ampliada da "questão social". Na ótica marxiana, a superação da "questão social" demanda, liminarmente, a ultrapassagem dos marcos do capitalismo. Ora, o pressuposto do Serviço Social original aponta para o enfrentamento da "questão social" nos marcos do capitalismo, ou seja, o Serviço Social surge inclinado a subsidiar a administração da "questão social" nos quadros da sociedade burguesa.[3]

Essa profissão só emerge na fase monopolista do capitalismo, quando o Estado burguês passa a desenvolver formas sistemáticas, estratégicas e coesivas de enfrentamento das manifestações da "questão social". De acordo com o autor, isso significa que o Serviço Social está diretamente relacionado não à "questão social", de forma geral, mas à "questão social" sob o "capitalismo dos monopólios",[4] e sua administração, manutenção e reprodução constituem algumas das tarefas do Serviço Social.

Outro aspecto de diferenciação entre o Serviço Social e a obra marxiana diz respeito às vertentes culturais nas quais ambos se situam. De acordo com Netto, a vertente cultural a que Marx se vincula é a "revolucionária", que é diametralmente oposta à "conservadora", vertente à qual se prendia o Serviço Social.

Segundo o autor, Marx se vincula a uma vertente cultural surgida no Iluminismo e que ganhou densidade no seio do movimento operário e socialista pré-1848.

> É a vertente revolucionária, à qual Marx se conecta num processo que a inflete medularmente, ao lhe conferir o tônus da contemporaneidade, apreendendo a natureza, a estrutura e a dinâmica específicas da sociedade burguesa. Trata-se de uma vertente que, a partir de Marx, só deixará de ser moderna quando a socialidade burguesa se exaurir completamente: Marx é um pensador inserido caracteristicamente na ordem burguesa, ainda que a sua pesquisa seja toda ela direcionada para derruir e ultrapassar esta ordem.[5]

---

3 NETTO, 1989. p. 90-91.

4 NETTO, 1989. p. 91.

5 NETTO, 1989. p. 91.

Já a vertente conservadora a que se prende o Serviço Social, oriunda da reação à Revolução Francesa, consiste em um "veio ideal aberto pelos ideólogos da Restauração, em cujo desenvolvimento haveriam de confluir componentes reacionários e ingredientes conservantistas".[6] Trata-se, para Netto, da

> [...] vertente conservadora, na qual se inscreve o Serviço Social: é uma das suas concretizações profissionais, quando ela, na passagem do capitalismo concorrencial à idade do monopólio, transita para a intervenção, a gestão e a administração institucional de variáveis que concorrem na "questão social". Na vertente conservadora, tal como ela se constitui sob a lente do estilo de pensar positivista, cristaliza-se a autorrepresentação do ser social funcional aos marcos do capitalismo consolidado.[7]

Pode-se perceber a existência de um nítido corte entre essas duas vertentes culturais, cujas consequências constituem, no plano teórico, um cenário de mútua excludência, já que o Serviço Social se configura como uma profissão que surge no interior de um conjunto de saberes antagônicos às concepções teórico-metodológicas marxianas.

Aqui, dois aspectos merecem destaque:

1. Em princípios dos anos 1880, a obra de Marx começa a ser convertida em um "sistema", e em pouco mais de meio século as suas contribuições já estavam transformadas em "doutrina".[8]
2. Marx e seu legado são recuperados por algumas correntes "críticas" das chamadas ciências sociais a partir das referências nucleares delas mesmas, ou seja, "o contributo marxiano é refratado pelas lentes de uma divisão do saber que acaba por operar uma diluição do pensamento marxiano: para os sociólogos 'críticos', Marx é um sociólogo; para os economistas 'heterodoxos', Marx é um economista etc.".[9]

Ocorre que essa incorporação problemática da obra marxiana pelas correntes "críticas" das chamadas ciências sociais favoreceu sua interlocução com alguns setores do Serviço Social. No entanto, o diálogo entre os setores do Serviço Social e a

6 NETTO, 1989. p. 92.

7 NETTO, 1989. p. 92.

8 NETTO, 1989. p. 95.

9 NETTO, 1989. p. 96.

tradição marxista, que se configura a partir da década de 1960, envolveu também, diferencialmente, "segmentos profissionais em algumas áreas capitalistas desenvolvidas e em muitas áreas capitalistas periféricas, na intercorrência de três fenômenos: a crise do Serviço Social tradicional, a pressão exercida pelos movimentos revolucionários e o movimento estudantil".[10]

Para Netto, o resultado dessa intercorrência foi

> [...] uma aproximação peculiar de setores do Serviço Social à tradição marxista. No entanto, a riqueza e a complexidade do pensamento de Marx raramente tocaram as cordas do Serviço Social, substituída que foi a documentação primária por intérpretes os mais desiguais [...] a própria diferenciação da tradição marxista foi cancelada pelo recurso a uma só de suas correntes, dogmaticamente situada como a "autêntica", ou diluída em "sínteses", cujo suporte é o ecletismo mais desabusado.[11]

O que ocorreu, para o autor, foi uma aproximação enviesada de setores do Serviço Social à tradição marxista, "um viés derivado dos constrangimentos políticos, do ecletismo teórico e do desconhecimento das fontes 'clássicas'".[12] No entanto, ele mesmo diz que os avanços e equívocos derivados dessa aproximação enviesada desenharam uma base mais sólida para recolocar a questão da interlocução entre setores do Serviço Social e a tradição marxista, projetando que esta se aprofundaria e se acentuaria. Essa projeção feita pelo autor parece ter se efetivado, pois é grande o número de textos produzidos no interior do Serviço Social que se valem das contribuições da tradição marxista.[13]

Assim, vale destacar a íntima relação gerada pela aproximacão do Serviço Social à tradição marxista e o surgimento de seu processo de produção de conhecimento, cujo início data dos anos 1980, década em que, segundo Netto,[14] o Serviço

---

10 NETTO, 1989. p. 96-97.

11 NETTO, 1989. p. 96-97.

12 NETTO, 1989. p. 98.

13 No prefácio ao livro *Instrumentalidade do Serviço Social* (GUERRA, 1995), Netto dedica algumas linhas para tratar de forma bastante breve o que chamou de "intelectualidade emergente no Serviço Social". Não há como deixar de reconhecer a influência fundamental das contribuições da tradição marxista nos trabalhos produzidos por essa "intelectualidade".

14 NETTO, J. P. *Ditadura e Serviço Social:* uma análise de Serviço Social no Brasil pós-64. 3. ed. São Paulo: Cortez, 1996.

Social atinge a sua "maioridade no domínio da elaboração teórica".[15] Essa maioridade intelectual alcançada pelo Serviço Social, porém, só pode ser devidamente percebida se articulada às contribuições da "tradição marxista".

Nas considerações de Iamamoto[16] sobre o debate contemporâneo da reconceituação do Serviço Social, podemos encontrar importantes elementos para pensar a aproximação do Serviço Social à tradição marxista. A autora realiza um balanço crítico da produção acumulada pelo Serviço Social na década de 1980, analisando a relação dessa produção com o legado marxista e marxiano.

Pode-se afirmar que a primeira aproximação do Serviço Social à tradição marxista se deu no chamado "movimento de reconceituação"[17] do Serviço Social, que representou, segundo Iamamoto, um marco decisivo no desecadeamento do processo de revisão crítica do Serviço Social na América Latina. Assim, já no início da década de 1970, análises e propostas com nítida inspiração marxista passaram a marcar presença no cenário profissional, abrindo uma fratura com suas produções iniciais.

No entanto, afirma a autora, se a descoberta do marxismo pelo Serviço Social latino-americano contribuiu decisivamente para um processo de "ruptura teórica e prática com a tradição profissional", as formas pelas quais se deram a aproximação do Serviço Social com o amplo e heterogêneo universo marxista foram também responsáveis por inúmeros equívocos e impasses de ordem teórica, política e profissional, cujas refrações até hoje se fazem presentes.

> Apreciando os caminhos teóricos que moldaram o acercamento da reconceituação aos múltiplos "marxismos', constata-se que o personagem mais ausente é o próprio Marx. Em outras palavras: foi a aproximação a um marxismo sem Marx. O resultado foi um universo teórico presidido por fortes traços ecléticos, dando lugar a uma

---

15 Para o autor, data desse decênio a criação de um segmento diretamente vinculado à pesquisa e à produção de conhecimentos, constituindo-se uma intelectualidade no Serviço Social brasileiro, bastante influenciada pela "tradição marxista" nas suas mais diversas correntes (NETTO, 1996. p. 112).

16 IAMAMOTO, M. V. *O Serviço Social na contemporaneidade:* trabalho e formação profissional. São Paulo: Cortez, 1998.

17 Para Iamamoto, o movimento de reconceituação, que emergiu na metade dos anos 1960 e se prolongou por uma década, foi, na sua especificidade, um "fenômeno tipicamente latino-americano. Dominado pela contestação ao tradicionalismo profissional, implicou um questionamento global da profissão: de seus fundamentos ideoteóricos, de suas raízes sociopolíticas, da direção social prática profissional e de seus *modus operandi*" (IAMAMOTO, 1998. p. 206).

> "invasão, às ocultas, do positivismo no discurso marxista do Serviço Social". Traço eclético potenciado por uma herança intelectual e política de salientes raízes conservadoras e positivistas, da qual o Serviço Social é caudatário e contra a qual se insurgia no movimento de reconceituação.[18]

Esse ecletismo apontado por Iamamoto aliava-se a um tipo de chamamento à militância, que afastava o profissional das bases propriamente profissionais, típicas da inserção do Serviço Social na divisão sociotécnica do trabalho, resultando em uma tensão entre os propósitos políticos anunciados e os recursos teórico-metodológicos acionados para elucidá-los. O movimento de reconceituação, para Iamamoto, viu-se prisioneiro de uma antiga contradição, já detectada por Lukács: a existência simultânea de "uma ética de esquerda e uma epistemologia de direita".[19]

No Brasil, até meados da década de 1970, o eixo do debate diferenciava-se bastante das temáticas polarizadoras da reconceituação na maioria dos países latino-americanos. O enfrentamento com a herança da reconceituação deu-se tardiamente,[20] no bojo da crise da ditadura, quando o próprio revigoramento da sociedade civil fez que se rompessem as amarras do silêncio e do alheamento político impostas à maioria da população. De acordo com Iamamoto, no contexto brasileiro, o embate com o Serviço Social tradicional reverteu-se em uma modernização da profissão que atualiza a sua herança conservadora.[21] Até meados dessa década, o Serviço Social se distanciou da polêmica político-profissional que o polarizava no resto do continente, e tal polêmica só se difundiu no país a partir da crise da ditadura.

Paralelamente, o Serviço Social brasileiro passava por um processo que, mais tarde, veio a desembocar na criação de uma "maturação acadêmica e profissional" que fez a sua abordagem das questões presentes na sociedade brasileira se modificar. Iamamoto apresenta o surgimento daquilo que a chamou de "pilares do novo perfil da categoria profissional":

---

18 IAMAMOTO, 1998. p. 211.

19 LUKÁCS, G. *La theórie du Roman.* Genebra: Gonthier, 1963, p. 18, apud IAMAMOTO, 1998. p. 213.

20 Não se está esquecendo neste trabalho da experiência ocorrida na Escola de Serviço Social da então Universidade Católica de Minas Gerais no campo da prática e da formação profissional. Uma análise dessa experiência pode ser encontrada em SANTOS, L. L. *Textos de Serviço Social.* São Paulo: Cortez, 1982.

21 IAMAMOTO, 1998. p. 215.

> O aprofundamento da expansão monopolista, com as alterações que provocou no processo de produção (desenvolvendo-o tecnologicamente e alterando os processos de trabalho), na reorganização do aparelho de Estado com irradiações no conjunto dos aparelhos de hegemonia da sociedade civil (em especial a Universidade), criou as condições históricas que tornaram possível a gestação, no interior do período ditatorial, dos pilares do novo perfil da categoria profissional. Consolida-se um mercado efetivamente nacional para os Assistentes Sociais, amplia-se o contingente numérico dos profissionais e das unidades de ensino públicas e privadas. Realiza-se a real inserção do Serviço Social nos quadros universitários, submetendo-se às exigências de ensino, da pesquisa e da extensão. Instala-se a pós-graduação 'stricto sensu' nesta área profissional, criando as bases para nutrir a produção científica e criar um mercado editorial até então praticamente inexistente. Renovam-se e qualificam-se os quadros docentes [...]. Expande-se a interlocução do Serviço Social com as ciências afins, galgando progressivamente, apesar de inúmeras dificuldades, a condição de parceiro válido no diálogo acadêmico mais tarde reconhecido pelas entidades oficiais de fomento científico.[22]

Para Iamamoto, na crise da ditadura o Serviço Social vivia um descompasso. Ao mesmo tempo que dispunha das condições materiais prático-profissionais e de suporte acadêmico para avançar rumo às lutas pelos direitos sociais e pela ampliação da cidadania, carecia também de massa crítica acumulada para embasar sua autorrenovação. A consequência, segundo a autora, foi um reencontro do Serviço Social com as questões profissionais e políticas postas pelo movimento de reconceituação, só que não da mesma forma como se deu inicialmente, e sim de uma maneira mais crítica e elaborada.

Dessa forma, se a reconceituação viabilizou a primeira aproximação do Serviço Social com o marxismo por caminhos tortuosos, o primeiro encontro deste com a obra marxiana, dela decorrendo explícitas derivações para a análise do Serviço Social, deu-se, no Brasil, apenas na década de 1980. Iamamoto afirma que se tratou de um encontro de nova qualidade com a tradição marxista, mediado pela produção de Marx e por pensadores que construíram suas elaborações fiéis ao espírito da análise marxiana, desenvolvendo criativamente suas sugestões, preenchendo

22 IAMAMOTO, 1998. p. 216-17.

lacunas e enriquecendo aquela tradição com as novas problemáticas emergentes com a maturação capitalista na época dos monopólios.[23]

Foi desencadeado, segundo a autora, um empreendimento de "apropriação do patrimônio categorial e metodológico do marxismo, incorporado como um manancial inesgotável de sugestões para continuar pesquisando os problemas do tempo presente".[24] Com a inserção do Serviço Social brasileiro na tradição marxista, Iamamoto observa uma série de avanços em relação a temas presentes no debate em curso na década de 1980, como o enfrentamento efetivo dos dilemas e impasses teórico-práticos presentes no "Serviço Social tradicional", a inserção da polêmica teórico-metodológica nos principais marcos do pensamento contemporâneo, a inserção do Serviço Social no debate clássico contemporâneo da tradição marxista, a criação de condições acadêmicas e socioprofissionais que propiciaram maior solidez a práticas renovadoras inscritas no mercado de trabalho dos assistentes sociais, o pluralismo e a elaboração de ensaios históricos sobre o Serviço Social em diferentes momentos conjunturais da formação social no país, ampliando as possibilidades de análise da profissão na história brasileira.[25]

A década de 1980, de acordo com Netto,[26] consolidou, no plano ideopolítico, a ruptura com o histórico conservadorismo do Serviço Social.[27] A consolidação dessa ruptura favoreceu a renovação teórico-cultural da profissão, sendo este um dos principais suportes para sua sólida inserção na academia. Foi nessa década que se assinalou a "maioridade do Serviço Social no Brasil, no domínio da elaboração teórica", com forte influência da tradição marxista em suas mais diversas vertentes, ou seja, "no curso dos anos 1980, a tradição marxista se colocou no centro da agenda intelectual da profissão".[28]

---

23 IAMAMOTO, 1998. p. 234-35.

24 IAMAMOTO, 1998. p. 235.

25 IAMAMOTO, 1998. p. 236-37.

26 NETTO, 1996.

27 De acordo com Netto, "essa ruptura não significa que o conservadorismo (e, com ele, o reacionarismo) foi superado no interior da categoria profissional; significa apenas que — graças a esforços que vinham, pelo menos, de finais dos anos 1970, e no rebatimento do movimento da sociedade brasileira — posicionamentos ideológicos e políticos de natureza crítica e/ou contestadora em face da nova ordem burguesa conquistaram legitimidade para se expressarem abertamente" (NETTO, 1996. p. 113).

28 NETTO, 1996. p. 112.

Foi no encontro do Serviço Social com uma tradição teórica preocupada com a "natureza e direção" da sociedade capitalista como uma "totalidade" que a produção profissional no âmbito da tradição marxista se fertilizou. O marxismo é apropriado como teoria crítica, implicando um esforço de combinação simultânea da análise histórica do Serviço Social na sociedade brasileira e a análise dos fundamentos teórico-metodológicos de sua trajetória intelectual, condição fundante para se compreender o modo de pensar a profissão. Dessa forma, o próprio Serviço Social é colocado como objeto de sua pesquisa nos anos 1980, incentivando um balanço crítico global da profissão.

Na década de 1990, o Serviço Social se apresenta, no Brasil, como uma profissão relativamente consolidada.[29] Na passagem dos anos 1980 para os 1990, a profissão encontrava-se em um cenário que permitia visualizar, de um lado, os grandes avanços alcançados e, de outro, as várias questões e problemas que lhes eram colocados.

Se, ao longo da década de 1980, foi possível perceber uma forte dominância das correntes profissionais inspiradas na tradição marxista, na virada para a década de 1990, como aponta Netto, as bases da dominância teórico-cultural dessa matriz de pensamento começaram a ser deslocadas por uma série de elementos, dos quais se podem destacar "o impacto, nas esquerdas, do colapso do 'socialismo real', a ofensiva neoliberal, a reconversão no exterior e no país de numerosos intelectuais ao ideário da ordem; os giros no processo político brasileiro etc.".[30]

O autor afirma que um dos fenômenos que mais chamou a atenção no Serviço Social, no início da década de 1990, foi a emergência de uma crítica formal às correntes marxistas no campo profissional, formada por dois aspectos:[31]

1. "Crítica à ortodoxia dos marxistas brasileiros no Serviço Social", que, para alguns, era sinônimo de dogmatismo.
2. "Crítica às lacunas (e não aos equívocos) existentes nos seus trabalhos".

No que se refere ao segundo aspecto, a crítica constata que "a elaboração dos anos 1980 não lavrou sobre um amplo rol de objetos (questões de gênero, cultura, de minorias etc.)", e que isso se devia a um tipo de "inépcia imanente às correntes marxistas para enfrentá-los".[32] Com isso, buscava-se veicular a ideia de que o

---

29 NETTO, 1996. p. 106.

30 NETTO, 1996. p. 113-14.

31 NETTO, 1996. p. 114.

32 NETTO, 1996. p. 114.

marxismo daria conta apenas de certo número de questões, consideradas as mais globais e gerais da sociedade, não sendo, portanto, adequado para o estudo de determinadas problemáticas.

Os anos 2000 trouxeram novas perspectivas e desafios para o Serviço Social. Tendências a um fortalecimento do (neo)conservadorismo verificaram-se no seio da profissão, denotando a importância do esforço coletivo da categoria para manter a adesão a um projeto societário voltado à defesa dos interesses de trabalhadores. Ao mesmo tempo, cabia-lhe a fundamental tarefa de consolidar o projeto ético-político profissional construído por assistentes sociais ao longo das últimas décadas, voltado, prioritariamente, à satisfação das demandas de seus usuários. O debate sobre esse projeto data da década de 1990, e sua construção tem uma história que se inicia na transição da década de 1970 à de 1980, período em que houve uma recusa e uma crítica ao seu conservadorismo profissional.

A crítica ao conservadorismo profissional foi fortemente alimentada pela aproximação com a tradição marxista, que, então, ofereceria importantes contribuições para o Serviço Social em sua tarefa de renovação profissional, em suas dimensões acadêmicas, políticas e técnico-operativas. No entanto, a primeira aproximação do Serviço Social com a tradição marxista, no chamado movimento de reconceituação, ocorreu de maneira marcadamente enviesada, já que as fontes que a alimentaram não eram as originais, e sim intérpretes, nem sempre fiéis ao pensamento marxiano.

A reflexão sobre os projetos profissionais remetia aos "projetos societários", projetos que apresentavam uma imagem de sociedade a ser construída, que reclamavam determinados valores para justificá-la e que privilegiavam certos meios (materiais e culturais) para concretizá-la.[33] Eram projetos coletivos, macroscópicos, voltados para o conjunto da sociedade, influenciados por "projetos de classe" que refratavam determinações de gênero, de etnia, de cultura etc.

Já os projetos profissionais diziam respeito às profissões reguladas juridicamente e supunham uma formação teórica e/ou técnico-interventiva, que apresentavam "a autoimagem de uma profissão", elegendo os valores que a legitimavam socialmente,

---

33 NETTO, J. P. "A construção do projeto ético político do serviço social frente à crise contemporânea". In: *Crise contemporânea, questão social e Serviço Social. Capacitação em Serviço Social e política social*. Brasília: CFESS/ABEPSS/CEAD-UnB, 1999. p. 93.

delimitando seus objetivos e funções, formulando os requisitos para o seu exercício e estabelecendo normas e balizas para a atuação profissional.[34]

O sujeito coletivo, ou seja, a categoria profissional, construía, por meio da sua "organização", o seu projeto profissional, o qual se constituía por dimensões que envolviam profissionais diretamente vinculados ao exercício profissional, docentes e pesquisadores ligados à área da formação e pesquisa, e estudantes. Constatava-se que a categoria de assistentes sociais apresentava forte capacidade de organização, não raro se notando em seus fóruns e eventos internos a participação desses "segmentos", que, com suas respectivas organizações (conjunto CFESS/CRESS, Abepss e Enesso), imprimiam às discussões, debates e formulações da categoria profissional um caráter plenamente democrático, participativo e, exatamente por isso, amplamente representativo da categoria.

Ao mesmo tempo, esse *sujeito coletivo* não se apresentava, do ponto de vista teórico, político e ideológico, de forma homogênea. Ao contrário, ele se constituía como uma "unidade não identitária", plasmada em um universo heterogêneo cujos membros eram, necessariamente, indivíduos diferentes, com origens, expectativas, comportamentos e condições intelectuais amplamente distintos e diversos, o que levava à possibilidade (e, em vários momentos, à efetividade) de surgimento de projetos profissionais variados, vinculados a igualmente variados projetos societários. A categoria profissional, portanto, era um espaço plural do qual proliferavam constantemente projetos profissionais distintos que, no bojo do debate democrático, se confrontavam e se afirmavam em maior ou menor grau.

A consolidação do projeto profissional do Serviço Social deve ocorrer em consonância com um dos princípios que lhe é mais caro e que, inclusive, figura com destaque em seu Código de Ética Profissional: o "pluralismo". Isso não significa, em hipótese alguma, a ausência da luta de ideias, do confronto de concepções teóricas e políticas e do debate entre os diversos projetos existentes. Significa, sim, que o verdadeiro debate democrático só alcança sua plena realização quando realizado com respeito às hegemonias legitimamente conquistadas, respeito que, enquanto princípio democrático, garante a própria existência do pluralismo.

A estrutura básica do projeto ético-político do Serviço Social tem o reconhecimento da "liberdade" — concebida historicamente como a possibilidade de escolher entre alternativas concretas — como valor central, o que o leva a assumir

34 NETTO, 1999. p. 95.

comprometer-se com a autonomia, a emancipação e a plena expansão dos indivíduos sociais. Fica nítida a vinculação do projeto ético-político do Serviço Social a um determinado projeto societário que privilegia a incidência e a centralidade das determinações de classe (mediadas pelo gênero, etnia etc.) e que se propõe à construção de uma nova ordem social, à defesa intransigente dos direitos humanos e à recusa do arbítrio e dos preconceitos. Tais propostas imprimem a esse projeto clara dimensão política, que se concretiza no posicionamento em favor da equidade e da justiça social, na perspectiva da universalização do acesso aos bens e serviços relativos aos projetos, programas e políticas sociais, na ampliação e na consolidação da cidadania e na defesa do aprofundamento da democracia, enquanto socialização da participação política e da riqueza socialmente produzida. Compõe ainda esse projeto o compromisso com a "competência" profissional, que deve ter como base o aprimoramento intelectual, isso demandando uma formação acadêmica qualificada, que tenha por base concepções teórico-metodológicas sólidas e críticas que viabilizem uma análise concreta da realidade social.

Como se pode perceber, a interlocução do Serviço Social com a tradição marxista gerou importantes contribuições para o processo de amadurecimento profissional, possibilitando à categoria uma abordagem mais crítica e consistente das diversas questões com as quais tem de lidar cotidianamente. Dessas questões, as relações de gênero ocupam, em nossa opinião, lugar de destaque, constituindo uma importante categoria para análise e intervenção junto à realidade.

5.2 Feminismo e tradição marxista

Se a tradição marxista trouxe importantes contribuições ao Serviço Social, o mesmo não se pode dizer do debate feminista. Verifica-se, ainda, a pouca presença desse debate no âmbito do Serviço Social, apesar de, contraditoriamente, suas questões e preocupações estarem tão disseminadas em nosso cotidiano.

A própria construção da categoria gênero deve-se, em boa medida, às contribuições da produção intelectual do feminismo.[35] Nesta seção, apontaremos algumas

---

35 Atentamos, neste livro, para a diferenciação entre feminismo, enquanto movimento político, e sua produção intelectual. Embora não seja possível separá-los, já que ambos se influenciam mutuamente, queremos dedicar nossa atenção menos ao movimento político em si e mais às contribuições que os chamados "estudos feministas" proporcionaram.

críticas que feministas têm feito ao marxismo, já que este, em determinado momento, tornou-se um interlocutor privilegiado para o encaminhamento das questões relativas à submissão das mulheres na sociedade.

Percebemos que, muitas vezes, as críticas realizadas por algumas feministas ao marxismo continham certos equívocos de entendimento do conteúdo amplo, variado e heterogêneo da tradição marxista. Tais equívocos são geradores de polêmicas, cujos desdobramentos dependerão da postura dos interlocutores diante da necessidade de conjugação de esforços de ambas as partes — feministas e marxistas — que, pelo menos em tese, teriam um objetivo em comum: a luta por uma sociedade mais justa e igualitária.

Diante desse quadro, é preciso atentar para a existência de várias vertentes de estudos feministas.

Para Saffioti,[36] não se deve falar de feminismo no singular. Segundo a autora, múltiplas taxionomias de abordagens da questão da mulher podem ser construídas, dependendo da perspectiva teórico-metodológica assumida. A taxionomia mais corrente (presente nos Estados Unidos) consiste de cinco posições: conservantismo, liberalismo, marxismo dogmático, feminismo radical e feminismo socialista.

1. *Conservantismo*. Segundo Saffioti, essa posição preocupa-se quase que exclusivamente com as tensões presentes nas relações entre as categorias de sexo, derivadas da dominação exercida pelo homem sobre a mulher, focalizando "o sexismo como desigualdade natural, aceitando como ponto de partida inquestionável a naturalização de processos sociais". Em suas análises, as adeptas dessa corrente costumam prescindir "do contexto histórico, econômico, social, político e cultural que constitui o pano de fundo dos conflitos entre as categorias de sexo". A inferioridade social da mulher em relação ao homem é concebida como fundada na própria biologia feminina.[37]
2. *Liberalismo*. Nas palavras da autora, liberalismo é "um sistema de ideias que, embora já não corresponda às novas formas assumidas pelo capitalismo, prevalece como a ideologia das democracias liberal-burguesas, posto que permite legitimar o êxito econômico-político de alguns e seu corolário

36 SAFFIOTI, H. I. B. *O poder do macho*. São Paulo: Moderna, 1987.

37 SAFFIOTI, 1987. p. 105-06.

necessário, ou seja, o fracasso de muitos".[38] Tal concepção, portanto, preocupa-se prioritariamente com a tarefa de "reivindicar para as mulheres igualdade de direitos com relação aos homens no plano *de jure*".[39]

3. *Marxismo dogmático*. Marcadamente reducionista, essa posição, enquanto tema científico e/ou questão política relevante, não legitima senão os fenômenos sociais claramente percebidos como luta de classes. Nessa postura, a mulher só interessa na medida em que se coloque a serviço dessa luta.

De acordo com Saffioti:

> [...] não obstante as potencialidades altamente significativas do método de análise em que se pretende fundada, esta vertente representa um entrave na conquista de posições estratégicas, conducentes à realização da igualdade social em sua plenitude, já que, ao permanecer congelada em uma leitura novecentista dos clássicos marxistas, nega a dialética materialista, tachando de diversionista o pensamento que avança na captação da globalidade das relações humanas, sem desprezar seus meandros, portanto, na tessitura e na complexidade.[40]

4. *Feminismo radical*. Essa posição é assim denominada em razão de sua intransigência quanto à não aceitação das próprias diferenças sexuais biologicamente definidas. Ao reconhecer a anterioridade histórica da dominação masculina sobre a mulher em relação à emergência da exploração de base econômica, essa corrente "atribui àquela o caráter de raiz, com o sentido de determinante de outros tipos de exploração".[41] Dessa forma, essa corrente privilegia sobremaneira o antagonismo entre as categorias de sexo, mantendo, apesar das imensas diferenças, uma identidade com o marxismo dogmático, que prioriza a luta de classes. Tal postura, de acordo com Saffioti, é muito minoritária, apesar de ser a mais utilizada pelos meios de comunicação de massa para estigmatizar "o feminismo". Trata-se de uma postura que:

---

38 SAFFIOTI, 1987. p. 106.

39 SAFFIOTI, 1987. p. 107.

40 SAFFIOTI, 1987. p. 111.

41 SAFFIOTI, 1987. p. 113.

fornece munição aos que não desejam perder seus privilégios derivados do capitalismo-patriarcado, dificultando sobremaneira a luta das(os) interessadas(os) em operar mudanças profundas nas formações sociais capitalistas, visando à construção de sociedades igualitárias.[42]

5. *Feminismo socialista*. A característica fundamental dessa posição é a realização de tentativas de lidar, ao mesmo tempo, com as relações de gênero e as relações entre as classes sociais. As maiores expressões dessa corrente, segundo Saffioti, "ancoram-se na dialética materialista, tomada enquanto método que exige a formulação de novos conceitos adequados à análise de novas realidades ou à reformulação de categorias conceituais inadequadas para uma análise conjunta dos dois fenômenos em pauta — classes sociais e categorias de sexo — e demais inter-relações.[43] Centrar a análise na simbiose capitalismo-patriarcado, como tenta fazer essa vertente, mostra-se de grande relevância porque "responde às críticas reiteradamente feitas às categorias conceituais marxistas como 'sexualmente cegas'" e, também, porque "um uso adequado dessas categorias [...] permitirá a construção de uma teoria capaz de nortear as lutas, visando à eliminação das desigualdades".[44]

A exposição sumária dessas posições, a partir das quais se pode constatar que as críticas provenientes de sua elaboração teórica são igualmente complexas e diferenciadas, nos dá uma noção de quão rico e complexo é o pensamento feminista.

Além dessas posições, diversas autoras feministas apresentam uma percepção enviesada da tradição marxista, baseando-se, fundamentalmente, em dois pontos: a existência de algo a que se referem como "o marxismo" e a crítica a algo que, equivocadamente, definem como "marxismo ortodoxo". Cabe, portanto, comentar cada um desses pontos:

1. *O marxismo*. Da mesma forma que não existe "o feminismo", também não existe "o marxismo"; o que se tem são tendências, vertentes, correntes, ou seja, o marxismo, na verdade, é uma "série de interpretações e acréscimos

42 SAFFIOTI, 1987. p. 113.

43 SAFFIOTI, 1987. p. 114.

44 SAFFIOTI, 1987. p. 115-16.

variados da obra de Marx, condicionados, cada um deles, por injunções históricas, culturais, políticas etc.".[45]

2. *Marxismo ortodoxo.* A definição de "marxismo ortodoxo" feita por algumas autoras, e objeto de suas críticas, aproxima-se muito mais do dogmatismo e do mecanicismo, que muito pouco tem a ver com a compreensão de ortodoxia apresentada por Lukács[46] no primeiro ensaio de *História e consciência de classe.* Para esse autor:

> O marxismo ortodoxo não significa, pois, uma adesão sem crítica aos resultados da pesquisa de Marx, não significa uma fé numa ou noutra tese, nem a exegese de um livro "sagrado". A ortodoxia, em matéria de marxismo, refere-se, pelo contrário, e exclusivamente, ao método. Implica a convicção científica de que, com o materialismo dialético, se encontrou o método de investigação justo, de que este método só pode ser desenvolvido, aperfeiçoado, aprofundado, no sentido dos seus fundadores; mas que todas as tentativas para o superar ou 'melhorar' levaram apenas à sua vulgarização, a fazer dele um ecletismo — e tinham necessariamente que levar aí.[47]

No que tange às críticas dirigidas especificamente a Marx e Engels, podem-se destacar também as relações desiguais entre homens e mulheres — apesar de fazerem parte da história da humanidade há muito tempo, tais relações, contundentemente, só foram tomadas como objeto de reflexão teórica a partir do século XX.[48] Desse modo, soa impertinente cobrar de Marx e Engels reflexões elaboradas acerca da condição subalterna da mulher na sociedade pelo simples fato de, em sua época histórica, não existir um debate acumulado que lhes permitisse apreender com profundidade a questão. A visibilidade que hoje se tem a respeito das relações de gênero não existia na época de Marx e Engels; isso só aconteceu com o passar do tempo, quando foram sendo forjadas as elaborações teóricas que iriam denunciar e questionar tais relações, ampliando, dessa forma, a reflexão sobre as relações sociais.

---

45 NETTO, J. P. *Crise do socialismo e ofensiva neoliberal*. São Paulo: Cortez, 1995.

46 LUKÁCS, G. *História e consciência de classe*. Porto: Escorpião, 1974.

47 LUKÁCS, 1974. p. 15-16.

48 Embora a crítica dirigida à condição subalterna da mulher na sociedade não seja exclusiva do século XX, acreditamos que a problematização mais consistente desse fenômeno não se verifica em momentos anteriores.

Também não se pode perder de vista o fato de muitos estudos sobre a mulher terem consideravelmente sido influenciados por uma visão reducionista da tradição marxista, o que teve por consequência um reducionismo economicista fortemente presente nas análises das relações sociais. Desse modo, muitas das críticas feitas a Marx não procedem simplesmente por não serem dirigidas a ele, mas sim aos seus vários intérpretes e seguidores.

Consideramos possível utilizar a categoria analítica gênero em sintonia com uma perspectiva marxista, desde que não se entenda por "marxismo" apenas a sua vertente dogmática, nem por feminismo apenas as suas vertentes liberal e radical. O debate sobre os estudos feministas tem avançado bastante, e atualmente existem concepções que fortalecem uma visão de relações de gênero integradas a relações de classe, ou seja, não é o gênero, em vez da classe, que oferece os melhores recursos para desvendar a obscuridade das relações sociais, e sim a análise de gênero com a análise de classe que oferece os melhores instrumentos para tal.

Acreditamos que as enormes contribuições dadas pela tradição marxista ao Serviço Social podem ser aprofundadas, acrescentando-lhes a significativa contribuição da categoria gênero, e que sua incorporação às análises de inspiração marxista faria que estas atingissem um nível maior de concretude. Assim como Coutinho afirma que "uma concepção marxista de Estado será tanto mais 'ampla' quanto maior for o número de determinações do fenômeno estatal por ela mediatizados/sintetizados na construção do conceito de Estado",[49] pode-se afirmar que uma concepção marxista das relações sociais (ou ainda da intervenção/formação profissional) será mais ampla à medida que se incorporarem às análises os vários determinantes sociais que as constituem. A ampliação do campo das determinações não significa a indeterminação; ao contrário, "possibilita a apreensão da complexidade contraditória do real".[50] A percepção dos vários determinantes que constituem a realidade — um dos quais são as relações de gênero — é, portanto, fato necessário para a sua devida interpretação.

Entendemos que uma intervenção "marxista-feminista", ou "feminista-marxista", seria aquela que, preocupada com a abordagem e a solução da problemática das relações de gênero (que, nunca é demais lembrar, não envolve apenas as

---

49 COUTINHO, C. N. *A dualidade de poderes:* introdução à teoria marxista de Estado e revolução. São Paulo: Brasiliense, 1985. p. 10-11.

50 ALMEIDA, S. S. *Femicídio:* Algemas (in)visíveis do público-privado. Rio de Janeiro: Revinter, 1998.

mulheres, mas também os homens) na sociedade, levaria em conta os seus determinantes sociais no sentido mais amplo, que envolveriam tanto as relações de classe como as de gênero.

5.3 A categoria gênero no Serviço Social

A discussão sobre a formação profissional em Serviço Social se pauta na "questão social" enquanto eixo fundamental para a compreensão da profissão, questão que se revela por meio de suas "refrações", sobre as quais o assistente social, a partir de uma prática pensada e refletida, realiza intervenções apoiadas em políticas sociais, cuja finalidade é oferecer respostas às expressões multifacetadas e complexas da "questão social" no capitalismo.

Quando se fala em "questão social", não se está falando apenas em suas determinações econômicas, pois as mudanças na esfera da produção operam refrações nos mecanismos de reprodução social, âmbito privilegiado da intervenção do Serviço Social. Produção e reprodução constituem faces de um mesmo sistema produtivo, uma vez que todo modo de produção não pode prescindir da produção de meios de subsistência nem da reprodução de seres humanos. Os processos de produção e reprodução imbricam-se mutuamente e são definidos com base no caráter contraditório das relações de gênero e entre as classes sociais.

Esse caráter contraditório é encontrado tanto na produção como na reprodução da vida social, de modo que as relações de gênero e de classe se permeiam, dando forma a uma divisão do trabalho, social e sexualmente determinada. A subordinação das mulheres aos homens é um dos elementos fundantes dessa divisão social e sexual do trabalho, já que elas, em sua grande maioria, têm sido preferencialmente designadas à esfera da reprodução, enquanto os homens, na maioria dos casos, à esfera da produção. Isso não significa, no entanto, que homens e mulheres sejam exclusivos de uma ou de outra esfera, mas sim que existe uma tendência a alocar os homens no âmbito produtivo e as mulheres, no reprodutivo, operando-se, assim, uma "hierarquização" desses espaços. Sendo o fenômeno da reprodução, de modo geral, uma esfera socialmente designada à mulher, pode-se constatar uma tendência a subordinar-se a reprodução à produção.

No que se refere a profissões, tal lógica é amplamente utilizada. Há, portanto, profissões masculinas e femininas, que se sustentam na divisão social e sexual do trabalho, assim como há profissões que têm mais ou menos visibilidade social, que também se assentam nessas mesmas divisões. Profissões masculinas e femininas concorrem entre si, reproduzindo as desigualdades sociais, dado que a tendência de subordinação da mulher ao homem leva à tendência correspondente de subordinar as profissões femininas às masculinas.

O Serviço Social está inserido em um quadro social e sexualmente determinado, e sua institucionalização acontece no interior dessa lógica, que rege a sociedade e que define a sua natureza no tocante à profissão. Atuando no campo da reprodução das relações sociais,[51] o Serviço Social é considerado uma profissão subalterna — uma profissão feminina —, e com isso não se está dizendo que a subalternização da profissão tenha como determinantes apenas as relações de gênero. No entanto, não se pode negar que o gênero e a divisão sexual do trabalho tenham dado uma contribuição essencial na definição dessa característica.

O fato de estar presente na reprodução e de demandar atributos femininos imprime ao Serviço Social seu caráter feminino e subalterno, já que este apresenta traços que, sob determinada ótica, podem ser considerados femininos, haja vista a característica peculiar de as mulheres procurarem cuidar dos agentes sociais com os quais interagem.

O que se deve ressaltar é que os resultados da ação do assistente social, enquanto sujeito de determinados processos de trabalho, passam necessariamente pelo universo de valores incorporados à trajetória da sua socialização, o que significa que o seu trabalho tem implicações subjetivas, e que essa subjetividade tem implicações sobre o seu trabalho. Ou seja, a intervenção profissional está permeada pelos valores dos sujeitos individuais que se encontram na condição de profissionais, e isso exige da formação profissional não apenas uma dimensão informativa, mas também uma

---

51 De acordo com Iamamoto (1983), "a reprodução das relações sociais não se restringe à reprodução da força viva de trabalho e dos meios objetivos de produção [...]. A noção de reprodução engloba-os, enquanto elementos substanciais do processo de trabalho, mas também os ultrapassa. Não se trata apenas de reprodução material no seu sentido amplo, englobando produção, consumo, distribuição e troca de mercadorias. Refere-se à reprodução das forças produtivas é das relações de produção na sua globalidade, envolvendo, também, a reprodução da produção espiritual, isto é, das formas de consciência social [...]". A reprodução das relações sociais, portanto, "é a reprodução da totalidade do processo social, a reprodução de determinado modo de vida". (IAMAMOTO e CARVALHO, 1983. p. 72).

dimensão efetivamente "formativa", que consiga sucesso na difícil tarefa de fazer que tais valores passem por um processo de transformação.[52]

No que se refere à dimensão formativa, consideram-se essenciais, o aprofundamento de estudos referentes às relações de gênero e a maior inserção destes na formação profissional do assistente social, a fim de que ele seja mais bem capacitado a analisar os processos de formação da sociedade, das subjetividades, das ideologias e das diversas práticas sociais, econômicas e políticas, o que teria, como consequência, uma intervenção profissional mais competente, crítica e eficaz.

Apresentaremos o tratamento dado à categoria analítica gênero pelo Serviço Social, buscando perceber as tendências de sua utilização no debate acadêmico-profissional. O que se percebe é que nem sempre a utilização do termo "gênero" significa a apropriação da categoria analítica "gênero". Esse termo tem sido muito utilizado, sem, contudo, ser acompanhado por uma reflexão aprofundada acerca de seus significados. Não se trata, como aponta Louro,[53] de "mera mudança de rótulo" — em vez de se usar a palavra "mulher" passa-se a utilizar a palavra "gênero" —, mas sim de uma nova forma teórico-metodológica de abordar a questão das desigualdades entre homens e mulheres. Gênero corresponde ao processo histórico e social de transformação dos sujeitos em homens ou mulheres, situando-os em condições determinadas no interior de uma sociedade marcada por particularidades e especificidades de gênero. Trata-se, portanto, de uma sociedade "generificada".

A seguir, e de maneira não exaustiva, apresentaremos um apanhado da utilização dessa categoria analítica pelo Serviço Social, apontando a importância de a formação profissional incluir a discussão e a análise das relações sociais, que são constituídas também pelo eixo do gênero. O entendimento de gênero, dada sua

52 Não é possível, por exemplo, que o profissional que vá atuar junto a mulheres vítimas de violência doméstica entenda que, "se a mulher apanhou, é porque alguma coisa ela fez para merecer". Seria impraticável uma boa intervenção profissional junto à população de rua por parte de um profissional que acredita que "os moradores de rua estão nas ruas porque querem". O trabalho profissional junto a portadores de HIV seria completamente ineficaz se o profissional acreditasse que "a Aids se pega com um aperto de mãos". Como poderia um assistente social trabalhar em comunidades carentes se possuísse "aversão à miséria"? Essas situações, que infelizmente não são tão fictícias como gostaríamos que fossem, só podem ser evitadas com um processo de formação que contemple uma mudança nos valores que nossa sociedade ainda preconceituosa, injusta e desigual veicula maciçamente.

53 LOURO, G. L. Nas redes do conceito de gênero. In: LOPES, M. J. M.; MEYER, D. E.; WALDOW, V. R. (Orgs.). *Gênero e saúde*. Porto Alegre: Artes Médicas, 1996. p. 8.

presença cotidiana na sociedade, é fator ímpar para a formação do assistente social — por ser o gênero um dos elementos constitutivos das relações sociais, é crucial que se invista em seu estudo e seu entendimento. Apesar de nem sempre serem percebidas, as relações de gênero fazem parte do cotidiano profissional do assistente social, que, justamente por isso, deve ter uma formação que dê subsídios para a realização de uma análise capaz de desvendar o conjunto das relações sociais nas quais se inscreve.

O Serviço Social está inserido tanto em uma "divisão social" como em uma "divisão sexual" do trabalho,[54] tendo esta como base a subalternidade da mulher em relação ao homem. O fato de o Serviço Social ser uma "profissão feminina"[55] nos leva a supor que o gênero tem um papel importante na definição da profissão, não simplesmente por ela ser composta majoritariamente por mulheres, mas por haver, tradicionalmente, uma designação social das mulheres a essa carreira.

O profissional de Serviço Social trabalha no relacionamento direto com o outro, no plano das relações interpessoais, pois se encontra, institucionalmente, no nível da reprodução das relações sociais, e tal relacionamento profissional não deveria, em hipótese alguma, ser realizado sem um processo de análise e reflexão sobre tais relações. No nosso entender, é necessário que os profissionais conheçam o terreno em que estão pisando e sobre o qual irão avançar em seu cotidiano profissional. Gênero é um aspecto relevante desse terreno e, exatamente por isso, a reflexão sobre essa parte deve estar amplamente presente na agenda de debates da categoria de assistentes sociais, contribuindo para a intervenção profissional crítica, criativa, competente e comprometida com os usuários. A partir desse ponto de vista, consideramos que deixar de privilegiar, tanto na intervenção como na formação profissional, a reflexão crítica sobre as relações de gênero pode gerar prejuízos expressivos a uma atuação efetivamente voltada aos interesses dos usuários dos serviços prestados por essa categoria profissional.

---

54 Não se trata de duas divisões isoladas e excludentes. Divisão social e divisão sexual do trabalho são pensadas como um fenômeno único e indissolúvel, já que as representações que se fazem a respeito do masculino e do feminino são necessariamente sociais. Rejeita-se, dessa forma, qualquer ideia que leve ao entendimento de que haja duas divisões separadas, uma social e outra sexual. Ambas se interpenetram e se constroem mutuamente.

55 Acredita-se que o que torna o Serviço Social uma profissão feminina não é apenas o fato de essa profissão ter um número muito maior de mulheres nos quadros estudantis ou profissionais, mas também o de sua materialidade ser um atributo social tradicionalmente designado às mulheres.

Desse ponto em diante, daremos uma visão geral da utilização da categoria analítica gênero na produção de conhecimentos em Serviço Social ao longo da transição entre as décadas de 1980 e 1990, período em que tal categoria se consolidou entre nós. Como fonte de dados, utilizaremos produções oriundas dos Programas de Pós-graduação em Serviço Social e trabalhos apresentados em Congressos Brasileiros de Assistentes Sociais (CBAS) e em Encontros Nacionais de Pesquisadores em Serviço Social (Enpess), além de artigos publicados em revistas especializadas na área.

Dos trabalhos dedicados à questão da mulher e/ou das relações de gênero, parte deles realiza suas análises a partir de uma perspectiva que privilegia a dimensão de gênero presente em todas as esferas da vida social, e parte não o faz. Por estudos com perspectiva de gênero, entendemos aquelas reflexões que, em suas análises, apontam para a presença da categoria analítica gênero sobre a condição feminina, ou, pelo menos, explicitam o conhecimento dessa categoria. Trabalhos que não mencionam a utilização dessa categoria analítica são tomados como estudos sobre a mulher que não possuem uma perspectiva de gênero. Assim, no primeiro grupo, identificamos a problemática feminina de um ponto de vista no qual a sua condição deve ser relacionada a modelos sociais e culturais de criação de homens e mulheres, articulados a outras relações sociais, como as de classe, raça/etnia, religião, faixa etária etc., restando ao segundo a característica de descrição, e muitas vezes denúncia, da condição diferenciada da mulher em relação ao homem, ou seja, de sua subalternização e subordinação na sociedade.

A categoria analítica gênero tem sido utilizada pelo Serviço Social para discutir as desigualdades entre homens e mulheres, enfatizando a condição subordinada destas últimas na sociedade. Tal categoria é também utilizada para refletir a respeito de determinados fenômenos sociais (como violência, trabalho, saúde, cidadania, movimentos sociais, família etc.), tendo por objetivo a elaboração de propostas que visem à melhoria das condições de vida das mulheres por meio da formulação e da implantação de políticas públicas a elas destinadas.

Parte significativa do debate profissional está diretamente relacionada à intervenção profissional, basicamente em duas situações:

1. Quando o objeto de estudo tiver sido definido a partir de experiências vivenciadas ou observadas no trabalho profissional junto a mulheres.
2. Quando a reflexão produzida tiver por objetivo subsidiar as discussões para um melhor desempenho profissional em face do fenômeno estudado.

O gênero, portanto, é objeto de reflexão da maioria dos "estudos de gênero" produzidos no Serviço Social, sobretudo em trabalhos apresentados nos CBAS e nos Enpess.[56] Praticamente todos esses trabalhos discutem a problematização do gênero e a afirmação de sua importância. Nos "estudos sobre mulher", que ainda são maioria no que se refere à produção sobre mulher e/ou gênero, a categoria gênero não está presente.

Foi identificada a tendência de entender gênero como uma categoria que deve ser utilizada sempre em articulação com outras categorias básicas, como classe e raça/etnia, postura com a qual concordamos. Vale lembrar, mais uma vez, que a postura de lidar simultaneamente com a problemática das relações de gênero e com a questão das classes sociais constitui a principal característica do chamado "feminismo socialista",[57] corrente de pensamento formada por feministas marxistas que, ancorada na dialética materialista, vem tentando reformular categorias conceituais inadequadas a uma análise conjunta do gênero e da classe social. O principal caminho seguido por essa vertente reside na análise da profunda imbricação entre capitalismo e patriarcado, o que, de acordo com Saffioti,[58] apresenta grande relevância, pois, entre outras coisas, procura responder a críticas reiteradamente feitas às categorias marxistas como "sexualmente cegas".[59]

Essa postura, no entanto, não se faz presente em todos os trabalhos no âmbito do Serviço Social, e o estudo de Bruno,[60] ilustra bem tal fato. A autora elabora uma crítica ao conceito marxista de "classe social", afirmando que este apresentaria uma incapacidade em abarcar a compreensão de outros fatores que não o "econômico". Para ela,

56 Os Congressos Brasileiros de Assistentes Sociais (CBAS) acontecem a cada intervalo de três anos, e constituem um importante espaço de discussão e reflexão profissional, no qual são debatidas as mais variadas questões presentes no exercício profissional e no meio acadêmico. Os Encontros Nacionais de Pesquisadores em Serviço Social (Enpess) acontecem a cada dois anos e representam um grande estímulo à divulgação da produção científica de pesquisadores da área de Serviço Social. Neles, além das discussões e debates acerca de resultados e de pesquisas ainda em andamento, são tratados temas que se referem ao intercâmbio entre os pesquisadores e o debate sobre a política de pesquisa em Serviço Social.

57 SAFFIOTI, 1987.

58 SAFFIOTI, 1987.

59 SAFFIOTI, 1987. p. 115.

60 BRUNO, D. D. Classe e gênero como conceitos analíticos. In: *Caderno de Teses do 7º CBAS*. São Paulo: ANAS, CFAS, Abess, Sessune, 1992.

> a capacidade analítica do conceito classe social vem sendo posta em questão, especialmente nas duas últimas décadas. Esse questionamento identifica a incapacidade do conceito em abarcar a compreensão de outros fatores que não o econômico. Dentre esses fatores, aponta-se o fato de não considerar a humanidade como sendo dividida em dois gêneros diferentes, homens e mulheres, os quais vivem processos de formação, produzindo, assim práticas sociais diferentes, dentro de uma mesma classe.[61]

Em primeiro lugar, cabe ressaltar que não existem o gênero "homem" e o gênero "mulher". Há, sim, os gêneros masculino e feminino. Gênero é histórico, cultural; dessa forma, não é igual a sexo, embora não se possa prescindir da referência a este. Outra questão importante presente nessa citação diz respeito ao fato de que homens e mulheres não são apenas diferentes: mais do que isso, os gêneros masculino e feminino estabelecem entre si relações desiguais. Assim, o problema não reside nas diferenças entre homens e mulheres, e sim na transformação dessas diferenças em desigualdades, ou seja, quando se fala em gênero, está se referindo a um determinado modelo de relação entre homens e mulheres marcado tendencialmente pela desigualdade da inserção social destas em relação àqueles.

Está presente também nessa citação a já clássica questão da chamada "primazia do econômico no marxismo". É necessário deixar claro, como aponta Netto,[62] de qual marxismo se está falando. Alguns autores tendem a menosprezar o fato de haver várias vertentes marxistas — assim como existem várias vertentes feministas — e, em geral, atribuem ao marxismo (como se houvesse "o" marxismo) críticas que se destinam a uma de suas vertentes. Ou seja, tomam algumas características presentes no marxismo economicista, mecanicista, dogmático etc. e as atribuem ao marxismo como um todo. A autora, ao criticar o conceito marxista de classe social, na verdade, critica a forma de utilização economicista desse conceito por determinadas vertentes.

Vale destacar que a autora não partilha da noção de articulação entre gênero, classe e raça/etnia. Tal postura se deve exatamente ao fato de ela valer-se de um conceito de classe social marcado por influências economicistas, o qual tanto critica. As críticas feitas por Bruno apontam para a afirmação de que, no paradigma da

61 BRUNO, 1992. p. 117.

62 NETTO, J. P. *O que é marxismo*. São Paulo: Brasiliense, 1985.

"classe social", as mulheres não são percebidas como "sujeitos" das práticas sociais, com uma crítica à "cegueira do gênero" por parte dos estudos que utilizam o conceito marxista de classe social.[63] O esforço do feminismo socialista vem tentando encaminhar a solução de questões que se apresentam em razão da incorporação, por parte de algumas teóricas, de análises marxistas de caráter dogmático, mecanicista e economicista, as quais que foram associadas à tradição marxista como um todo, responsabilizada pelos desdobramentos de tais análises.

5.3.1 A dominação-exploração das mulheres

No bojo do debate sobre relações de gênero, Saffioti[64] chama a atenção para que não se caia na armadilha de perceber a subordinação da mulher na sociedade apenas como dominação. Para a autora, é mais adequado falar em dominação-exploração, já que a dimensão envolvida não é apenas a ideológica, mas também a econômica. Isso significa que as mulheres são dominadas e exploradas, ou, ainda, pode-se dizer que são dominadas para que sejam exploradas.

No âmbito do Serviço Social, foram identificados trabalhos que consideram que a mulher sofre, ou é vítima, de um processo de dominação,[65] sem, no entanto, atentarem para o fato de ela ser, também, explorada. Um desses trabalhos é o de Araújo,[66] que procura investigar o conteúdo de gênero presente em programas de formação profissional para adolescentes. Em seu estudo, a autora aponta:

> O enfoque central consiste na investigação da maneira pela qual a capacitação pode contribuir para modificar as relações de dominação de classes e de gênero vigente na sociedade. Partimos do pressuposto de que as relações de dominação de classe e de gênero perpassam todas as práticas sociais e de que a inserção subordinada das mulheres no trabalho é resultante da divisão sexual do trabalho existente na sociedade.[67]

---

63 BRUNO, 1992. p. 117-18.

64 SAFFIOTI, 1987.

65 ARAÚJO, M. S. S. S. *Formação profissional e gênero*: um estudo sobre a profissionalização de adolescentes nas entidades populares. Recife: UFPE, 1996; SOUZA, F. E. O. L. *Relações de trabalho e relações de poder. A condição feminina e as práticas de resistência no emprego doméstico*. Rio de Janeiro: UFRJ, 1992.

66 ARAÚJO, 1996.

67 ARAÚJO, 1996.

Como se pode perceber, a autora destaca a dimensão da dominação, mas não faz nenhuma menção à da exploração à qual as mulheres, que são dominadas, estão submetidas. Saffioti[68] ajuda a elucidar essa questão, chamando a atenção para a dificuldade de conciliar essas duas categorias — dominação e exploração — ao se realizar uma crítica ao trabalho de duas pesquisadoras francesas, Combes e Haicault,[69] que discutem a osmose entre capitalismo e patriarcado. Tal propósito não foi devidamente cumprido, de acordo com Saffioti, exatamente porque as pesquisadoras não perceberam a unicidade da realidade social.[70] A falha delas, segundo Saffioti, foi situar o patriarcado como sistema de dominação político-ideológico e o capitalismo, como sistema de exploração econômica, ou seja, situar ambos de forma dissociada, vinculando-se, às concepções weberianas, de acordo com as quais a realidade social não é una.[71] É exatamente nesse ponto, aponta Saffioti, que reside o fracasso da tentativa das pesquisadoras francesas. Ela afirma que a postura metodológica de Combes e Haicault favorece a perpetuação do enfoque errôneo que pretendem evitar, fornecendo-lhe munição, em vez de combatê-lo, e enfatiza que a dominação da mulher não pode ser tomada apenas como dominação, mas sim como dominação-exploração.

Desse modo, os trabalhos que apontam apenas para a dominação da mulher não atentam para o fato de estas serem, também, exploradas, pois a exploração do trabalho da mulher, remunerado ou não, é imprescindível para o desenvolvimento de qualquer sociedade capitalista.[72]

A percepção da situação das mulheres em termos de dominação-exploração está presente, por exemplo, na obra de Silva,[73] em que a autora, diferentemente dos dois

---

68 SAFFIOTI, 1987.

69 COMBES, D.; HAICAULT, M. Produção e reprodução, relações sociais de sexo e de classes. In: KARTCHEUSKY, A. et al. *O sexo do trabalho*. Rio de Janeiro: Paz e Terra, 1986.

70 SAFFIOTI, 1987. p. 115.

71 Saffioti lembra que Max Weber nunca admitiu a unicidade da realidade social. Para esse autor, a realidade é composta por três esferas: a política, para a qual ele formulou o conceito de poder; a econômica, na qual tem lugar o fenômeno das classes sociais, em uma acepção bastante diferente da marxista; e a social, na qual se insere o fenômeno do *status* (WEBER, 1964). A autora chama a atenção para o reducionismo dessa concepção, segundo a qual as classes sociais são um fenômeno econômico, o poder é um fenômeno político e o *status* é um fenômeno social (SAFFIOTI, 1987. p. 114).

72 SAFFIOTI, 1987. p. 108.

73 SILVA, M. V. *Violência contra a mulher*: rompendo barreiras. Rio de Janeiro: UFRJ, 1990.

trabalhos antes citados, busca analisar situações de violência contra a mulher, apontando que estas sofrem um processo de dominação-exploração.

> A partir de um olhar marxista-feminista pretende-se captar, sobretudo, estratégias buscadas por mulheres que vivem situações de violência na relação conjugal, com vistas a escapar à ação de dominação-exploração de que são alvos.[74]

5.3.2 Patriarcado, capitalismo e divisão sexual do trabalho

Há no debate do Serviço Social inúmeras referências a patriarcado, no entanto, o tema não necessariamente se encontra articulado ao capitalismo. O fato de o gênero ser tomado como uma categoria de análise não significa que o patriarcado deixe de ser útil como instrumento de análise para entender as estruturas da dominação masculina sobre a mulher. Patriarcado e gênero podem ser utilizados conjuntamente para analisar a condição da mulher na sociedade, embora o primeiro não deva ser pensado de maneira isolada. Ao contrário, deve-se pensar o patricarcado como estreitamente relacionado ao capitalismo, ambos configurando uma única lógica de estruturação da sociedade. De acordo com Saffioti, "o patriarcado pode ser pensado como um dos esquemas de dominação-exploração componentes de uma simbiose na qual participam também o modo de produção e o racismo".[75]

Marconsin,[76] por exemplo, utiliza o conceito de patriarcado em seu trabalho, articulando-o ao capitalismo, e também se vale da categoria analítica gênero e do conceito de divisão sexual do trabalho.

> Penetrando na divisão sexual do trabalho em terras brasileiras, mostra que a interrelação entre capitalismo e patriarcalismo dá funcionalidade social e atualiza as representações de gênero construídas em nosso passado senhorial escravocrata, marcando o trabalho da mulher até a atualidade.[77]

---

74 SILVA, 1990.

75 SAFFIOTI, H. I. B. Rearticulando gênero e classe social. In: COSTA, A. O.; BRUSCHINI, C. (Orgs.) *Uma questão de gênero*. Rio de Janeiro: Rosa dos Ventos; São Paulo: Fundação Carlos Chagas, 1992. p. 194.

76 MARCONSIN, C. *Os gêneros e os trabalhos divididos:* inovação e conservadorismo. Um estudo comparativo do feminino no Serviço Social e na Medicina. João Pessoa: UFPB, 1997.

77 MARCONSIM, 1997.

Os paradigmas de interpretação da subalternização da mulher na sociedade não são excludentes; ao contrário, eles podem e devem ser utilizados conjuntamente, e o resultado dessa combinação serão análises mais ricas e mais sólidas sobre o objeto investigado. Nessa citação, pode-se perceber a utilização de três categorias fundamentais para entender a questão das mulheres: divisão sexual do trabalho, patriarcado e relações de gênero.

Já o trabalho de Lima[78] não apresenta o conceito de patriarcado articulado ao de capitalismo, embora utilize também a categoria analítica gênero para o desenvolvimento de seu estudo.

> O estudo visa compreender até que ponto a participação da mulher na luta pela terra contribui para mudar as representações sobre as relações patriarcais da família camponesa. [...] As categorias gênero e patriarcado, os conceitos de família e papéis sociais serviram de base para a análise comparativa das representações dos dois grupos de mulheres pesquisados.[79]

Essa postura não é adequada, pois há o risco de não se apreender a dinâmica da sociedade em suas variadas instâncias, já que o patriarcado, isoladamente, não fornece o mesmo arcabouço analítico oferecido por sua articulação com o capitalismo.

5.3.3 Gênero como papel social

Algumas autoras, em seus trabalhos, adotam conceituações de gênero no sentido de papéis sociais. Para Gehlen,[80] por exemplo,

> Uma abordagem de gênero difere daquela que examina exclusivamente a participação da mulher no desenvolvimento. Ela procura examinar os papéis de homens e de mulheres, e as relações entre eles, o diferente acesso e controle sobre os recursos que ambos têm e suas diferentes necessidades.[81]

---

78 LIMA, I. M. M. R. *Mulheres na luta pela terra e as relações particulares*. Recife: UFPE, 1993.

79 LIMA, 1993.

80 GEHLEN, V. Gênero na formação profissional do assistente social: um momento de reflexão. In: *Caderno de Comunicações do 8. CBAS*. Salvador: Abess, Cedepss, CFESS, Enesso, 1995.

81 GEHLEN, 1995. p. 327.

Ressalte-se aqui que gênero não se refere apenas a papéis sociais, e para auxiliar essa discussão utilizamos o texto de Costa,[82] indicando que alguns teóricos, em vez de perceberem homens e mulheres como atributos individuais dicotomizados, preferem enfatizar o caráter social do gênero, conceituando-o como "papéis" que os indivíduos assumem na sociedade. Aponta a autora que

> o paradigma dos papéis tem sido usado para analisar as diferenças entre as posições sociais das mulheres e dos homens e para explicar como ambos são moldados por tais posições. Este marco teórico, em termos gerais, sustenta que, por meio da socialização, homens e mulheres aprendem e internalizam identidades específicas pelo desempenho de determinados papéis. Deste modo, masculino e feminino são apreendidos através da representação de papéis masculinos ou femininos, exatamente da mesma forma como um ator ou atriz apreende suas falas pela leitura e memorização de um roteiro.[83]

Há, no entanto, de acordo com a autora, algumas críticas em relação a essa forma de interpretação do gênero, uma das quais reside no fato de que tal modelo de interpretação equaciona os papéis femininos com os papéis mais específicos de mãe e de esposa, deixando fora da análise a relação entre gênero e poder. Os papéis são entendidos, muitas vezes, como uma referência a ideais normativos de comportamentos, ou a estereótipos de papéis do homem e da mulher.[84]

Outra crítica cabe ao fato de esse modelo de interpretação não fornecer uma visão adequada da mudança social; isso significa que a mudança é vista como algo que acontece para os papéis de cada gênero, e não como algo que surge no interior das relações de gênero, como consequência da relação dialética entre prática e estrutura social. Por fim, essa forma de interpretação não levanta questões de poder e desigualdade, pois a ideologia dos papéis masculino e feminino torna obscuras as práticas materiais e sociais opressivas que sustentam as relações de gênero.[85]

---

82 COSTA, C. L. O leito de procusto: gênero, linguagem e as teorias feministas. In: *Cadernos Pagu,* n. 2. Campinas: Núcleo de Estudos de gênero, Unicamp, 1994.

83 COSTA, 1994. p. 147-48.

84 COSTA, 1994. p. 148.

85 COSTA, 1994. p. 149.

Assim, ao buscar a interpretação do gênero a partir da utilização de um modelo baseado em papéis sociais, apenas se está "tendo uma visão 'abstrata' das diferenças entre os sexos e suas situações, não uma visão concreta das relações entre ambos".[86] É necessário que as formas pelas quais o gênero estrutura as relações sociais sejam conhecidas, sem estreitar o foco apenas nas suas expressões. Ao se deterem sobre os papéis sociais — masculino e feminino —, as autoras não abordam o fundamental da questão, que é o fato de o gênero formar as relações sociais e de ser formado por elas.

5.3.4 Serviço Social e feminismo

Foi detectada uma preocupação em articular Serviço Social e feminismo, seja utilizando as contribuições deste para o Serviço Social, nas suas dimensões interventiva e reflexiva, seja para pensar o distanciamento entre esses dois termos. Dos trabalhos que se preocupam com essa articulação, destaca-se o artigo de Leite,[87] para quem as propostas feministas são de grande interesse para o Serviço Social. De acordo com a autora,

> tratando-se de uma categoria profissional que congrega basicamente mulheres, esse movimento [o feminista] nos interessa, a partir do momento em que a sua proposta é a de juntar as mulheres para refletir sobre seus problemas específicos, ou seja, refletir e combater a opressão que atinge a todas nós, pelo simples fato de sermos mulheres.[88]

Sem nos determos muito no viés essencialista presente na citação, parece-nos que, para essa autora, o feminismo seria útil ao Serviço Social, no sentido de oferecer as condições para que as mulheres — tanto usuárias como profissionais — pudessem ter momentos de discussão e reflexão sobre a sua condição desfavorável na sociedade. Este, sem dúvida, é um aspecto importante, desde que a iniciativa não pare por aí, sendo importante ter em mente que o tratamento da questão de gênero não será resolvido apenas pelas mulheres: ele requer também a participação dos

---

86 CARRIGAN et al apud COSTA, 1994. p. 149.

87 LEITE, R. S. C. Feminismo em questão: entrevista com Rosalina de Santa Cruz Leite. In: *Serviço Social e Sociedade*, n. 5. São Paulo: Cortez, 1981.

88 LEITE, 1981. p. 128.

homens. Se as relações de gênero envolvem homens e mulheres, então não é possível deixar de pensar nesse envolvimento: os homens não devem ser isolados do debate, já que também estão implicados.

A percepção de que o gênero não é apenas uma questão da mulher, mas da sociedade, é um dos principais avanços no que se refere à passagem dos estudos sobre mulher para os estudos de gênero.

O artigo de Legault[89] demonstra um investimento na difusão de uma chamada "intervenção feminista", enfatizando a interlocução com o feminismo. A autora afirma que o Serviço Social, como profissão, ligou-se, há alguns anos, no Canadá, nos Estados Unidos e na Europa, ao movimento de mulheres, passando então a participar dos questionamentos e da avaliação dos resultados por ele produzidos,[90] gerando um modo de intervenção que ela denominou "intervenção feminista", que, a partir de uma análise feminista da situação das mulheres, propõe objetivos e estratégias específicas de trabalho junto a elas.[91]

Para Legault, esse tipo de intervenção tem como premissa o fato de a desigualdade entre os sexos e a inferiorização das mulheres serem eventos sociais e não biológicos ou naturais, e que as estruturas da sociedade capitalista e patriarcal explicam, em grande parte, as situações de inferiorização econômica e sexual delas. Seus objetivos principais consistem em:

1. Elaboração de uma nova definição dos problemas pelos quais passam as mulheres, acrescentando a dimensão social, levando-as à conscientização de sua situação como mulher na sociedade capitalista e patriarcal.
2. Desenvolvimento do poder pessoal e coletivo das mulheres, sendo as principais dimensões do primeiro o desenvolvimento da autoestima e da autoafirmação, o respeito ao seu corpo e a promoção da autonomia financeira,

89 LEGAULT, G. Intervenção feminista e Serviço Social. In: *Serviço Social e Sociedade*, n. 37. São Paulo: Cortez, 1991.

90 A autora refere-se, principalmente, à segunda etapa (também conhecida como "segunda onda") do movimento feminista, compreendida entre os anos 1960 e 1970, que se caracterizou por ações reivindicativas no campo da saúde física e mental das mulheres, do aborto, da violência e estupro, de creches e pela criação de centros de documentação feminista e de comitês sobre a condição feminina em sindicatos, colégios, universidades etc. Já o movimento feminista em sua primeira etapa, nos anos 1920 e 1930, concentrou suas ações principalmente no direito de voto das mulheres (LEGAULT, 1991. p. 107).

91 LEGAULT, 1991. p. 108.

enquanto as principais dimensões do segundo são a solidariedade entre as mulheres e o engajamento delas na comunidade.[92]

Legault afirma que, se a análise dos problemas das mulheres é social, as ações para superá-los devem ser coletivas, já que não é possível provocar mudanças na vida individual de uma mulher sem pensar em efetuá-las em nível coletivo,[93] só que, nesse coletivo, ela não inclui os homens. Seu artigo, em nenhum momento, refere-se ao fato de as mulheres viverem e se relacionarem com homens, com as relações de gênero entendidas de forma reduzida à mulher, sem considerar que tal termo sublinha o aspecto relacional das definições normativas da feminilidade.[94] Ou seja, falar em gênero implica pensar não apenas nas mulheres, mas em mulheres e homens em relação. Em momento algum o artigo demonstra tal preocupação e, após sua leitura, tem-se a impressão de que as mulheres vivem sozinhas no mundo e que conseguirão acabar com todos os seus problemas a partir delas mesmas, sem se preocupar com a outra parte envolvida, ou seja, com os homens.

A autora considera os homens uma única vez: quando trabalha a principal dificuldade presente nos grupos de atendimento às mulheres, que é a dificuldade de passar da "ação individual" à "ação social", na qual "companheiro, filhos, pais, colegas de trabalho, vizinhos, bairro, amigos e amigas e a sociedade em geral nem sempre estão dispostos a mudar suas percepções e expectativas em relação às mulheres", já que "as mudanças que as mulheres preconizam provocam transtornos em nível interpessoal e social, pois o meio, não estando preparado a essas mudanças, resiste a aceitá-las".[95, 96]

Pensar em termos de relações de gênero significa pensar não apenas nas mulheres, mas nos homens, e igualmente. Significa pensar não apenas nas próprias relações de gênero, isoladas das outras relações fundamentais, que são as de classe

---

92 LEGAULT, 1991. p. 116-17.

93 LEGAULT, 1991. p. 122.

94 SCOTT, J. W. *Gênero:* uma categoria útil de análise histórica. 2. ed. Recife: SOS Corpo, 1995.

95 LEGAULT, 1991. p. 126

96 Não obstante as críticas feitas a Legault, não há como deixar de reconhecer a importância do trabalho dessa autora, que, como assistente social, formulou a "abordagem feminista", com repercussões na América do Norte e na Europa. Faz-se necessário, portanto, apontar que o artigo de Legault (assim como o de Leite, citado anteriormente) data da década de 1980, época em que o gênero, como categoria analítica, não havia, ainda, se consolidado. Tal artigo se mostra um dos representantes dos chamados "estudos feministas" e não dos estudos de gênero, o que relativiza um pouco as críticas feitas ao seu texto.

e de raça/etnia. Isolando-se as mulheres, encara-se apenas uma parte da questão, desconsiderando aspectos essenciais tanto para o seu entendimento como para o seu enfrentamento.

Enfatizamos, portanto, que não se devem atacar os homens, mas a forma de organização de gênero, ou seja, a forma de organização das relações sociais entre os sexos.[97] Um dos trabalhos que ilustram essa percepção é o de Machado;[98] que realizou um estudo cujo objetivo era refletir sobre a prática profissional em uma Delegacia de Mulheres. A autora afirma que:

> foi proposta, para a composição funcional destas delegacias, a predominância ou exclusividade de profissionais femininos. Entretanto, essa condição, por si mesma, não assegura que práticas "machistas" e também violentas no trato do problema não sejam reproduzidas, haja vista a ausência de uma percepção de gênero espraiar-se nos diversos segmentos de classes e formações profissionais, cristalizadas no senso comum.[99]

Não há, portanto, como pensar as mulheres sem pensar os homens, o que denota o aspecto relacional desse conceito. Uma intervenção junto às mulheres que não leve em conta sua relação com companheiros, pais, filhos, namorados, e também com as outras mulheres, não considera de maneira adequada a realidade. À mulher, não basta apenas a sua própria conscientização; é necessário que boa parte da sociedade também se conscientize, e, para que isso aconteça, é preciso um trabalho interventivo mais abrangente, cujo alvo seja não só as mulheres, mas também os homens. Aí, sim, o Serviço Social, por meio de sua intervenção profissional, estaria encaminhando a construção de novos padrões de relações de gênero.

---

97 SAFFIOTI, H. I. B. Posfácio: conceituando o gênero. In: SAFFIOTI, H. I. B.; MUÑOZ-VARGAS, M. (Orgs.). *Mulher brasileira é assim.* Rio de Janeiro: Rosa dos Tempos — Nipas; Brasília: Unicef, 1994. p. 275.

98 MACHADO, S. S. L. O Serviço Social e as representações de gênero: reflexões preliminares sobre a prática na delegacia de mulheres. In: *Caderno de Comunicações do 8. CBAS*. Salvador: Abess, Cedepss, CFESS, Enesso, 1995.

99 MACHADO, 1995. p. 347.

A redefinição das relações de gênero é uma tarefa que compete também aos homens, postura encontrada em alguns trabalhos produzidos no âmbito do Serviço Social. Destaca-se, por exemplo, o trabalho de Sobral,[100] para quem:

> a redefinição das relações de gênero passa por um processo de reconstrução que depende não só das mulheres, mas, sobretudo, dos homens, sugerindo a necessidade de um "novo masculino" para que, juntos, possam reconstruir o mundo.[101]

Da mesma forma, o trabalho de Lima de Almeida salienta a percepção de que os homens estão diretamente implicados nas relações de gênero e tenta buscar caminhos para a sua inserção na problemática. Em seu estudo, essa autora:

> Visa analisar a posição dos homens na contracepção, cuja característica principal tem sido a baixa participação [...]. O problema da ausência dos homens na contracepção vincula-se à disposição do sistema de gênero, mais do que uma escolha deliberada dos sujeitos individuais.[102]

Pensar as relações de gênero, portanto, requer como pressuposto o entendimento de que os homens não podem ficar de fora da discussão; ao contrário, devem ser levados em conta tanto na análise como nas diversas tentativas de encaminhar a solução dessa problemática. O que se percebeu é que esse pressuposto está sinalizado no Serviço Social.

Ainda em relação à articulação entre feminismo e Serviço Social, foram identificados alguns trabalhos que procuraram analisar a inter-relação, ou, melhor dizendo, a ausência de inter-relação entre esses dois termos no âmbito do Serviço Social.

Uma sensível contribuição é a de Heckert,[103] que, ao discutir a identidade profissional do Serviço Social, faz algumas considerações que ajudam a entender a falta de interlocução entre este e o feminismo. A autora busca respostas para a questão de o Serviço Social, apesar de ser uma profissão de maioria feminina,

---

100 SOBRAL, R. C. C. *Vivências de gênero*: a representação social das mulheres. Recife: UFPE, 1995.

101 SOBRAL, 1995.

102 LIMA DE ALMEIDA, C. C. A hierarquia de gênero como importante fator na elaboração da política de saúde reprodutiva. In: *Caderno de Comunicações do 9. CBAS*: CFESS, Abess, Enesso, 1998. p. 189.

103 HECKERT, S. M. R. Identidade e mulher no Serviço Social. In: *Serviço Social e Sociedade*, n. 36. São Paulo: Cortez, 1991.

opor-se ao feminismo; ela afirma que, na época histórica da gênese do Serviço Social no Brasil, as ideias feministas que permeavam a sociedade procediam principalmente de dois movimentos feministas: o Movimento Sufragista e os movimentos moldados por uma ideologia de esquerda ou meramente progressista. O estudo dos movimentos de mulheres dessa época e dos movimentos no seio dos quais se originou a profissão de Serviço Social, segundo Heckert, sugere alguns elementos para análise. Um deles é o fato de os dois movimentos terem caminhado em um mesmo momento histórico, mas permanecido distantes por procederem de matrizes ideológicas distintas; o outro seria a orientação liberal do movimento sufragista, distanciando-o do Serviço Social, que surgiu no seio da Igreja Católica, no decorrer de um processo de reconquista de antigos privilégios perdidos graças à influência liberal que separou o Estado da Igreja, a partir da Constituição Republicana de 1891.[104] Tais elementos ajudam a compreender um pouco o distanciamento das primeiras profissionais (oriundas em sua maioria dos movimentos de origem religiosa da Igreja Católica) do feminismo.

Além disso, a autora afirma que, se em relação ao Movimento Feminista Sufragista e as primeiras assistentes sociais havia uma identidade de classe, o mesmo não ocorria em relação aos movimentos de esquerda, já que relatos históricos davam conta de que estes eram compostos, em sua maioria, por mulheres do proletariado e dos estratos médios da população, acrescentando-se a a isso a orientação ideológica, também distinta, desses dois movimentos. Heckert lembra ainda que a postura anticomunista da hierarquia e do movimento laico da Igreja Católica, meio no qual se originou a profissão, é frontalmente contrária aos chamados movimentos feministas de esquerda, ou simplesmente progressistas, o que acentua ainda mais esse distanciamento.[105]

Embora, em suas origens, o Serviço Social não tenha tido uma aproximação com o feminismo, existe, na profissão, a influência desse movimento, ainda que de forma velada, como constatou Faury.[106] Essa autora buscou examinar, especificamente, a existência de uma "intervenção feminista" no Serviço Social, a partir de uma perspectiva histórica do movimento de mulheres, utilizando a categoria

---

104 HECKERT, 1991. p. 64.

105 HECKERT, 1991. p. 65.

106 FAURY, M. Um estudo sobre gênero e Serviço Social. In: *Anais do V Enpess*. Rio de Janeiro: Abess/Cedepss, 1996.

gênero para perceber se o atendimento realizado pelas assistentes sociais observadas era feito de forma "diferenciada" em relação ao sexo.[107] Faury observou a prática profissional de algumas assistentes sociais, a fim de constatar a existência de tal "intervenção feminista", que, segundo ela, proporcionaria às mulheres condições para a conscientização sobre a sua realidade. Para a autora, apesar de a visibilidade de algumas conquistas do movimento de mulheres estar presente no cotidiano profissional das assistentes sociais, tais como extensão dos direitos sociais da mulher, trabalho, sexualidade, saúde etc., "parece existir um certo estereótipo — beneficia-se das conquistas, mas o movimento que levou a elas (no caso, o feminista) não é citado, lembrado (ousaria dizer até admitido)".[108]

As conclusões de Faury vêm reforçar a análise de Heckert, demonstrando a distância existente entre o Serviço Social e o movimento feminista, apesar de o primeiro incorporar as conquistas do último. Em relação à chamada "intervenção feminista", a autora diz que não se pode afirmar com clareza que o Serviço Social adote uma "intervenção feminista" ao trabalhar com mulheres, mas que estaria caminhando para esse tipo de abordagem, já que "as profissionais percebem a discriminação, trabalhando no sentido de conscientizar a clientela dos estereótipos sexuais e dos papéis aos quais a sociedade as confina, e tentam trabalhar numa perspectiva de igualdade, liberação e libertação".[109]

Entendemos que é possível a assistentes sociais uma intervenção profissional que leve em consideração as importantes contribuições que o feminismo tem disponibilizado; esta, no entanto, não deve se apoiar apenas no feminismo. Como destacamos anteriormente, foi a articulação do Serviço Social com o marxismo que permitiu à profissão alcançar grande parte de suas conquistas. Tal interlocução deve continuar, pois a análise marxista permite a abordagem crítica de muitas questões que surgem no cotidiano profissional do Serviço Social. Desse modo, a análise a partir da crítica feminista vem para acrescentar, e não para substituir.

---

107 Cabe lembrar, mais uma vez, que não se trata de diferenças, mas de desigualdades, já que homens e mulheres são, efetivamente, diferentes. O problema ao qual a autora se refere trata muito mais do atendimento desigual, e não apenas diferenciado.

108 FAURY, 1996. p. 201.

109 FAURY, 1996. p. 201.

5.3.5 O Serviço Social como objeto de estudo

Constatou-se que alguns trabalhos sobre mulher e/ou relações de gênero tinham por objetivo estudar o Serviço Social, desdobrando-se em questões como a formação profissional nessa área, a sua constituição como profissão institucionalizada ou, ainda, a sua produção de conhecimentos.

Nesta seção, serão considerados separadamente os estudos sobre mulher e os estudos de gênero. No que se refere ao primeiro grupo, verificou-se a tentativa de articular o estudo da profissão de Serviço Social com o estudo sobre a mulher, ou seja, de encaminhar uma reflexão sobre a profissão a partir de um ponto de vista que privilegiasse a mulher situada nessa profissão.

Um grupo de trabalhos buscou estudar os fatores que levaram algumas mulheres a optar pelo Serviço Social, e a hipótese levantada por eles é de que a opção pelo curso de Serviço Social se dá por influência da chamada "condição feminina", ou seja, o fato de ser mulher condicionaria a escolha por Serviço Social, uma profissão feminina. Rangel,[110] por exemplo, tem por objetivo estudar "a presença da mulher no Serviço Social, verificando os fatores que condicionaram a escolha da profissão" e buscando identificar uma "possível influência da 'condição feminina' na escolha do Serviço Social como profissão".[111, 112] Já Reali[113] tematiza a mulher em relação a escolha profissional, condições de trabalho, posições e papéis como assistente social em uma perspectiva histórica, analisando a sua construção em ocupações consideradas femininas. O estudo de Pelegrino,[114] por fim, trata das relações entre a condição de ser mulher e a profissão de Serviço Social, trabalhando com a hipótese de que a escolha do Serviço Social poderia estar condicionada por certas características criadas em torno da mulher.

---

110 RANGEL, A. M. H. *Serviço Social:* uma profissão feminina? Estudo junto às assistentes sociais do município do Rio de Janeiro. Rio de Janeiro: PUC-RJ, 1983.

111 RANGEL, 1983.

112 Em seu trabalho, Rangel (1983) chega à conclusão de que "a razão principal da presença da mulher no Serviço Social **não é sua condição feminina, mas sua preocupação com o 'social'**" (grifos nossos). Ora, não seria essa "preocupação com o social" um atributo socialmente designado à mulher? A chamada "condição feminina", dessa forma, não incluiria este atributo, o de "cuidar do social"?

113 REALI, C. F. *A marca feminina na profissão de assistente social.* Um estudo da realidade de Porto Alegre/Rio Grande do Sul. Porto Alegre: PUC-RS, 1989.

114 PELEGRINO, A. I. C. *Demanda dos espaços privado e público na condição de ser mulher e de ser assistente social.* Rio de Janeiro: UFRJ, 1992.

Um trabalho de grande importância para pensar a relação entre mulher e identidade profissional é o de Heckert,[115] que busca explicar algumas determinações histórico-culturais da identidade da profissão relacionadas à predominância feminina de seus agentes. Essa autora afirma que refletir sobre a identidade profissional inclui resgatar historicamente a profissão e o profissional na sociedade brasileira, uma vez que a identidade do Serviço Social se constrói em conexão com a identidade do assistente social, dada a própria relação existente entre o coletivo e o individual.[116] Desta forma, para Heckert, não há como deixar de lado o fato de a profissão ser majoritariamente composta por mulheres durante a análise da identidade profissional.

O fato de o Serviço Social ser uma profissão feminina demonstra a existência de uma lógica que rege a organização da sociedade, com a inserção diferenciada de homens e mulheres em determinadas profissões, e, embora essa lógica sofra mudanças e alterações, pode-se afirmar, com certa segurança, que o gênero é um de seus determinantes fundamentais. Então, ser o Serviço Social uma profissão feminina é, por si só, a expressão de um modelo de relações de gênero específico. Essa "marca feminina" não é o problema em si, mas uma de suas manifestações mais visíveis, mais concretas, que se constitui como uma refração do gênero, a partir da qual se pode constatar a questão, porém ela não é, em si mesma, a questão. Pensar a profissão levando em conta a presença esmagadora das mulheres em seu interior é de suma importância para o entendimento do Serviço Social; no entanto, a questão não deve parar por aí. É necessário ir além e perceber o que está por trás da configuração desse quadro majoritariamente feminino, perceber a lógica que rege tal configuração — é imprescindível notar que esse quadro é estruturado pelo gênero. No nosso entender, é nesse

115 HECKERT, S. M. R. *Identidade e mulher no Serviço Social*. Rio de Janeiro: UFRJ, 1990.

116 Essa postura parece diferenciar-se da adotada por Montaño (1998), para quem os "elementos que caracterizam os primeiros assistentes sociais, [...] nada nos dizem sobre a fundamentação e legitimação da gênese profissional" (MONTAÑO, 1998. p. 38). O autor identifica certa confusão entre as características dos primeiros profissionais de Serviço Social e a profissão propriamente dita. Ou seja, para ele, as características das primeiras assistentes sociais foram entendidas como as características do Serviço Social. Heckert, por sua vez, acredita que "a imagem de um movimento de interconstrução das identidades (coletiva e individual) se fundamenta na concepção que nega uma divisão entre o social, de um lado, e a singularidade concreta de cada indivíduo, de outro, evitando-se a dicotomia entre indivíduo e sociedade. Esta ideia de uma circularidade das identidades, ou seja, da sua interconstrução, é fundamentada por uma leitura da sociedade onde os indivíduos passam a ser entendidos a partir de sua verdadeira essência: as relações sociais. O conceito do indivíduo como portador de uma essência humana abstrata é transmutado em um novo conceito, o de indivíduo social historicamente determinado" (HECKERT, 1991. p. 58).

ponto que se encontra o salto que a categoria gênero oferece em relação aos estudos sobre mulher — o ponto em que permite perceber o Serviço Social não apenas a partir das mulheres, mas também das relações desiguais entre homens e mulheres. Isso demonstra que o Serviço Social está inserido no gênero, e que, como consequência, o gênero está profundamente inserido em seu interior. Resta, portanto, descortiná-lo.

Os estudos sobre mulher que procuram investigar a relação entre mulher e Serviço Social, com vistas ao entendimento da "marca feminina" da profissão, indicam um esforço inicial de grande importância para entender o fenômeno da feminização da profissão. No entanto, são estudos, de certa forma, limitados para captar adequadamente esse fenômeno. Os instrumentos analíticos necessários para pensar a constituição majoritariamente feminina da profissão começam a surgir com a chegada ao debate da categoria analítica gênero, que permite abordar o fenômeno de forma mais ampla.

O gênero está presente em todas as esferas da vida social, e com o Serviço Social não poderia ser diferente. Alguns autores entendem como amplamente necessária a utilização da categoria gênero para pensar a profissão, argumentando que essa importância reside, fundamentalmente, no fato de essa profissão ser composta, em sua maioria, por mulheres e, também, porque a grande parte de seu público usuário se compõe de mulheres. Para Marques da Silva,[117] a tendência de o Serviço Social iniciar uma articulação com a categoria gênero parece estar bastante associada com a constatação empírica da marca feminina da profissão, "seja pela flagrante condição de sexo da ampla maioria da categoria, seja pela afirmação recorrente entre os profissionais de que a 'clientela' do Serviço Social é majoritariamente constituída por mulheres".[118]

Freitas, por sua vez, resumindo seu entendimento sobre o tema, diz ser um "absurdo que uma categoria feita basicamente de mulheres não tenha em seu cotidiano uma discussão acerca de gênero".[119]

A esmagadora maioria dos assistentes sociais é do sexo feminino, e isso, por si só, pode ser tomado como uma das manifestações do gênero. Foram criados lugares sociais nos quais mulheres e homens são distribuídos de maneira

117 MARQUES DA SILVA, D. P. Relações de gênero no campo profissional e práticas públicas. In: *Caderno de Comunicações do 8º CBAS*. Salvador: Abess, Cedepss, CFESS, Enesso, 1995.

118 MARQUES DA SILVA, 1995. p. 322.

119 FREITAS, R. C. S. Serviço Social e gênero: um diálogo necessário. In: *Caderno de Comunicações do 8º CBAS*. Salvador: Abess, Cedepss, CFESS, Enesso, 1995. p. 325.

desigual, e essa distribuição é estruturada com base no gênero. Não nos esqueçamos de que as relações de classe e raça/etnia (para citar as categorias consideradas fundamentais) também têm efeito sobre essa distribuição; vale enfatizar que o modelo de relações de gênero presente em nossa sociedade faz que as mulheres ocupem determinados lugares sociais (geralmente os menos favoráveis), operando-se uma dinâmica similar no que se refere aos homens. Cabe a estes, no entanto, os lugares sociais mais favoráveis (em sua grande maioria) — tal dinâmica é observada no Serviço Social. Por ser entendida como uma profissão subalterna, as mulheres, em razão de vários outros fatores, foram nela alocadas, ou seja, o gênero é um dos elementos que fundamentam o fato de o Serviço Social ser uma profissão feminina. Da mesma forma, o gênero fundamenta o fato de outras profissões serem masculinas, o que significa que, se entendemos que o gênero é um dos elementos fundantes da divisão sexual do trabalho, a sua percepção se faz necessária em todas as profissões, sejam elas masculinas ou femininas. Desse modo, concordamos com as autoras quando elas afirmam que o estudo do gênero se faz necessário no Serviço Social, mas não apenas por ser uma profissão de maioria feminina, e sim por ser o gênero um dos elementos constitutivos da realidade social e, portanto, presente tanto no Serviço Social como nas outras profissões.

Diante desse quadro, é possível afirmar que há um conjunto de forças sociais que fazem que essa profissão seja assim construída, seja porque o trabalho a ser realizado é subalterno (e a subalternidade é socialmente designada à mulher), seja porque as mulheres são socializadas para a assistência *lato sensu* e para a polivalência. O importante a reter é que essa construção do "espaço feminino" é feita socialmente, logo, explicável com base nas relações sociais. O Serviço Social é uma profissão feminina não porque as mulheres tenham chegado antes que os homens, mas porque ela foi configurada fundamentalmente para mulheres; a sua prática, a sua materialidade é um atributo feminino: a prática da assistência.

A relevância do gênero não reside apenas em ser "um aspecto fundamental de uma profissão de tradição feminina", como aponta Marques da Silva;[120] mais do que isso, sua importância está em "estruturar todas as relações sociais" nas quais se encontram as diversas profissões. É fundamental insistir nesse aspecto, pois entendemos que, dessa forma, não se reduz o gênero apenas à mulher. As autoras que

120 MARQUES DA SILVA, 1995. p. 323.

reivindicam o tratamento do gênero no Serviço Social não evidenciam esse aspecto, o que induz à percepção de que o elemento fundamental é ser uma profissão feminina. Esse é um dado importante, sem dúvida alguma, mas não esgota a questão. Da mesma forma como o gênero deve ser problematizado no Serviço Social, a sua discussão deve estar presente na Engenharia, no Direito, na Psicologia, na Medicina, na Enfermagem, na Comunicação, na Educação, enfim, em todas as profissões, sejam marcadamente femininas ou não.[121]

A esfera da formação profissional é de suma importância. A capacitação e/ou formação profissional de toda e qualquer área deveria conter a reflexão sobre as relações de gênero. Um trabalho que parece estar sintonizado com essa noção é o de Araújo,[122] que, analisando programas de formação profissional para adolescentes, concluiu que "a capacitação profissional não instrumentaliza os adolescentes para se inserirem no mercado de trabalho, destacando que, para as adolescentes, essa profissionalização reforça a subordinação de gênero".

É fundamental, portanto, que a problematização do gênero esteja incluída nas grades curriculares das escolas e faculdades de Serviço Social do Brasil, consequentemente, faz-se necessária a luta pela incorporação de tal discussão a esses currículos. Além disso, é essencial um esforço no sentido de perceber a importância do gênero para a análise da realidade, por isso profissionais, docentes e pesquisadores devem buscar demonstrar a importância de tal categoria. Apesar de reafirmamos constantemente sua importância, o Serviço Social ainda não a incorporou de maneira sólida, de modo que a inclusão do gênero na formação profissional passa também pela afirmação da sua importância e pelo reconhecimento de sua validade analítica.

121 Há dois trabalhos que investigam as profissões a partir de um recorte de gênero (MARCONSIN, 1997; MARQUES DA SILVA, 1998). Estes têm por objetivo perceber o Serviço Social e a Medicina utilizando a categoria analítica gênero na reflexão sobre a constituição majoritariamente feminina (no caso da primeira) ou masculina (no caso da segunda). Apesar da falta de dados que embasem tal afirmação, não se acredita que a Medicina, atualmente, seja uma profissão esmagadoramente masculina, na mesma proporção que o Serviço Social se apresenta como feminina. No entanto, os estudos dessas autoras parecem caminhar na direção defendida por nós, qual seja, o de buscar apreender o gênero em todas as profissões, não apenas pelo fato de serem masculinas ou femininas, mas sim por estarem permeadas pelo gênero. De fato, Marques da Silva, em artigo anterior (1995), demonstra que há que se perceber o gênero também nas profissões femininas, quando questiona se as profissões de tradição masculina não estariam sujeitas ao fenômeno do gênero (MARQUES DA SILVA, 1995).

122 ARAÚJO, M. S. S. S. *Formação profissional e gênero:* um estudo sobre a profissionalização de adolescentes nas entidades populares. Recife, UFPE, 1996.

Capítulo 6

A profissão de assistente social sob a perspectiva de gênero

6.1 A relevância do gênero para o Serviço Social

Dois pontos têm contribuído para o aumento de importância da categoria "relações de gênero" na reflexão sobre as relações sociais. São eles a análise da formação e da intervenção profissional que ocorrerão em relações sociais constituídas e constituintes das relações de gênero e a análise da profissão propriamente dita, que é composta majoritariamente por mulheres, salientando-se a forte presença do gênero na constituição da identidade profissional.

No que se refere ao primeiro ponto, pode-se argumentar que, na formação profissional, os principais aspectos a serem discutidos nas relações de gênero são:

1. A atuação de assistentes sociais tanto junto a mulheres como a homens, o que leva à necessidade de uma formação que privilegie também o estudo do gênero enquanto forma de organização da sociedade, o que criaria as condições para o desenvolvimento de uma intervenção profissional sintonizada com a realidade.
2. A necessidade de a formação profissional em Serviço Social reconhecer que todas as relações sociais também são construídas com base na organização social de gênero, e que os próprios profissionais em processo de formação precisam desvelá-las não apenas no tocante aos usuários de seus serviços, como também em relação a eles mesmos.

O gênero está amplamente presente no processo de formação profissional, só que de forma *oculta*, no sentido observado por Paraíso,[1] ou seja, durante o processo de formação profissional, conteúdos "generificados" são constantemente trabalhados na universidade, dentro e fora da sala de aula, mas não a ponto de detectar as implicações de gênero nesses conteúdos. Como a problematização não surge espontaneamente, mas sim a partir da reflexão e da crítica, luta-se para que a discussão da formação profissional em Serviço Social absorva o debate sobre as relações de gênero, atentando para a importância dessa categoria na análise das relações sociais. Desse modo, a profissão caminharia rumo a uma das diretrizes preconizadas na discussão da formação profissional em Serviço Social, qual seja, "a apreensão das demandas — consolidadas e emergentes — postas ao Serviço Social via mercado de trabalho, visando formular repostas profissionais que potenciem o enfrentamento da questão social".[2]

Entendemos, portanto, que "gênero" e "questão social" estão intimamente relacionados, e que a reflexão sobre esta última se potencializaria a partir da utilização do instrumental analítico oferecido pelo primeiro, o que traria muitos frutos tanto no plano teórico-metodológico como no prático-operativo do Serviço Social. A presença da problematização do gênero na formação profissional em Serviço Social mostra-se necessária e legítima, já que, ao mesmo tempo,

a) "é um elemento constitutivo de relações sociais",[3] assumindo importante papel na construção das relações sociais e, portanto, da vida em sociedade;
b) "está intimamente interligada a fatores políticos e econômicos em cada sociedade",[4] assumindo formas distintas de acordo com os contextos históricos e sociais específicos;
c) está presente em todas as dimensões do trabalho do assistente social.

---

1 PARAÍSO, M. A. Gênero na formação docente: campo de silêncio no currículo. In: *Cadernos de Pesquisa*, n. 102. São Paulo: Cortez, 1997. p. 23-45.

2 ASSOCIAÇÃO BRASILEIRA DE ESCOLAS DE SERVIÇO SOCIAL (ABESS)/ CENTRO DE DOCUMENTAÇÃO E PESQUISA EM POLÍTICA SOCIAL E SERVIÇO SOCIAL (CEDEPSS). *Diretrizes gerais para o curso de Serviço Social*. Rio de Janeiro: Abess/Cedepss, 1996. p. 8.

3 SCOTT, J. W. *Gênero*: uma categoria útil de análise histórica. 2. ed. Recife: SOS Corpo, 1995. p. 11.

4 LAURETIS, T. A tecnologia do gênero. In: HOLLANDA, H. B. (Org.). *Tendências e impasses*: o feminismo como crítica da cultura. Rio de Janeiro: Rocco, 1994. p. 212.

A ideia de que gênero é constituinte das relações sociais,[5] caracterizando-se, portanto, como um fundamento e um elemento de organização da sociedade, mostra-nos a relevância da reflexão sobre a profissão de assistente social pela ótica desse tipo de relação. Essa categoria analítica mostra-se de grande importância, pois, com o seu uso, é possível buscar respostas às relações hierárquicas e desiguais persistentes entre homens e mulheres, negando-se, desta forma, a perspectiva biologicista, que remetia as causas de tais desigualdades a fatores naturais e, portanto, a-históricos e imutáveis.

Sabe-se que os quadros profissionais do Serviço Social, quando de sua institucionalização, foram preenchidos por uma maioria esmagadora de mulheres, e isso teve um valor fundamental, pois demonstrou que a *institucionalização do Serviço Social se conjugava ao gênero* As mulheres preencheram o Serviço Social e trouxeram consigo valores, formas de se relacionar com o mundo, atributos e qualidades que eram demandados pelos grupos dominantes, carentes dos serviços dessa profissão que ora se iniciava. Isso tudo conferiu à profissão uma imagem bem próxima daquela que se tinha da "mulher".

Alguns estudos pioneiros demonstraram as "marcas femininas" da profissão.[6] Tais estudos foram de grande importância, pois permitiram perceber a forma específica de utilização dos chamados "atributos femininos" na constituição da identidade profissional do Serviço Social. Permitiram também:

- a realização de um mapeamento inicial do terreno a ser investigado;
- ofereceram uma noção aproximada da relação das mulheres com o Serviço Social, apontando para a forma como incorporavam a profissão e foram incorporadas por ela; e
- expuseram algumas das consequências dessa "marca feminina" do Serviço Social, como a subalternidade profissional diante de outras profissões, a baixa qualificação e os baixos salários, descrevendo, em certa medida, a realidade das mulheres inseridas em uma profissão feminina.

---

5 SCOTT, 1995.

6 VERDÈS-LEROUX, J. *Trabalhador social*: prática, hábitos, *ethos*, formas de intervenção. São Paulo: Cortez, 1986; IAMAMOTO, M. V.; CARVALHO, R. *Relações sociais e Serviço Social no Brasil*. 2. ed. São Paulo: Cortez; Lima/Peru: Celats, 1983; HECKERT, S. M. R. Identidade e mulher no Serviço Social. In: *Serviço Social e Sociedade*, n. 36. São Paulo: Cortez, 1991.

A incorporação da categoria gênero ao vocabulário analítico do Serviço Social é recente — data do início dos anos 1990 —, mas tem se mostrado expressiva, e tende ao crescimento. A questão da mulher e/ou das relações de gênero não se apresenta mais como um tema periférico ou esporádico no interior do debate profissional; está presente, e com certa regularidade, tanto na produção acadêmica (dissertações de mestrado, teses de doutorado) como nos fóruns nacionais ligados à pesquisa e ao exercício profissional.

Vemos, portanto, que a categoria em questão tem se afirmado como uma ferramenta analítica para o Serviço Social, dado o seu alto potencial para o desvendamento da complexidade das relações sociais. No entanto, afirmar que o debate sobre relações de gênero está presente no interior do Serviço Social não significa que isso se dê sem problemas ou equívocos conceituais e teóricos. Se, por um lado, é sabido que a discussão sobre relações de gênero não está ausente do campo do Serviço Social, sabe-se, por outro, que há muito ainda a ser amadurecido em relação ao tema. Assim, há que se ressaltar a diferença entre afirmar que o gênero está ausente do debate teórico-metodológico em Serviço Social e que o debate existe, porém com problemas a serem debatidos e lacunas a serem preenchidas. Acreditamos que a produção sobre gênero seja considerável no campo do Serviço Social, sobretudo em sua expressão quantitativa. Já no aspecto qualitativo, avaliamos que o rigor teórico-metodológico ainda não alcançou os mesmos níveis observados em outras áreas do conhecimento, embora a tendência seja de que, com o passar do tempo, o Serviço Social se aproprie cada vez mais rigorosamente da categoria analítica gênero, já que sua importância teórica se torna cada vez mais evidente.

6.2 O caráter social do gênero

Consideramos que a base das relações sociais é constituída por três eixos fundamentais: classe social, gênero e raça/etnia. Tais eixos atravessam e constroem a identidade de todos os sujeitos sociais, ou, dito de outra forma, todo indivíduo possui uma identidade de classe, de gênero e de raça/etnia, para ficar nas básicas, as quais são construídas e reconstruídas mutuamente, conferindo a ele determinada posição na sociedade. Então, em determinadas conjunturas e contextos, o eixo das relações de gênero apresenta uma importância decisiva para a compreensão de fenômenos específicos, nos quais se verifica a forte presença de padrões desiguais de relacionamento entre homens e mulheres.

Falar em gênero, nos dias atuais, refere-se a pensar:

1. que as desigualdades observadas entre homens e mulheres na sociedade não se explicam com base apenas em suas características biológicas e, portanto, naturais, mas sim pelos processos históricos que configuram determinado padrão de relações de gênero;
2. que não existe uma "essência masculina" ou uma "essência feminina" de caráter imutável e universal, às quais homens e mulheres estariam presos;
3. que a divisão de poder realizada entre homens e mulheres ocorre de maneira desigual.

Tais afirmações podem ser sintetizadas como uma "construção social"[7] ou, ainda, nas palavras de Scott,[8] "como a organização social das relações entre os sexos". A importância de perceber as origens sociais de determinado padrão vigente de relações de gênero reside na constatação de que, se as causas da desigualdade são sociais, são igualmente sociais as possibilidades de transformação, evidenciando que não é concebível, nos dias atuais, pensar que a justificativa das desigualdades entre homens e mulheres resida no plano dos fatores naturais.

Algumas autoras afirmam que a difusão da categoria analítica gênero nas Ciências Sociais latino-americanas foi a mais significativa contribuição teórica dos feminismos desses países.[9] Não cabe aqui analisar o rigor teórico empregado na utilização dessa categoria, mas sim apontar a importância do movimento feminista e, sobretudo, da crítica teórica que ele produziu para o debate das relações de gênero, que impulsionou a chamada "perspectiva feminista de análise";[10] esta entre outras coisas,

---

7 LOURO, G. L. Nas redes do conceito de gênero. In: LOPES, M. J. M.; MEYER, D. E.; WALDOW, V. R. (Orgs.). *Gênero e saúde*. Porto Alegre: Artes Médicas, 1996; KERGOAT, D. Relações sociais de sexo e divisão sexual do trabalho. In: LOPES, M. J. M.; MEYER, D. E.; WALDOW, V. R. (Orgs.). Op. cit. MEYER, D. E. Do poder ao gênero: uma articulação teórico-analítica. In: LOPES, M. J. M.; MEYER, D. E.; WALDOW, V. R. (Orgs.). Op. cit.

8 SCOTT, 1995.

9 LAMAS, M. Gênero: os conflitos e desafios do novo paradigma. In: *Proposta; desigualdades de gênero*. Rio de Janeiro: Fase, n. 84:85, 2000.

10 MORAES, M. L. Q. Usos e limites da categoria gênero. In: *Cadernos Pagu,* n. 11. Campinas: Núcleo de Estudos de Gênero/Unicamp, 1998.

"ajudou a entender as complexas dimensões de um mundo em que a distribuição do poder obedece a hierarquias sexuais e de classe social".[11]

Para Sorj,[12] a reflexão acadêmica feminista que se desenvolveu proximamente ao movimento teve, em termos gerais, dupla motivação: "reestruturar a tradição das Ciências Sociais, alterando conceitos e metodologias consagradas, e formular um projeto de emancipação das mulheres".[13, 14] É no bojo desse processo que se gesta a categoria gênero, que, de acordo com Louro, "está ligada diretamente à história do movimento feminista contemporâneo".[15]

O gênero foi introduzido no debate acadêmico norte-americano na década de 1970, enquanto, no Brasil, isso se deu na virada da década de 1990. Quando passou a ser utilizada nos meios acadêmicos, essa categoria disputou espaço com os chamados "estudos sobre mulher", que, segundo Louro,[16] eram tributários dos movimentos sociais dos anos 1960 e 1970, considerados resultantes da "segunda onda" do feminismo. As iniciadoras desse trabalho de reflexão e de produção acadêmica eram as próprias mulheres que estavam envolvidas na militância feminista, e o grande esforço por elas despendido tinha por objetivo "dar visibilidade à mulher como agente social e histórico, como sujeito", ou seja, "tornar visível aquela que fora ocultada".[17]

Se, em um primeiro momento, as produções acadêmicas se detinham basicamente sobre a denúncia da opressão, com um caráter mais descritivo do que propriamente analítico, aos poucos se exigiu que as descrições, ainda que minu-

---

11 MORAES, 1998. p. 101.

12 SORJ, B. O feminismo na encruzilhada da modernidade e pós-modernidade. In: COSTA, A. O.; BRUSCHINI, C. (Orgs.). *Uma questão de gênero*. Rio de Janeiro: Rosa dos Ventos; São Paulo: Fundação Carlos Chagas, 1992.

13 SORJ, 1992. p. 16.

14 Um dos aspectos percebidos por Scott, em sua reflexão sobre a categoria gênero, foi o seu caráter transformador, situando-o não apenas na esfera específica das relações entre homens e mulheres, mas também articulando-o à produção de conhecimentos. De acordo com a autora, um dos principais pontos levantados pelas feministas é o de que "a pesquisa sobre as mulheres transformaria fundamentalmente os paradigmas no interior de cada disciplina" (SCOTT, 1995. p. 1), impondo uma "reavaliação crítica das premissas e critérios do trabalho científico existente" (SCOTT, 1995. p. 2).

15 LOURO, G. L. *Gênero, sexualidade e educação*: uma perspectiva pós-estruturalista. Petrópolis: Vozes, 1997. p. 14.

16 LOURO, 1996.

17 LOURO, 1997. p. 17.

ciosas, sobre a vida feminina fossem substutuídas por explicações mais contundentes. As tentativas de ensaiar explicações e articulações com os grandes quadros teóricos tornaram-se cada vez mais recorrentes, com a produção de análises consistentes no campo de várias disciplinas, como Sociologia, História, Literatura, Educação etc.[18]

No entanto, as polêmicas sobre o tema foram muitas. A resistência presente em algumas feministas consistia, de acordo com Louro,[19] em dois pontos principais:

1. "[...] se por um lado, [o gênero] sugeria, de modo mais imediato, uma ancoragem teórica, por outro, parecia implicar uma abrangência que poderia representar um novo ocultamento do sujeito feminino",[20] o que ia de encontro ao objetivo dos "estudos sobre mulher", que era justamente dar visibilidade a elas. Como se sabe, gênero, tomado em uma acepção relacional, refere-se aos processos de formação da masculinidade e da feminilidade, o que significa dizer que a atenção não se volta exclusivamente para a mulher em si, mas sim para as relações sociais nas quais homens e mulheres estão inseridos.
2. "[...] na língua inglesa, a palavra *gender* trazia já dicionarizado um sentido relacionado à diferença sexual [...] enquanto na língua portuguesa o dicionário não traz essa acepção".[21] As feministas norte-americanas optaram por utilizar o termo gênero para enfatizar o caráter social de apropriação e hierarquização das diferenças entre os sexos. Essa luta não foi imediatamente traduzível para outros idiomas, de modo que nem todas conseguiram perceber que o uso do gênero trazia implícita uma postura política de negação de determinadas interpretações biologicistas das relações de gênero.

Ressalte-se que começava a se abrir o caminho para uma nova forma de análise das desigualdades existentes entre homens e mulheres, tendo a categoria gênero como eixo condutor, já que, com a sua utilização, buscava-se rejeitar o "determinismo biológico" presente em termos como "sexo" ou "diferença sexual". Além de um instrumento analítico, essa categoria é, nas palavras de Louro, "uma ferramenta política",[22]

18 LOURO, 1996. p. 9.

19 LOURO, 1996.

20 LOURO, 1996. p. 9.

21 LOURO, 1996. p. 9.

22 LOURO, 1997. p. 21.

pois permite a apreensão do caráter social do gênero, o que leva a discussão para o campo social (já que é no âmbito da sociedade que se produzem e reproduzem relações desiguais e hierarquizadas entre os sujeitos), e não apenas para o da natureza, pois não é neste que as justificativas para as desigualdades deveriam ser buscadas.[23]

O fato é que o termo *gênero* começou a ser utilizado com mais frequência por feministas brasileiras a partir da virada da década de 1990, no bojo de uma importante transformação nos estudos feministas, que passavam a transitar da perspectiva dos estudos sobre mulher para os estudos sobre gênero.[24]

Por constituir as relações sociais, o gênero apresenta-se também como constituinte da identidade dos sujeitos, atravessando e construindo a identidade tanto do homem como da mulher[25] e, por isso mesmo, transcendendo o mero desempenho de papéis sociais. Homens e mulheres possuem identidades sociais básicas forjadas a partir das interconexões entre as relações de classe, gênero e raça/etnia. Tais identidades convivem entre si, de forma conflituosa ou não, sem existir, necessariamente, uma hierarquia entre elas. A atribuição de primazia a qualquer um dos eixos estruturadores e fundantes do real, como as relações de gênero, por exemplo, não se legitima justamente porque tais relações não podem ser isoladas do conjunto das outras relações fundamentais. O seu entendimento não se refere apenas à produção de imagens do homem e da mulher, mas a "um conjunto de imagens e lugares competitivos e/ou complementares que serão disputados estrategicamente por homens e mulheres que integram diferentes frações de classe e raça/etnia, em cada contexto histórico".[26]

---

23 Embora a ênfase esteja sendo atribuída ao caráter social do gênero, não devemos nos esquecer da dimensão biológica, também presente em sua construção. Como aponta Louro, "ao dirigir o foco para o caráter 'fundamentalmente social', não há, contudo, a pretensão de negar que o gênero se constitui com ou sobre corpos sexuados, ou seja, não é negada a biologia, mas enfatizada, deliberadamente, a construção social e histórica produzida sobre as características biológicas" (LOURO, 1997. p. 22).

24 Duas autoras que constataram essa "reterritorialização" da discussão sobre a mulher foram Lavinas e Castro, que, ao analisar a produção do GT Mulher e Trabalho da Associação Nacional de Pós-graduação e Pesquisa em Ciências Sociais na década de 1980, perceberam, no interior dessa produção, a formulação do conceito de "relações sociais de gênero". Tratou-se de uma postura teórica que, segundo as autoras, anunciou uma "profunda mudança na delimitação do objeto", que antes consistia na "construção social e subordinada do feminino", passando, posteriormente, a se configurar como "a construção das relações sociais entre homens e mulheres, isto é, as relações de gênero" (LAVINAS e CASTRO, 1992. p. 243).

25 SAFFIOTI, H. I. B.; ALMEIDA, S. S. *Violência de gênero*. Poder e impotência. Rio de Janeiro: Revinter, 1995. p. 8.

26 ALMEIDA, S. S. *Femicídio*: algemas (in)visíveis do público-privado. Rio de Janeiro: Revinter, 1998. p. 15.

As relações de gênero, juntamente com as de classe e de raça/etnia, constituem e fundam as relações sociais. Essas três categorias — classe, gênero e raça/etnia — são consideradas os eixos básicos que estruturam toda e qualquer realidade social. Tal concepção tem como pressuposto a ideia de que tais eixos não devem ser tomados isoladamente, mas sim em profunda articulação e interação.[27] Não se faz presente, portanto, o entendimento de gênero de forma autônoma ou absoluta, já que essa categoria só é fecunda para a análise das relações sociais se tomada em suas conexões com as relações de classe e de raça/etnia.

6.3 O gênero na institucionalização da profissão de assistente social

Situado em uma perspectiva de restabelecimento da ordem social baseada na justiça e na caridade, presente no pensamento social da Igreja, o objetivo do Serviço Social consistia em remediar certas "deficiências generalizadas", sem, no entanto, afetar os grupos sociais em sua estrutura.[28] O campo para a ação do Serviço Social era bem delimitado, indicando os pontos norteadores correntes na ação profissional: "a organização social é satisfatória", existindo, porém, "indivíduos fracos", que devem ser ajustados "ao quadro normal da vida, por meio de uma ação personalizada".[29]

De acordo com Iamamoto e Carvalho, o surgimento do Serviço Social brasileiro pode ser pensado a partir da junção das chamadas "obras sociais" e dos "novos movimentos de apostolado social", sobretudo os que tinham por objetivo intervir junto ao proletariado.[30] Os autores chamam atenção para a importância que o Centro de Estudos e Ação Social de São Paulo (Ceas) teve para a sua manifestação no Brasil, cujas primeiras atividades foram destinadas às mulheres, jovens formadas nos estabelecimentos religiosos de ensino, demonstrando, já nas suas origens, que a profissão tendia a ter em seus quadros uma maioria feminina.

---

27 SAFFIOTI, H. I. B.; ALMEIDA, S. S.; CANÇADO, M. E. R. *Congresso Internacional América 92: Raízes e Trajetórias* — USP/São Paulo, 1992.

28 IAMAMOTO, M. V.; CARVALHO, R.. *Relações sociais e Serviço Social no Brasil*. 2. ed. São Paulo: Cortez; Lima/Peru: Celats, 1983. p. 208.

29 IAMAMOTO e CARVALHO, 1983. p. 209.

30 IAMAMOTO e CARVALHO, 1983. p. 171-72.

A ação social posta em prática por alguns setores da Igreja tratava de intervir diretamente junto ao proletariado, com o intuito de afastá-lo de "influências subversivas". As intervenções junto à classe operária eram realizadas pelas mulheres, que, de acordo com as idealizações correntes, tinham "vocação natural para as tarefas educativas e caridosas", pensamento muito bem expressado em uma das teses apresentadas na 4ª Semana de Ação Social: "A mulher é feita para compreender e ajudar. Dotada de grande paciência, ocupa-se eficazmente de seres fracos, das crianças, dos doentes. A sensibilidade torna-a amável e compassiva".[31]

As mulheres envolvidas na realização dessas atividades eram vistas como responsáveis pela preservação da ordem moral e social, e, com isso, qualidades consideradas naturalmente femininas foram utilizadas como justificativas para o quase monopólio das questões referentes à ação social por parte das mulheres. Mostra-se possível, portanto, vislumbrar os nexos existentes entre o surgimento do Serviço Social e o gênero, entendido como um fenômeno que estrutura as relações sociais e modela as condutas masculinas e femininas. As mulheres foram absorvidas pelo Serviço Social porque as representações a respeito delas se afinavam com o perfil requerido para o sujeito profissional. Os valores que se desejavam transmitir eram aqueles que se pensava serem detidos pelas mulheres. Ao mesmo tempo que eram representadas como submissas, frágeis, cuidadoras atenciosas etc. — atributos necessários para ser uma "boa assistente social", para cuidar bem do outro —, grande parte das mulheres via-se da mesma forma, sua autorrepresentação também coincidia com a representação que os outros tinham dela. Vê-se, aqui, que o gênero, entendido como "representação e autorrepresentação", como sugeriu Lauretis,[32] teve forte influência na incorporação das mulheres pelo Serviço Social, já que estas apresentavam o perfil demandado pela profissão.

Os primeiros núcleos de Serviço Social no Brasil surgiram como ramificações da Ação Católica e da Ação Social, como apontam Iamamoto e Carvalho,[33] e tiveram sua base social definida pela composição do bloco católico, com algumas especificidades: tratava-se de um grupo fundamentalmente feminino, composto, em geral, por "moças e senhoras da sociedade", cuja característica comum era alguma forma

---

31 KHIEL, Maria. *Trabalho da mulher fora do lar*. Tese apresentada na 4ª Semana de Ação Social. São Paulo, 1940, apud Iamamoto e Carvalho, 1993. p. 175.

32 LAURETIS, 1994. p. 208.

33 IAMAMOTO e CARVALHO, 1983. p. 222.

de militância nos meios católicos. Esta especificidade caracterizou o Serviço Social, em sua manifestação pioneira, como um "movimento ao qual se dedicam mulheres de famílias abastadas reunidas a partir de seu relacionamento e militância no meio católico".[34] Apontam também os autores que o fato de ser um movimento quase exclusivamente feminino teve algumas influências sobre a forma de intervenção nos meios populares, já que se esperava que as mulheres assistentes sociais reproduzissem os próprios valores familiares e religiosos junto à população que era alvo de sua intervenção, tornando-se intransigentes com todos os hábitos e práticas cotidianos que não correspondessem ao seu modo de vida.[35]

Características semelhantes foram apontadas por Verdès-Leroux,[36] ao observar que a assistência social, criada com o objetivo de afastar a classe operária do socialismo, era, "essencialmente, um assunto de mulheres, quer se trate de esposas de aristocratas que dominam os comitês de patrocínio [...], quer se trate de delegadas junto ao povo [...] e em busca, a todo custo, de uma alternativa para sua vida familiar".[37] Constatou a autora que a profissão, em suas primeiras expressões na França, era, em 99% dos casos, feminina, e que a especificidade dos valores e das práticas das assistentes sociais decorria, em parte, do "prazer" de servir, da seriedade, da "modéstia", que eram "inculcados às mulheres como se fossem atributos de feminilidade"; e a dominação à qual as mulheres estavam submetidas na sociedade as conduzia a "reproduzirem naturalmente essa relação e a transmitirem os valores éticos mais tradicionalistas".[38]

---

34 IAMAMOTO e CARVALHO, 1983. p. 223.

35 Essa tendência à reprodução dos valores pessoais no exercício profissional é um fenômeno já percebido e criticado pelo Serviço Social. Tomando como exemplo o tema da família, foi possível perceber que, no desempenho de suas funções profissionais, os assistentes sociais valem-se de explicações pouco elaboradas sobre a instituição familiar, que pareciam decorrer mais da objetivação dos conceitos obtidos durante a sua socialização primária do que de um conhecimento sistemático que permitisse o rompimento com as pré-noções do senso comum (SILVA, 1987). A partir da década de 1980, iniciou-se, no Serviço Social, um processo de crítica à tendência de conceituar *família* a partir da experiência pessoal, modalidade de conceituação que muitas vezes reforçou uma percepção naturalizada, obscurecendo o fato de esta se constituir como uma instituição histórica e dialeticamente articulada com a estrutura social na qual está inserida. Esse processo, no entanto, não foi exclusivo da área da família, tendo se operado em várias outras áreas de interesse (CFESS, 1998).

36 VERDÈS-LEROUX, 1986.

37 VERDÈS-LEROUX, 1986. p. 11-12.

38 VERDÈS-LEROUX, 1986. p. 48.

O Serviço Social tinha por objetivo o controle da classe trabalhadora, que se daria por intermédio da família e, mais especificamente, por meio da mulher. Buscava-se intervir sobre a família da classe operária utilizando-se a mulher como um instrumento privilegiado de reprodução do controle social, já que esta possuía os valores que se desejavam veicular junto às famílias. Nas palavras de Verdès-Leroux, na intervenção do assistente social, "o contato, de fato, se estabelece com as mulheres e as crianças, e não com os próprios operários".[39] Tratava-se de intervenções cujo objetivo era conter, como observa Grassi,[40] os efeitos de problemáticas prejudiciais à produtividade da mão de obra da classe trabalhadora, além de combater a "inadaptação social" ou o "desvio de conduta" que demandavam a atenção do Estado, que se viu impelido a conter seus efeitos sobre o sistema de relações sociais de produção. As intervenções do Serviço Social, situadas em um contexto de resposta estatal a esses efeitos, tendiam, fundamentalmente, a diminuir o custo social da produção e da reprodução (tanto material como ideológica) da força de trabalho operária, deixando essa função para as próprias famílias. As políticas estatais apontam especialmente para a família e, dentro dela, para a mulher, sendo seu objetivo evitar que as "cargas sociais" prejudicassem a força de trabalho operária. A mulher fora convertida no "foco das estratégias estatais sobre a família dos setores populares, ainda que, como tal, esse fenômeno não apareça explicitado".[41]

A relação entre os sistemas de manutenção e reprodução de poder e controle das mulheres não é nenhum fato novo. Scott[42] é uma das autoras que observam a sua íntima ligação, apontando que a tendência sempre foi a de legitimar a dominação, a força, a autoridade central e o poder soberano, identificando-os ao "masculino", fazendo que as mulheres ocupassem lugares bastante delimitados. Tais ações, vistas isoladamente, podem não oferecer sentido, já que o Estado aparenta não ter nada de imediato ou nada de material a ganhar com o controle das mulheres. O sentido surge quando são integradas a uma análise da construção e consolidação do poder: "Uma afirmação de controle ou de força tomou a forma de uma política

---

39 VERDÈS-LEROUX, 1986. p. 17.

40 GRASSI, E. *La mujer y la profession de asistente social*: el control de la vida cotidiana. Buenos Aires: Humanitas, 1989.

41 GRASSI, 1989. p. 27.

42 SCOTT, 1995.

sobre as mulheres".[43] Afirma a autora que os regimes democráticos do século XX têm construído suas ideologias políticas a partir de conceitos de gênero, forjando políticas concretas. "O Estado de Bem-Estar Social, por exemplo, demonstrou seu paternalismo protetor por meio de leis dirigidas às mulheres e às crianças."[44]

Johnson,[45] analisando o Estado de Bem-Estar, assinala que, à época, as interpretações feministas eram especialmente frutíferas quanto às novas formas de analisá-lo. Entre essas interpretações encontra-se a de Wilson,[46] para quem "as manipulações do Estado de Bem-Estar oferecem uma demonstração única de como o Estado pode ordenar o que deveria ser a consciência da mulher",[47] enfatizando que a análise da posição das mulheres não é algo marginal, mas central, para a compreensão verdadeira da natureza do Estado de Bem-Estar. Para essa autora, a subordinação da mulher reflete-se na família, nos serviços sociais e no local de trabalho, e o Estado de Bem-Estar contribui para sua opressão por meio do apoio ideológico e prático que dá a uma forma particular de família.

Para McIntosh,[48] o Estado detém, indiretamente, um importante papel na opressão da mulher por meio do seu apoio a uma forma particular de lar: "O lar familiar depende amplamente de um salário masculino e do serviço doméstico feminino",[49] modelo relacionado, por sua vez, à produção capitalista, na medida em que é funcional à reprodução da classe trabalhadora e à manutenção das mulheres como um exército de reserva de mão de obra. Ao realizarem trabalhos domésticos não remunerados e serem amplamente responsáveis pelos cuidados com os filhos, as mulheres realizam funções essenciais para um funcionamento contínuo e uniforme do sistema capitalista.[50]

Se, de um lado, as políticas estatais promoveram o controle social da classe trabalhadora, por outro, abriu-se espaço para a satisfação de algumas das necessidades que

---

43 SCOTT, 1995. p. 14.

44 SCOTT, 1995. p. 14.

45 JOHNSON, N. *El estado de bienestar en transición*: la teoria y la práctica del pluralismo de bienestar. Madri: Ministerio de Trabajo y Seguridad Social, 1990.

46 WILSON, E. *Women and the Welfare* State, Londres: Tavistock, 1977.

47 WILSON, 1977. p. 7.

48 McINTOSH, M. The Estate and the Opression of Women. In: KUHN, A.; WOLPE, A. M. *Feminism and Materialism*. Londres: Routledge and Kegan Paul, 1977.

49 McINTOSH, 1977. p. 255.

50 JOHNSON, 1990.

essa população possuía, além de oferecer, a um grande número de mulheres, uma alternativa profissional que lhes permitiria sair da esfera doméstica e passar a compor, como assistente social, o mercado de trabalho.

Um dos principais pontos de atenção por parte do Serviço Social à época de sua institucionalização, por exemplo, como observam Iamamoto e Carvalho,[51] refere-se à mercantilização da força de trabalho feminina, considerada uma "anormalidade social", que tinha por consequência a "desorganização e o abandono da família". Embora se entendesse que o trabalho feminino fora do lar levasse à "desagregação moral da família", aceitava-se essa postura caso o "chefe da família", em razão de "deficiências individuais", fosse incapaz de suprir suas necessidades mínimas. Questão mais séria, no entanto, era a da "mulher não necessitada, que trabalhava aspirando gozar da decantada independência moderna", o que traduziria, para a sociedade da época, "uma deformação moral".[52]

Como se configurava a situação das mulheres que vinham se profissionalizando, àquela época, como assistentes sociais? Suas famílias não passavam por dificuldades nem tinham as "necessidades mínimas do lar" por suprir. Para essas mulheres, o Serviço Social apresentou-se como uma oportunidade de inserção profissional em um mercado de trabalho que até então era destinado, em sua grande maioria, aos homens. E a sua inserção nesse mercado deu-se, em certa medida, com boa dose de legitimação da sociedade, já que o trabalho de assistente social era considerado uma extensão das atribuições da mulher no mundo doméstico — o cuidado, a prática da assistência etc. A legitimidade e a aceitação das mulheres na profissão de assistente social, no que se refere ao gênero, dão-se em razão de essa profissão demandar qualidades e atributos considerados femininos, ou seja, a mulher desempenhava, na esfera profissional, atividades semelhantes às que desempenhava na esfera doméstica. Era, portanto, uma saída para se profissionalizarem com a atenuação dos preconceitos e da discriminação.

O ingresso de mulheres no mercado de trabalho era feito, majoritariamente, em profissões que lhes permitissem desempenhar seus tradicionais papéis de mães e donas de casa, ou seja, naquelas em que se projetava a esfera marcante do trabalho doméstico, tradicionalmente reservado às mulheres. Com a institucionalização do Serviço Social, foi desenvolvida uma possibilidade de trabalho para as mulheres

---

51 IAMAMOTO e CARVALHO, 1993.

52 IAMAMOTO e CARVALHO, 1993. p. 213.

condizente com as "qualidades femininas" ditadas pela sociedade da época, as quais foram tomadas como características necessárias à assistente social. Exigia-se que as profissionais soubessem bem "ser mulher", e, portanto, suas "qualidades" não eram vistas como "qualificação", já que estavam sendo utilizados atributos "naturais", próprios, e não oriundos de uma formação especializada. Sugere-se, com isso, que se forjou uma adequação das práticas consideradas femininas e das práticas profissionais do assistente social, ou, em outras palavras, que se conjugou o perfil profissional do assistente social ao das representações de gênero vigentes.[53] As mulheres, que tendencialmente eram responsáveis pelo cuidado dos outros, detiam as supostas "qualidades necessárias" ao trabalho de assistente social. Eram elas as mais indicadas para a realização da prática da assistência, já que esta era vista como uma ação feminina "natural". O principal argumento que se vislumbra, portanto, é a coerência entre os atributos exigidos para o desempenho da função e as "qualidades" do seu sexo.

Se, por um lado, os interesses de classe estiveram presentes na institucionalização da profissão de assistente social, como aponta Iamamoto,[54] o gênero se fez presente no momento de "escolher" o perfil necessário para o exercício da profissão, tendo em vista a propensão das mulheres e sua adequação "qualitativa natural" a certas atividades, como o cuidar, por exemplo. Percebe-se, portanto, que razões de classe e de gênero se articularam historicamente na profissionalização do Serviço Social, utilizando amplamente como argumento a coerência dos "atributos", das "qualidades" do sexo feminino, naturalizando-as e assimilando-as no universo do trabalho. Essa noção de conjugação dos interesses de classe e de gênero ilustra, a nosso ver, a compreensão de que as relações de classe e as de gênero se articulam historicamente, e que, por isso mesmo, a compreensão adequada dos fenômenos sociais demanda uma análise que leve em conta a utilização de, pelo menos, ambas as categorias analíticas, tendo como resultado uma compreensão mais abrangente da realidade social.

---

53 Aprofunda-se, dessa forma, a afirmação de Netto acerca da existência de uma "relação entre a institucionalização profissional do Serviço Social e o fenômeno, universalizado e indiscutível, de ele apresentar-se como 'profissão feminina'" (NETTO, 1992. p. 84).

54 Para Iamamoto, "a constituição e institucionalização do Serviço Social como profissão na sociedade depende [...] de uma progressiva ação do Estado na regulação da vida social, quando passa a administrar e gerir o conflito de classe, o que pressupõe, na sociedade brasileira, a relação capital-trabalho constituída por meio do processo de industrialização e urbanização" (IAMAMOTO, 1998. p. 23).

Percebe-se que o gênero esteve presente na institucionalização da profissão, conformando a "escolha" tanto do sujeito como do alvo da intervenção profissional: a mulher. Elas eram vistas como portadoras dos valores que se pretendiam veicular e reforçar no seio da classe trabalhadora e, por meio delas, intentava-se estabelecer o controle dessa parcela da população. A contraditoriedade de tal fenômeno mostra-se quando busca a manutenção de um determinado *status quo* e permite, ao mesmo tempo, a possibilidade de liberação de mulheres, por meio da profissão, e a ressignificação de valores e a percepção crítica da sociedade, como ocorreu no caso do Serviço Social.

6.4 A construção da reflexão sobre o gênero no Serviço Social

O campo de trabalho do Serviço Social é um espaço visivelmente ocupado pelas mulheres, no qual se enumera uma força de trabalho que alcança mais de 95% de profissionais do sexo feminino.[55] A partir dessa constatação, uma questão emerge historicamente na agenda de debates do Serviço Social: por que a presença feminina é tão forte no Serviço Social? De maneira mais ampla, a questão poderia ser elaborada assim: por que, em determinadas profissões, a presença de mulheres se dá de forma esmagadora? Oferecemos, aqui, alguns subsídios para ajudar a delinear uma resposta.

Um dos aspectos que deve estar presente nessa reflexão é o entendimento de que não existe algo como um "dom" ou "qualidade natural" das mulheres para as profissões consideradas femininas, que demandem "atributos femininos", pois admitir a existência de algo assim seria admitir também a existência de uma "essência feminina", oposta à, igualmente inexistente, "essência masculina". É necessário cuidado para não relacionar diretamente as mulheres a determinadas condições naturalizadas, sem perder de vista que tais condições são fundamentalmente sociais e históricas.

Como aponta Almeida, "o essencialismo designa uma postura que reconhece na mulher uma essência diferente da do homem, isto é, um conjunto de características

---

55 CONSELHO FEDERAL DE SERVIÇO SOCIAL (CFESS). Famílias no plural. In: *Relatório das sessões temáticas do IX Congresso Brasileiro de Assistentes Sociais*. Goiânia: CFESS, Cedepss, Enesso, Abess, 2005. p. 17.

e atributos específicos e duradouros, definidores de sua identidade".[56] Trata-se, portanto, de um "*falso universalismo*, que constrói a mulher e, nesse sentido, recusa as diferenças reais [...] que dividem as mulheres".[57] O cuidado com as interpretações que sugerem a existência de características diferenciadas para homens e mulheres é sempre bem-vindo. Posturas que cristalizam as diferenças entre homens e mulheres e deixam de lado a ação dos sujeitos na reelaboração dos códigos e símbolos culturais existentes, obscurecendo o caráter mutável e diferenciado destes, devem ser evitadas. Desse modo, é de suma importância, durante a análise do gênero, não considerar as mulheres diferentes apenas dos homens, atentando para o fato de elas serem, também, diferentes entre si e de sofrerem os efeitos históricos e sociais aos quais todos os sujeitos estão submetidos.

Algumas das explicações para o grande número de mulheres na profissão de assistente social tinham por hipótese as influências da chamada "condição feminina". A escolha da profissão estaria, de acordo com algumas autoras, condicionada pelo fato de suas aspirantes serem do sexo feminino. Disso resulta a consideração do Serviço Social como uma "profissão feminina", cuja "marca", nas palavras de Heckert, se revelaria, "no sentido da missão da vocação de servir"; na "apreensão moralizadora dos problemas sociais";[58] "na visão praticista, empirista e carente de elaboração teórica da profissão";[59] "na sua responsabilidade, durante décadas, por uma falta de vigor na organização da categoria";[60] "na própria natureza das tarefas, pois assistência e educação são papéis socialmente femininos";[61] "em seu desempenho, quando recebe a marca do processo de socialização da mulher";[62] e "em sua dimensão ideológica, direcionada, historicamente, como o papel da mulher, para a manutenção da ordem social vigente".[63]

Constata-se nas afirmações dessa autora uma visão essencialista da mulher e de sua inserção na sociedade, e nisso residem graves problemas. Um deles refere-se à

---

56 ALMEIDA, S. S. *Violência de gênero*: público × privado. São Paulo: PUC-SP, 1996. p. 5-6.

57 ALMEIDA, 1996. p. 6.

58 HECKERT, 1991. p. 67.

59 HECKERT, 1991. p. 68.

60 HECKERT, 1991. p. 68.

61 HECKERT, 1991. p. 69.

62 HECKERT, 1991. p. 70.

63 HECKERT, 1991. p. 70.

relação direta entre os aspectos "negativos" por ela encontrados e a figura da "Mulher". A interpretação dela se dá no sentido de conferir à suposta imagem feminina do Serviço Social as causas dos vários problemas com os quais a profissão se confrontava, deixando de problematizar o fato de que tal imagem, construída social e historicamente, nem sempre corresponde à realidade.[64] Seguindo o raciocínio da autora, a desvalorização do Serviço Social se dá, quase que exclusivamente, pelo fato de ser composto majoritariamente por mulheres, deixando presumida a hipótese de que, se esta fosse preenchida por uma maioria de homens, seria mais valorizada. Fica perceptível uma valoração (que tem por consequência uma hierarquização) das figuras do homem e da mulher. A autora acaba por reforçar preconceitos e aproximações equivocadas, em vez de afastá-los.

Apesar de reivindicar, logo no início de seu texto, a historicidade durante a análise do Serviço Social como uma profissão feminina, ou, em suas próprias palavras, "resgatar historicamente a profissão e o profissional na sociedade brasileira",[65] Heckert não utiliza a historicidade para sinalizar que as representações que se têm das mulheres (inclusive as emitidas pelos seus próprios depoentes) são, também, construídas historicamente. O que a autora faz é absorver essa noção universal de "Mulher", utilizando-a para elaborar conclusões acerca da "marca feminina" do Serviço Social. Não deixa visível, portanto, o espaço para uma mudança, para uma transformação, algo como o "outro lugar", ao qual se referiu Lauretis.[66] Heckert constata o perfil do Serviço Social com base em uma imagem "essencial" de "Mulher" e confina-o a uma "prisão" sem escapatória. De fato, as mulheres são desvalorizadas e subalternizadas, mas não o são por motivos "naturais", e sim históricos. Cabe a assistentes sociais que se pretendam qualificados reforçar e ampliar a competência crítica para decifrar a realidade e descortinar a sua obscuridade.

Um ponto de grande importância apresentado por Heckert, no entanto, refere-se à "imagem de um movimento de interconstrução das identidades (coletiva e individual)", fundamentada em uma abordagem de negação da "divisão entre o

---

64 Apesar de, na parte em que realiza sua fundamentação teórica, Heckert (1991, p. 61) apontar que "do desconhecimento destes fatores [culturais e econômicos] surgem crenças sobre a existência de certas inclinações, tidas como 'naturais', das mulheres para certos tipos de trabalho", a autora não utiliza essa observação para contextualizar as características do Serviço Social presentes em suas afirmações e nos depoimentos coletados.

65 HECKERT, 1991. p. 58.

66 LAURETIS, 1994. p. 236.

social, de um lado, e a singularidade concreta de cada indivíduo, de outro".[67] Tal postura se diferencia da adotada por Montaño,[68] ao discutir a gênese do Serviço Social, observando que certos elementos que caracterizam os primeiros assistentes sociais, como, por exemplo, "a maioria de **gênero**[69] feminino", "nada nos dizem sobre a fundamentação e legitimação da gênese profissional".[70]

O autor aponta que o "primeiro elemento de subalternidade"[71] do Serviço Social reside no fato de tratar-se de uma profissão eminentemente feminina inserida em sociedades regidas por padrões "patriarcais e machistas". Em outros termos, afirma que Serviço Social é uma profissão subalternizada porque, entre outros fatores, a sociedade na qual está situada se organiza com base em determinado padrão de relações de gênero, cabendo às mulheres a ocupação dos espaços menos privilegiados. O problema é que esse autor, posteriormente, afirma que, "se o Serviço Social se constituiu em um espaço de inserção social e ocupacional para as mulheres (tal como outras profissões), este não foi suficiente para colocar a mulher em uma posição de igualdade (social, trabalhista e política). E, da mesma forma, a profissão de assistente social não pôde romper com sua condição subalterna em relação às 'profissões masculinas'".[72]

Montaño relaciona a subalternidade do Serviço Social à sua composição majoritariamente por mulheres, as quais trariam seus elementos de subalternidade para a profissão, conferindo-lhe um status igualmente subalterno. Em primeiro lugar, o autor parece entrar em conflito com o que afirmara antes — que os elementos que caracterizam os profissionais "nada nos dizem sobre a profissão". Se tais elementos conferem ao Serviço Social determinadas características, é possível perceber uma interconstrução das identidades, para a qual Heckert sinalizava. Em segundo lugar,

---

67 HECKERT, 1991. p. 58.

68 MONTAÑO, C. E. *La naturaleza del Servicio Social*: un ensayo sobre su génesis, su especificidad y su reproducción. São Paulo: Cortez, 1998.

69 O grifo neste termo é nosso. Está presente, aqui, nitidamente, a compreensão de que gênero e sexo físico são sinônimos. A concepção de gênero como uma relação social, ou, em outras palavras, "como uma relação entre sujeitos socialmente construídos em determinados contextos históricos" (SAFFIOTI e ALMEIDA, 1995. p. 8), não denota a existência de nenhum ser substantivo. O que ocorre é que são designadas, com base no gênero, as noções de "masculino" e "feminino". A utilização desse termo como sinônimo de sexo significa não percebê-lo como fenômeno social que molda homens e mulheres, mas sim como mera classificação descritiva de uma característica biológica: o sexo.

70 MONTAÑO, 1998. p. 38.

71 MONTAÑO, 1998. p. 88.

72 MONTAÑO, 1998. p. 90.

leitores menos atentos podem ter a impressão de que o Serviço Social possuiria o papel de "colocar a mulher em posição de igualdade" em relação aos homens, como se o gênero fosse um fenômeno restrito às fronteiras da profissão. É válido ressaltar que o Serviço Social não pode fazer isso simplesmente porque não pode, isoladamente, acabar com as desigualdades de gênero, que estão presentes não só no Serviço Social, como em toda a sociedade. Da mesma forma que, em tempos passados, se pensava que competia ao Serviço Social a "transformação da sociedade", essa passagem do autor pode dar margem ao entendimento de que caberia à profissão, unilateralmente, a transformação do padrão vigente de relações de gênero.

A presença esmagadora de mulheres no Serviço Social é uma manifestação do gênero, uma expressão de determinado padrão de organização social, no qual caberia às mulheres o desempenho das atividades relacionadas à prática da assistência — um fenômeno que antecede e extrapola o Serviço Social. A questão de gênero não é exclusiva do Serviço Social, por isso é preciso recorrer a um instrumental analítico que possibilite uma abordagem adequada da questão. Diante disso, parecem adquirir importância as observações de Iamamoto: é necessário "extrapolar o Serviço Social para melhor apreendê-lo na história da sociedade da qual ele é parte e expressão",[73] para não esbarrar na perspectiva endógena que parcela significativa da categoria profissional vem criticando.

De acordo com Iamamoto,[74] entre os desafios vividos por assistentes sociais está o desenvolvimento de sua capacidade de "decifrar a realidade e construir propostas de trabalho criativas e capazes de preservar e efetivar direitos, a partir de demandas emergentes no cotidiano".[75] Para decifrar a realidade de maneira abrangente, é crucial valer-se do potencial analítico que o gênero oferece. É sempre bom observar, entretanto, que não se pretende a utilização desse referencial teórico de maneira absolutizada nem se pretende estabelecer hierarquias entre os eixos básicos que estruturam a realidade social. O que se afirma é a necessidade de perceber a articulação entre tais eixos, e, para tanto, a categoria gênero se revela de grande utilidade.

---

73 IAMAMOTO, M. V. *O Serviço Social na contemporaneidade*: trabalho e formação profissional. São Paulo: Cortez, 1998. p. 20.

74 IAMAMOTO, 1998.

75 IAMAMOTO, 1998. p. 20.

Considerações finais

A partir das considerações feitas, é possível afirmar que os autores marxistas do final do século XIX e início do século XX (aqui incluindo, em menor medida, o próprio Marx) estavam entre os primeiros a perceber criticamente o fenômeno do gênero, ainda que de maneira parcial e, portanto, não isenta de equívocos. Apesar das limitações da abordagem do gênero apresentadas por tais autores, suas contribuições não devem ser desprezadas, sendo a principal delas decorrente do reconhecimento de que as desigualdades de gênero são construídas historicamente, possuindo inclusive base material. Tal constatação permitiu a desnaturalização da subordinação da mulher, situando sua gênese em um processo gerado nas relações sociais e por meio delas. Outra contribuição que não se restringe à questão do gênero, mas que a ilumina, refere-se ao desenvolvimento do conceito de ideologia, que ofereceu elementos para pensar outras dimensões das relações e dos conflitos sociais, além dos vinculados à base material, ainda que mediados por esta.

A despeito das limitações apresentadas pelo referencial antropológico em *A origem da família, da propriedade privada e do Estado*, principalmente em relação à suposição de que haveria um padrão universal de família, de sua concepção simplificada da divisão sexual do trabalho, bem como a respeito de sua origem, essa obra permanece como referência para a reflexão acerca da relação entre condições materiais, propriedade privada, instituições e a desigualdade de gênero. Quando Engels afirma que a primeira divisão do trabalho se origina no momento em que as mulheres perdem o controle sobre o trabalho, tornando-se economicamente dependentes dos homens, e que esse fato representou a derrota histórica delas, ele está reconhecendo que as desigualdades de gênero têm origem e base material, desnaturalizando, portanto, esse fenômeno, embora, em determinados momentos, o autor reduza tais desigualdades a determinações meramente econômicas.

Outra crítica recorrente das feministas ao marxismo é o fato de este ter subestimado a importância do trabalho doméstico na análise do processo de produção capitalista. Sim, o centro da economia política marxista encontra-se na análise do chamado "trabalho produtivo"; contudo, uma observação atenta às obras de Marx e Engels permite perceber a constante relação entre produção e reprodução da vida, o que envolve, portanto, trabalho pago e não pago, incluindo o doméstico. Assim, ao estabelecerem essa conexão, os autores fornecem as bases necessárias para que possamos compreender o valor desse trabalho, inserido no próprio ciclo de produção/reprodução, bem como a articulação entre as desigualdades de classe e de gênero. Não podemos negar, contudo, as limitações de tais análises, principalmente no que diz respeito à abordagem sobre a forma como as desigualdades de gênero foram se conformando e a subjetividade humana foi estruturada no decorrer da história; ou, dito de outra forma, como as relações de classe e de gênero assumiram novos contornos, tornando as desigualdades estruturantes das relações sociais, como foram moldadas por práticas e condições materiais e, por outro lado, como adquiriram uma dimensão subjetiva. Em suma, o que se quer destacar é o reconhecimento da contribuição desses autores para a compreensão do fenômeno do gênero enquanto um fenômeno histórico e não natural, reconhecendo, todavia, suas limitações, que muitas vezes desembocaram em análises reducionistas, nas quais o gênero foi compreendido como decorrência exclusiva das desigualdades de classe (aqui, vale destacar as análises equivocadas que afirmavam não existirem desigualdades de gênero no seio da classe trabalhadora).

Reconhecemos os avanços e as limitações desses autores; porém, ressaltamos que, se são as condições materiais e históricas que colocam na ordem do dia a necessidade de apreender um dado fenômeno que faz parte da realidade social e reconhecer que, naquele momento histórico, era o movimento operário com suas demandas que assumia o protagonismo no cenário social, e não o movimento feminista, as limitações são, no mínimo, compreendidas.[1] Queremos dizer com isso que as limitações das análises a respeito das desigualdades de gênero não eram apenas da ordem do nível de abstração dos autores, e sim impostas pelo próprio nível de complexificação da realidade social.

O gênero é um dos elementos do ser social. As relações sociais são também constituídas pelo gênero, ou seja, as relações de gênero, juntamente com as de classe e de raça/etnia, constituem e fundam as relações sociais. Essas três categorias — classe,

1 ARAÚJO, C. Marxismo, feminismo e o enfoque de gênero. In: *Revista Crítica Marxista*, n. 10, São Paulo: Boitempo, 2000. p. 65-67.

gênero e raça/etnia — são consideradas os eixos básicos que estruturam toda e qualquer realidade social. Tal concepção tem como pressuposto a ideia de que esses eixos não devem ser tomados isoladamente, mas sim em profunda articulação e interação. Assim, o gênero não deve ser tomado de forma autônoma ou absolutizada, já que essa categoria só é fecunda para a análise das relações sociais se for percebida em suas conexões com as relações fundamentais.

O gênero só se constitui como categoria analítica útil a partir do momento em que as articulações entre este e as outras categorias sejam devidamente percebidas e problematizadas, ou seja, quando a profunda imbricação entre gênero, classe e raça/etnia seja evidenciada. Assim, a utilização da categoria analítica gênero, menos do que substituir ou suplantar qualquer outra categoria, tem por objetivo potencializar as análises da realidade, ou seja, acrescentar nova dimensão à análise das relações sociais. Em outras palavras, a incorporação dessa categoria às análises da realidade pode levar a um maior nível de concretização. Da mesma forma que Coutinho afirma que "uma concepção marxista de Estado será tanto mais 'ampla' quanto maior for o número de determinações do fenômeno estatal por ela mediatizados/sintetizados na construção do conceito de Estado",[2] pode-se afirmar que determinada concepção das relações sociais — ou, ainda, da intervenção/formação profissional — será mais ampla à medida que forem incorporadas às análises os vários determinantes sociais que as constituem, nos quais, seguramente, o gênero ocupa um lugar de destaque.

Considera-se, portanto, bastante fecunda a utilização da categoria gênero como potencializador de análises da realidade, o que não prejudica, minimiza nem restringe a abrangência e o valor dessas análises. Se a realidade é formada por várias determinações (sem que isso signifique que esta seja indeterminada), é necessário que sejam estudadas e conhecidas.

A categoria gênero, entendida como um fenômeno social que estabelece os diversos padrões de comportamento entre homens e mulheres, vem sendo consideravelmente utilizada pelo Serviço Social. A partir do final da década de 1980, com o surgimento dos primeiros trabalhos que se dedicavam ao estudo das mulheres, ou, mais precisamente, à intervenção do Serviço Social junto a elas, é possível constatar a incorporação dessa categoria ao vocabulário analítico de assistentes sociais.

---

2 COUTINHO, C. N. *A dualidade de poderes*: introdução à teoria marxista de Estado e revolução. São Paulo: Brasiliense, 1985. p. 10-11.

Desde então, seu uso no debate e na reflexão sobre as diversas questões que se colocam no cotidiano da profissão, em várias áreas de intervenção, teve um incremento significativo.

A categoria analítica gênero tem sido utilizada nos trabalhos produzidos pelo Serviço Social para discutir as desigualdades existentes entre homens e mulheres, enfatizando a condição subordinada destas na sociedade. O exame da produção do Serviço Social brasileiro, ao longo das últimas décadas, permitiu constatar que a categoria foi usada pelo Serviço Social para refletir sobre determinados fenômenos sociais, como violência, trabalho, saúde, cidadania, movimentos sociais, família etc., tendo por objetivo a elaboração de propostas que visassem à melhoria das condições de vida das mulheres, quer pela formulação e implantação de políticas públicas a elas destinadas, quer pela da redefinição do padrão vigente de relações de gênero.

Essa categoria pode ser útil para analisar tanto as práticas interventivas do assistente social como a própria configuração do Serviço Social como profissão, que possui, não um perfil feminino, mas um número esmagador de agentes profissionais do sexo feminino. Julgamos importante atentar para esse aspecto, a fim de não se cair na armadilha de tomar as características dos agentes profissionais como peculiares à profissão, embora as representações sobre esta sejam fortemente marcadas pelas representações que se têm sobre aqueles. Designar determinadas profissões como femininas significa admitir a existência do polo oposto, ou seja, a existência de profissões masculinas, que estariam interditadas ao exercício das mulheres. A recusa ao essencialismo, ou seja, à postura de acreditar que existam lugares naturalmente femininos ou naturalmente masculinos, é fundamental para alcançar o real entendimento do gênero e de suas consequências para a organização da vida social.

Pelo estudo das relações de gênero podem-se realizar análises mais abrangentes da realidade social, já que o gênero é um de seus constitutivos e, por isso mesmo, merecedor de atenção. Seu estudo e incorporação às análises da realidade, ou seja, ao âmbito de nossa intervenção, demandam um processo de formação profissional que contemple o seu tratamento: uma formação que capacite os assistentes sociais a perceber a presença do gênero em todas as esferas da vida social.

O tema tem estado presente no interior da profissão, como no Código de Ética Profissional, mais especificamente no oitavo princípio, que se refere à "opção por um projeto profissional vinculado ao processo de construção de uma nova ordem societária, sem dominação-exploração de classe, etnia e gênero";[3] e também na discussão sobre a formação profissional, seja quando se defende a consideração de questões como "as relações de gênero, etnia, valores, aspirações religiosas, expressões artísticas e culturais, além de outros componentes de ordem afetiva, emocional etc",[4] seja quando se consideram as "diferenciações de gênero" um dos "impactos econômicos, sociais e políticos peculiares à sociedade brasileira".[5]

O que deve ser enfatizado em relação à incorporação dessa categoria pelo Serviço Social, no entanto, é, menos a sua presença, mas a forma como ela se efetiva. O fato de ser citado, ainda que em obras de grande referência para a profissão, não significa que a sua apropriação tenha realmente se efetuado ou se consolidado. Com frequência, ainda é possível observar produções que tratam o fenômeno do gênero de forma inadequada, meramente descritiva, ora o utilizando como sinônimo de mulheres, ora desvalorizando seu real potencial analítico.

O gênero configura-se como uma categoria em disputa e, exatamente por isso, deve ser apreendido por perspectivas teóricas que se aproximem da luta por uma sociedade cada vez mais justa e igualitária. O que desejamos enfatizar é que a análise adequada das relações sociais demanda, também, a análise do gênero, com vistas à transformação de seu atual padrão, marcado por desigualdades e hierarquias. É necessário que, no campo crítico, as categorias marxistas, clássicas ou contemporâneas, sejam aplicadas ao estudo das relações de gênero. Essa, certamente, é uma tarefa árdua, que necessita de formação e qualificação teórica, política e metodológica consistentes e contínuas.

---

3 CONSELHO FEDERAL DE SERVIÇO SOCIAL (CFESS). Código de Ética Profissional do Assistente Social. In: BONETTI et al. *Serviço Social e ética*. São Paulo: Cortez/CFESS, 1996. p. 218.

4 ASSOCIAÇÃO BRASILEIRA DE ENSINO DE SERVIÇO SOCIAL (ABESS)/CENTRO DE DOCUMENTAÇÃO E PESQUISA EM POLÍTICA SOCIAL E SERVIÇO SOCIAL (CEDEPSS). *Diretrizes gerais para o curso de Serviço Social*. Rio de Janeiro: Abess/Cedepss, 1996. p. 163.

5 ASSOCIAÇÃO BRASILEIRA DE ENSINO DE SERVIÇO SOCIAL (ABESS)/CENTRO DE DOCUMENTAÇÃO E PESQUISA EM POLÍTICA SOCIAL E SERVIÇO SOCIAL (CEDEPSS). *Proposta básica para o projeto de formação profissional*: novos subsídios para o debate. Recife: Abess/Cedepss, 1996a. p. 11.

Referências

ABRAMO, L. A situação da mulher latino-americana. In: DELGADO, D. G.; CAPPELLIN, P.; SOARES, V. (Orgs.). *Mulher e trabalho:* experiências de ação afirmativa. São Paulo: Boitempo, 2000.

ABRAMO, L.; ABREU, A. R. P. Gênero e trabalho na sociologia latino-americana. Uma introdução. In: ABRAMO, L.; ABREU, A. R. P. (Orgs.). *Gênero e trabalho na sociologia latino-americana.* São Paulo; Rio de Janeiro: Alast, 1998.

ALAMBERT, Z. Os marxistas e a elaboração teórica sobre a mulher. In: *Encontros com a civilização brasileira*, n. 26. Rio de Janeiro: Civilização Brasileira, 1980, p. 105-25.

ALMEIDA, S. S. *Violência contra a mulher*: determinações de classe e cultura. Rio de Janeiro: UFRJ, 1986.

________. *Violência de gênero:* público × privado. São Paulo: PUC-SP, 1996.

________. *Relações de gênero:* notas preliminares para análise de seu potencial heurístico. Rio de Janeiro: UFRJ, 1997.

________. *Femicídio:* algemas (in)visíveis do público-privado. Rio de Janeiro: Revinter, 1998.

ALVAREZ, S. E. A globalização dos feminismos latino-americanos: tendências dos anos 90 e desafios para o novo milênio. In: ALVAREZ, S. E.; DAGNINO, E.; ESCOBAR, A. (Orgs.). *Cultura e política nos movimentos sociais latino-americanos:* novas leituras. Belo Horizonte: Editora UFMG, 2000.

AMARAL, S. G. P. do. As relações de gênero e as profissões de ajuda. In: *Caderno de Comunicações do 9º CBAS*: Cfess, Abess, Enesso, 1998.

ARAÚJO, C. Marxismo, feminismo e o enfoque de gênero. In: *Revista Crítica Marxista*, n. 10, São Paulo: Boitempo, 2000.

________. Ações afirmativas como estratégias políticas feministas. In: BRUSCHINI, C.; UNBEHAUM, S. G. (Orgs.). *Gênero, democracia e sociedade brasileira.* São Paulo: FCC, 2002.

ARAÚJO, G. L. *Criança camponesa:* construindo a identidade de gênero. Recife: UFPE, 1989.

ARAÚJO, M. S. S. S. *Formação profissional e gênero:* um estudo sobre a profissionalização de adolescentes nas entidades populares. Recife: UFPE, 1996.

ARAÚJO, M. M. B. *A menina, a rua e a violência:* um estudo sobre a menina de rua em João Pessoa. João Pessoa: UFPB, 1997.

ARONOWITZ, S. Pós-modernismo e política. In: HOLLANDA, H. B. (Org.). *Pós-modernismo e política.* Rio de Janeiro: Rocco, 1992.

ASSOCIAÇÃO BRASILEIRA DE ENSINO DE SERVIÇO SOCIAL (ABESS). Teoria, método e história na formação profissional do assistente social. In: *Cadernos ABESS,* n. 1. São Paulo: Cortez, 1993.

ASSOCIAÇÃO BRASILEIRA DE ENSINO DE SERVIÇO SOCIAL (ABESS)/ CENTRO DE DOCUMENTAÇÃO E PESQUISA EM POLÍTICA SOCIAL E SERVIÇO SOCIAL (CEDEPSS). *Diretrizes gerais para o curso de Serviço Social.* Rio de Janeiro: Abess/Cedepss, 1996.

_______. *Proposta básica para o projeto de formação profissional*: novos subsídios para o debate. Recife: Abess/Cedepss, 1996a.

_______. Proposta básica para o projeto de formação profissional: documento Abess/Cedepss. In: *Serviço Social e sociedade*, n. 50. São Paulo: Cortez, 1996a.

_______. *Diretrizes gerais para o curso de Serviço Social.* Rio de Janeiro: Abess/ Cedepss, 1996b.

ÁVILA, M. B. Cidadania, direitos humanos e direitos das mulheres. In: BRUSCHINI, C.; UNBEHAUM, S. G. (Orgs.). *Gênero, democracia e sociedade brasileira.* São Paulo: FCC, 2002.

BALBUS, I. D. Mulheres disciplinantes: Michel Foucault e o poder do discurso feminista. In: BENHABIB, S.; CORNELL, D. (Orgs.). *Feminismo como crítica da modernidade*: releitura dos pensadores contemporâneos do ponto de vista da mulher. Rio de Janeiro: Rosa dos Ventos, 1987.

BAPTISTA, M. V. A ação profissional no cotidiano. In: MARTINELLI, M. L.; RODRIGUES ON, M. L.; MUCHAIL, S. T. (Orgs.). *O uno e o múltiplo nas relações entre as áreas do saber*. São Paulo: Cortez, 1998.

BASSANEZI, I. E. *Estilos de vida das pequenas produtoras rurais:* as mulheres do roçado e do sítio. João Pessoa: UFPB, 1994.

BASTOS, M. D. F. *Mulheres chefes de família, condições de vida e representações sociais.* São Paulo: PUC-SP, 1989.

BELLO DE CAMPOS, G. F. M. *Mulheres fora do lugar:* estudo sobre mulheres internadas em hospital psiquiátrico. Rio de Janeiro: UFRJ, 1992.

BENEVIDES, M. V. Democracia de iguais, mas diferentes. In: BORBA, A.; FARIA, N.; GODINHO, T. (Orgs.). *Mulher e política:* gênero e feminismo no Partido dos Trabalhadores. São Paulo: Fundação Perseu Abramo, 1998.

BENHABIB, S.; CORNELL, D. Introdução: além da política do gênero. In: BENHABIB, S.; CORNELL, D. (Orgs.). *Feminismo como crítica da modernidade:* releitura dos pensadores contemporâneos do ponto de vista da mulher. Rio de Janeiro: Rosa dos Ventos, 1987.

________. O outro generalizado e o outro concreto: a controvérsia Kohlberg--Gilligan e a teoria feminista. In: BENHABIB, S.; CORNELL, D. (Orgs.). *Feminismo como critica da modernidade:* releitura dos pensadores contemporâneos do ponto de vista da mulher. Rio de Janeiro: Rosa dos Ventos, 1987.

BENOIT, L. O. Feminismo, gênero e revolução. In: *Revista Crítica Marxista*, n. 10, São Paulo: Boitempo, 2000.

BHABHA, H. K. A questão do outro: diferença, discriminação e o discurso do colonialismo. In: HOLLANDA, H. B. (Org.). *Pós-modernismo e política.* Rio de Janeiro: Rocco, 1992.

BORBA, A. Legislando para mulheres. In: BORBA, A.; FARIA, N.; GODINHO, T. (Orgs.). *Mulher e política:* gênero e feminismo no Partido dos Trabalhadores. São Paulo: Fundação Perseu Abramo, 1998.

BOURDIEU, P. Novas reflexões sobre a dominação masculina. In: LOPES, M. J. M.; MEYER, D. E.; WALDOW, V. R. (Orgs.). *Gênero e saúde*. Porto Alegre: Artes Médicas, 1996.

BRASIL. Presidência da República. Secretaria Especial de Políticas para as Mulheres. *Compromissos do Governo Federal 2003*: políticas públicas para as mulheres. Brasília, 2003.

BRUNO, D. D. Classe e gênero como conceitos analíticos. In: *Caderno de Teses do 7º CBAS*. São Paulo: Anas, CFAS, Abess, Sessune, 1992.

________. Gênero e família na construção da cidadania: uma discussão necessária. In: *Caderno de Comunicações do 8º CBAS*. Salvador: Abess, Cedepss, CFESS, Enesso, 1995.

________. Mulher, família e cidadania no processo Constituinte 87/88. In: *Anais do V ENPESS*. Rio de Janeiro: Abess/Cedepss, 1996.

BRUSCHINI, C. *Reflexões sobre o uso de estatísticas sensíveis à questão de gênero*. Caxambu: Anpocs, 1996.

________. Fazendo as perguntas certas: como tornar visível a contribuição econômica das mulheres para a sociedade? In: ABRAMO, L.; ABREU, A. R. P. (Orgs.). *Gênero e trabalho na sociologia latino-americana*. São Paulo; Rio de Janeiro: Alast, 1998.

BRUSCHINI, C.; UNBEHAUM, S. G. Os programas de pesquisa da Fundação Carlos Chagas e sua contribuição para os estudos de gênero no Brasil. In: BRUSCHINI, C.; UNBEHAUM, S. G. (Orgs.). *Gênero, democracia e sociedade brasileira*. São Paulo: FCC, 2002.

BUTLER, J. Variações sobre sexo e gênero: Beauvoir, Wittig e Foucault. In: BENHABIB, S.; CORNELL, D. (Orgs.). *Feminismo como crítica da modernidade:* releitura dos pensadores contemporâneos do ponto de vista da mulher. Rio de Janeiro: Rosa dos Ventos, 1987.

BUTTO, A. Gênero, família e trabalho. In: BORBA, A.; FARIA, N.; GODINHO, T. (Orgs.). *Mulher e política:* gênero e feminismo no Partido dos Trabalhadores. São Paulo: Fundação Perseu Abramo, 1998.

CÂMARA, C.; CAPPELLIN, P. Gênero, trabalho e cidadania nos anos 90. Contribuições para atualizar o referencial teórico. In: ABRAMO, L.; ABREU, A. R. P. (Orgs.). *Gênero e trabalho na sociologia latino-americana*. São Paulo; Rio de Janeiro: Alast, 1998.

CAMARGO, M. Novas políticas de combate à violência. In: BORBA, A.; FARIA, N.; GODINHO, T. (Orgs.). *Mulher e política:* gênero e feminismo no Partido dos Trabalhadores. São Paulo: Fundação Perseu Abramo, 1998.

CANOAS, C. S. *Mulher e cidadania:* perspectiva para o próximo século. Uma reflexão na realidade metropolitana de São Paulo. São Paulo: PUC-SP, 1995.

CASTRO, M. G. A questão da mulher na reprodução da força de trabalho. In: *Encontros com a civilização brasileira*. Rio de Janeiro: Civilização Brasileira, 1980.

_______. Marxismo, feminismos e feminismo marxista: mais que um gênero em tempos neoliberais. In: *Revista Crítica Marxista*, n. 10. São Paulo: Boitempo, 2000.

CONSELHO FEDERAL DE SERVIÇO SOCIAL (CFESS). Código de Ética Profissional do Assistente Social. In: BONETTI et al. *Serviço Social e ética*. São Paulo: Cortez/CFESS, 1996.

_______. Famílias no plural. In: *Relatório das sessões temáticas do IX Congresso Brasileiro de Assistentes Sociais*. Goiânia: CFESS, Cedepss, Enesso, Abess, 2005.

_______. *Assistentes sociais no Brasil:* elementos para o estudo do perfil profissional. Brasília: CFESS, 2005a.

CHABAUD, D.; FOUGEYROLLAS-SCHWEBEL, D. Sobre a autonomia relativa da produção e da reprodução. In: KARTCHEUSKY, A. et al. (Orgs.). *O sexo do trabalho*. Rio de Janeiro: Paz e Terra, 1986.

CHINALI, I. G. *Empregada doméstica:* mulher e trabalhadora: uma proposta de intervenção do Serviço Social. São Paulo: PUC-SP, 1992.

_______. *De volta do lar?* Trabalho feminino e globalização. São Paulo: PUC-SP, 1996.

_______. Trabalho feminino e globalização. In: *Caderno de Comunicações do 9º CBAS*: CFESS, Abess, Enesso, 1998.

CHING-LING, S. A libertação da mulher na China. In: MACHEL, S. et al. *A libertação da mulher*. 3. ed. São Paulo: Global, 1982.

CHOINASKI, L. Uma experiência de luta. In: BORBA, A.; FARIA, N.; GODINHO, T. (Orgs.). *Mulher e política:* gênero e feminismo no Partido dos Trabalhadores. São Paulo: Fundação Perseu Abramo, 1998.

COELHO, C. C. Gênero e políticas públicas. In: ALCIONE, L. S.; LAGO, M. C. S.; RAMOS, T. R. (Orgs.). *Falas de gênero*. Florianópolis: Editora das Mulheres, 1999.

COELHO, V. P. *Fome de ser feliz*. Histórias de vida de mulheres com transtornos alimentares. São Paulo: PUC-SP, 1995.

COMBES, D.; HAICAULT, M. Produção e reprodução, relações sociais de sexo e de classes. In: KARTCHEUSKY, A. et al. *O sexo do trabalho*. Rio de Janeiro: Paz e Terra, 1986.

CORBISIER, A. Apresentação. In: MACHEL, S. et al. *A libertação da mulher*. 3. ed. São Paulo: Global, 1982.

CORDEIRO, R. L. M. Apanhar dói e machuca! As ambivalências das mulheres sobre a violência de gênero. Recife: UFPE, 1995.

_______. As ambivalências das mulheres e a violência de gênero. In: *Caderno de comunicações do 8º CBAS*. Salvador: Abess, CedepsS, CFESS, Enesso, 1996.

CORNELL, D.; THURSCHWELL, A. Feminismo, negatividade, intersubjetividade. In: BENHABIB, S.; CORNELL, D. (Orgs.). *Feminismo como crítica da modernidade:* releitura dos pensadores contemporâneos do ponto de vista da mulher. Rio de Janeiro: Rosa dos Ventos, 1987.

COSTA, C. L. O leito de Procusto: gênero, linguagem e as teorias feministas. In: *Cadernos Pagu*, n. 2. Campinas: Núcleo de Estudos de gênero-Unicamp, 1994.

COUTINHO, C. N. *A dualidade de poderes:* introdução à teoria marxista de Estado e revolução. São Paulo: Brasiliense, 1985.

_______. *Gramsci*: um estudo sobre seu pensamento político. Rio de Janeiro: Campus, 1992.

_______. Representação de interesses, formulação de hipóteses e hegemonia. In: *Reforma sanitária:* em busca de uma teoria. 2. ed. São Paulo: Cortez; Rio de Janeiro: Abrasco, 1995.

_______. *Marxismo política:* a dualidade de poderes e outros ensaios. 2. ed. São Paulo: Cortez, 1996.

_______. Notas sobre cidadania e modernidade. In: *Revista Praia Vermelha: Estudos sobre política social e teoria social*, v. 1, n. 1, Rio de Janeiro: UFRJ, 1997.

DELGADO, M. B. G. Mulheres na CUT: um olhar sobre o sindicalismo. In: BORBA, A.; FARIA, N.; GODINHO, T. (Orgs.). *Mulher e política:* gênero e feminismo no Partido dos Trabalhadores. São Paulo: Fundação Perseu Abramo, 1998.

DIAS, M. R. *O trabalho doméstico não remunerado:* um estudo de caso. Rio de Janeiro, PUC-RJ, 1991.

DUARTE, M. S. M. *Aids e gênero na união conjugal:* a história das mulheres. Recife: UFPE, 1996.

ENGELS, F. *A origem da família, da propriedade privada e do Estado*. Rio de Janeiro: Civilização Brasileira, 1975.

EVANGELISTA, J. E. *Crise do marxismo e irracionalismo pós-moderno*. São Paulo: Cortez, 1997.

FALEIROS, V. P. *Estratégias em Serviço Social*. São Paulo: Cortez, 1999.

FARIA, N. Sexualidade e feminismo. In: BORBA, A.; FARIA, N.; GODINHO, T. (Orgs.). *Mulher e política:* gênero e feminismo no Partido dos Trabalhadores. São Paulo: Fundação Perseu Abramo, 1998.

FAURY, M. Um estudo sobre gênero e Serviço Social. In: *Anais do V Enpess*. Rio de Janeiro: Abess/Cedepss, 1996.

FERNANDES, L. L. *Alterações e permanências na relação homem e mulher:* implicações da participação comunitária e das condições de vida entre moradores de favela. Um estudo exploratório. Rio de Janeiro, UFRJ, 1992.

FILGUEIRAS, C. A. C. As trabalhadoras sociais e as famílias pobres em Paris (1919-1939): investigação, assistência e educação. In: *Serviço Social e Sociedade*, n. 42. São Paulo: Cortez, 1993.

FLAX, J. Pós-modernismo e as relações de gênero na teoria feminista. In: HOLLANDA, H. B. (Org.). *Pós-modernismo e política*. Rio de Janeiro: Rocco, 1992.

FONSECA, L. R. M. *Gênero e Aids:* um estudo com mulheres pobres, soropositivas, em idade reprodutiva. Brasília: UnB, 1997.

FRANCO, J. Sentido e sensualidade: notas sobre a formação nacional. In: HOLLANDA, H. B. (Org.). *Tendências e impasses:* o feminismo como crítica da cultura. Rio de Janeiro: Rocco, 1994.

FRASER, N. Que é crítico na teoria crítica? O argumento de Habermas e o gênero. In: BENHABIB, S.; CORNELL, D. (Orgs.). *Feminismo como critica da modernidade:* releitura dos pensadores contemporâneos do ponto de vista da mulher. Rio de Janeiro: Rosa dos Ventos, 1987.

_______. Políticas feministas na era do reconhecimento: uma abordagem bidimensional da justiça de gênero. In: BRUSCHINI, C.; UNBEHAUM, S. G. (Orgs.). *Gênero, democracia e sociedade brasileira*. São Paulo: FCC, 2002.

FREITAS, R. C. S. Serviço Social e gênero: um diálogo necessário. In: *Caderno de Comunicações do 8º CBAS*. Salvador: Abess, Cedepss, CFESS, Enesso, 1995.

GARCIA, F. M. *Ser social, dominação e violência*: um estudo do binômio dominação-violência a partir de uma perspectiva ontológica, com ênfase na questão de gênero. São Paulo: PUC-SP, 1999.

GARCIA, I. Gênero e políticas públicas municipais. In: BORBA, A.; FARIA, N.; GODINHO, T. (Orgs.). *Mulher e política:* gênero e feminismo no Partido dos Trabalhadores. São Paulo: Fundação Perseu Abramo, 1998.

GARCIA, M. L. D. G. *Da proteção no trabalho à construção da cidadania:* questões de gênero na adolescência. Recife: UFPE, 1997.

GATES JÚNIOR, H. L. A escuridão e o escuro: uma crítica do signo e o macaco significador. In: HOLLANDA, H. B. (Org.). *Pós-modernismo e política.* Rio de Janeiro: Rocco, 1992.

GEHLEN, V. Gênero na formação profissional do assistente social: um momento de reflexão. In: *Caderno de Comunicações do 8º CBAS*. Salvador: Abess, Cedepss, CFESS, Enesso, 1995.

GODELIER, M. As relações homem-mulher: o problema da dominação masculina. In: *Encontros com a civilização brasileira.* Rio de Janeiro: Civilização Brasileira, 1980.

GODINHO, T. O PT e o feminismo. In: BORBA, A.; FARIA, N.; GODINHO, T. (Orgs.). *Mulher e política:* gênero e feminismo no Partido dos Trabalhadores. São Paulo: Fundação Perseu Abramo, 1998.

GRASSI, E. *La mujer y la profession de asistente social:* el control de la vida cotidiana. Buenos Aires: Humanitas, 1989.

GROSSI, P. K. *Violência contra a mulher na esfera doméstica:* rompendo o silêncio. Porto Alegre: PUC-RS, 1993.

GUEDES, N. B. *Gênero*: relação desafiadora para movimentos sociais e ONGs. Estudo de quatro ONGs de mulheres. Rio de Janeiro: UFRJ, 1997.

GUERRA, Y. *A instrumentalidade do serviço social.* São Paulo: Cortez, 1995.

HARAWAY, D. Um manifesto para os *cyborgs*: ciência, tecnologia e feminismo socialista na década de 80. In: HOLLANDA, H. B. (Org.). *Tendências e impasses:* o feminismo como crítica da cultura. Rio de Janeiro: Rocco, 1994.

HAUER, P. *Esterilização feminina:* um grupo das representações de um grupo de profissionais, seus dilemas e impasses. Rio de Janeiro: PUC-RJ, 1997.

HECKERT, S. M. R. *Identidade e mulher no Serviço Social.* Rio de Janeiro: UFRJ, 1990.

________. Identidade e mulher no Serviço Social. In: *Serviço Social e Sociedade*, n. 36. São Paulo: Cortez, 1991.

HELLER, A. O futuro das relações entre os sexos. In: *Encontros com a civilização brasileira*. Rio de Janeiro: Civilização Brasileira, 1980.

HELUY, F. B. *Fazendo gênero*: a mulher boia-fria (en)cena. Rio de Janeiro: PUC-RJ, 1993.

HIRATA, H. Globalização, trabalho e tecnologias: uma perspectiva de gênero. 8º Encontro Internacional Mulher e Saúde, 1997.

_______. Relaciones sociales de sexo y división del trabajo: contribuición a la discusíon sobre el concepto trabajo. In: *Herramienta Revista de debate y crítica marxista*, n. 14. Buenos Aires, 2000-2001.

HOLLANDA, H. B. Introdução: políticas da teoria. In: HOLLANDA, H. B. (Org.). *Pós-modernismo e política*. Rio de Janeiro: Rocco, 1992.

_______. Introdução: feminismo em tempos pós-modernos. In: HOLLANDA, H. B. (Org.). *Tendências e impasses:* o feminismo como crítica da cultura. Rio de Janeiro: Rocco, 1994.

HUYSSEN, A. Mapeando o pós-moderno. In: HOLLANDA, H. B. (Org.). *Pós--modernismo e política*. Rio de Janeiro: Rocco, 1992.

IAMAMOTO, M. V. *Renovação e conservadorismo no Serviço Social no Brasil*. Esboço de uma interpretação histórico-metodológica. 4. ed. São Paulo: Cortez-Celats, 1992.

_______. *O Serviço Social na contemporaneidade:* trabalho e formação profissional. São Paulo: Cortez, 1998.

IAMAMOTO, M. V.; CARVALHO, R. *Relações sociais e Serviço Social no Brasil*. 2. ed. São Paulo: Cortez; Lima/Peru: Celats, 1983.

JAMESON, F. Periodizando os anos 60. In: HOLLANDA, H. B. (Org.). *Pós--modernismo e política*. Rio de Janeiro: Rocco, 1992.

JOHNSON, N. *El estado de bienestar en transición:* la teoria y la práctica del pluralismo de bienestar. Madri: Ministerio de Trabajo y Seguridad Social, 1990.

KAMEYAMA, N. Metodologia: uma questão em questão. In: *Caderno ABESS*, n. 3. São Paulo: Cortez, 1989.

_______ (Coord.). *Catálogo de teses de doutorado e dissertações de mestrado*: Área Serviço Social: Brasil (1974-1995). Rio de Janeiro: UFRJ, 1996.

_______. A trajetória da produção de conhecimentos em Serviço Social: avanços e tendências. In: *Cadernos ABESS*, n. 8. São Paulo: Cortez, 1998.

KAPO, V. A mulher albanesa e a sua completa emancipação. In: MACHEL, S. et al. *A libertação da mulher*. 3. ed. São Paulo: Global, 1982.

KERGOAT, D. Em defesa de uma sociologia das relações sociais – Da análise crítica das categorias dominantes à elaboração de uma nova conceituação. In: KARTCHEUSKY, A. et al. *O sexo do trabalho*. Rio de Janeiro: Paz e Terra, 1986.

_______. Relações sociais de sexo e divisão sexual do trabalho. In: LOPES, M. J. M.; MEYER, D. E.; WALDOW, V. R. (Orgs.). *Gênero e saúde*. Porto Alegre: Artes Médicas, 1996.

KOFES, S. Categorias analítica e empírica: gênero e mulher: disjunções, conjunções e mediações. In: *Cadernos Pagu*, de trajetórias e sentimentos, n. 1, Campinas, 1993.

KOLLONTAI, A. "A família e o Estado socialista". In: MACHEL, S. et al. *A libertação da mulher*. 3. ed. São Paulo: Global, 1982.

KOSIK, K. *Dialética do concreto*. Rio de Janeiro: Paz e Terra, 1976.

LACLAU, E. A política e os limites da modernidade. In: HOLLANDA, H. B. (Org.). *Pós-modernismo e política*. Rio de Janeiro: Rocco, 1992.

LAFARGUE, P. A questão da mulher. In: MACHEL, S. et al. *A libertação da mulher*. 3. ed. São Paulo: Global, 1982.

LAMAS, M. Gênero: os conflitos e desafios do novo paradigma. In: *Proposta; desigualdades de gênero*. Rio de Janeiro: Fase, n. 84:85, 2000.

LAUFER, J. Igualdade profissional e ações afirmativas. In: DELGADO, D. G.; CAPPELLIN, P.; SOARES, V. (Orgs.). *Mulher e trabalho:* experiências de ação afirmativa. São Paulo: Boitempo, 2000.

LAURETIS, T. A tecnologia do gênero. In: HOLLANDA, H. B. (Org.). *Tendências e impasses*: o feminismo como crítica da cultura. Rio de Janeiro: Rocco, 1994.

LAVINAS, L.; CASTRO, M. G. Do feminino ao gênero: a construção de um objeto. In: COSTA, A. O; BRUSCHINI, C. (Orgs.). *Uma questão de gênero*. Rio de Janeiro: Rosa dos Ventos; São Paulo: Fundação Carlos Chagas, 1992.

LEFEBVRE, H. *Materialismo dialético e sociologia*. Lisboa: Presença, 1958.

LEFEBVRE, H. A vida cotidiana no mundo moderno. São Paulo: Ática, 1991, p. 42, *apud* BAPTISTA, M. V. A ação profissional no cotidiano. In: MARTINELLI, M. L. et al. (Orgs.). *O uno e o múltiplo nas relações entre as áreas do saber*. 2. ed. São Paulo: Cortez, 1998. p. 110-21. LEGAULT, G. Intervenção feminista e Serviço Social. In: *Serviço Social e Sociedade*, n. 37. São Paulo: Cortez, 1991.

LEITE, R. S. C. Feminismo em questão: entrevista com Rosalina de Santa Cruz Leite. In: *Serviço Social e Sociedade*, n. 5. São Paulo: Cortez, 1981.

LEMAIRE, R. Repensando a história literária. In: HOLLANDA, H. B. (Org.). *Tendências e impasses*: o feminismo como crítica da cultura. Rio de Janeiro: Rocco, 1994.

LÊNIN, V. I. As tarefas da mulher na República dos Sovietes. In MARX, ENGELS, LÊNIN. *Sobre a mulher*. 3. ed. São Paulo: Global, 1981. (Coleção Bases-Práxis, v. 17).

______. Igualdade completa para as mulheres. In: MARX, ENGELS, LÊNIN. *Sobre a mulher*. 3. ed. São Paulo: Global, 1981a. (Coleção Bases-Práxis, v. 17).

LIMA DE ALMEIDA, C. C. A hierarquia de gênero como importante fator na elaboração da política de saúde reprodutiva. In: *Caderno de Comunicações do 9º CBAS*: CFESS, Abess, Enesso, 1998.

______. Relações de gênero e saúde reprodutiva: quando os homens entram em cena. In: *Anais do VI Enpess*. Brasília: Abess/Cedepss, 1998a.

LIMA, I. M. M. R. *Mulheres na luta pela terra e as relações particulares*. Recife: UFPE, 1993.

LIMA, V. L. A. F. M. *O início do Serviço Social no Brasil:* um feminismo cristão. São Paulo: PUC-SP, 1991.

LORENZETTO, M. G.M. *As senhoras do tempo*. São Paulo: PUC-SP, 1997.

LOURO, G. L. Nas redes do conceito de gênero. In: LOPES, M. J. M.; MEYER, D. E.; WALDOW, V. R. (Orgs.). *Gênero e saúde*. Porto Alegre: Artes Médicas, 1996.

______. *Gênero, sexualidade e educação:* uma perspectiva pós-estruturalista. Petrópolis: Vozes, 1997.

LUKÁCS, G. *História e consciência de classe*. Porto: Escorpião, 1974.

MACHADO, S. S. L. O Serviço Social e as representações de gênero: reflexões preliminares sobre a prática na delegacia de mulheres. In: *Caderno de Comunicações do 8º CBAS*. Salvador: Abess, Cedepss, CFESS, Enesso, 1995.

MACHEL, S. A libertação da mulher é uma necessidade da revolução, garantia da sua continuidade, condição do seu triunfo. In: MACHEL, S. et al. *A libertação da mulher*. 3. ed. São Paulo: Global, 1982.

MAI THI TU. A mulher vietnamita ontem e hoje. In: MACHEL, S. et al. *A libertação da mulher*. 3. ed. São Paulo: Global,1982.

MARCONSIN, C. *Os gêneros e os trabalhos divididos:* inovação e conservadorismo. Um estudo comparativo do feminino no Serviço Social e na Medicina. João Pessoa: UFPB, 1997.

MARKUS, M. Mulheres, êxito e sociedade civil: submissão a ou subversão do princípio de realização. In: BENHABIB, S.; CORNELL, D. (Orgs.). *Feminismo como critica da modernidade:* releitura dos pensadores contemporâneos do ponto de vista da mulher. Rio de Janeiro: Rosa dos Ventos, 1987.

MARQUES DA SILVA, D. P. Relações de gênero no campo profissional e práticas públicas. In: *Caderno de Comunicações do 8º CBAS*. Salvador: Abess, Cedepss, CFESS, Enesso, 1995.

_______. O intercurso das imagens profissionais do médico e do assistente social. In: *Anais do VI Enpess*. Brasília: Abess/Cedepss, 1998.

MARTINELLI, M. L. O serviço social e a perspectiva interdisciplinar. In: MARTINELLI, M. L.; RODRIGUES ON, M. L.; MUCHAIL, S. T. (Orgs.). *O uno e o múltiplo nas relações entre as áreas do saber*. São Paulo: Cortez, 1998.

MARX, ENGELS, LÊNIN. *Sobre a mulher.* Revisão de Adamantina Venâncio. 3. ed. São Paulo: Global, 1981. p. 112. (Coleção Bases-Práxis, v. 17). MARX, K. O *Capital:* crítica da economia política. São Paulo: Abril, 1984.

_______. *O Manifesto Comunista*. Rio de Janeiro: Paz e Terra, 1996.

_______. *A ideologia alemã*. São Paulo: Martins Fontes, 1998.

MASCIARELLI. F. Feminismo e freudismo. In: *Encontros com a civilização brasileira*. Rio de Janeiro: Civilização Brasileira, 1980.

McINTOSH, M. The Estate and the Opression of Women. In: KUHN, A.; WOLPE, A. M. *Feminism and Materialism*. Londres: Routledge and Kegan Paul, 1977.

MEDEIROS, S. L. *O universo feminino da idosa perante a morte*. São Paulo: PUC-SP, 1990.

MELO, A. M. V. et al. Memória, trabalho, identidade e gênero. In: *Caderno de Comunicações do 9º CBAS*: CFESS, Abess, Enesso, 1998.

MELO, H. P. Globalização, políticas neoliberais e relações de gênero no Brasil. In: BORBA, A.; FARIA, N.; GODINHO, T. (Orgs.). *Mulher e política*: gênero e feminismo no Partido dos Trabalhadores. São Paulo: Fundação Perseu Abramo, 1998.

MENDONÇA, L. Mulher e saúde: uma avaliação contemporânea. In: BORBA, A.; FARIA, N.; GODINHO, T. (Orgs.). *Mulher e política:* gênero e feminismo no Partido dos Trabalhadores. São Paulo: Fundação Perseu Abramo, 1998.

MEYER, D. E. Do poder ao gênero: uma articulação teórico-analítica. In: LOPES, M. J. M.; MEYER, D. E.; WALDOW, V. R. (Orgs.). *Gênero e saúde*. Porto Alegre: Artes Médicas, 1996.

MONTAÑO, C. E. *La naturaleza del Servicio Social:* un ensayo sobre su génesis, su especificidad y su reproducción. São Paulo: Cortez, 1998.

MORAES, M. L. Q. Usos e limites da categoria gênero. In: *Cadernos Pagu,* n. 11. Campinas: Núcleo de Estudos de Gênero/Unicamp, 1998.

_______. Marxismo e feminismo: afinidades e diferenças. In: *Revista Crítica Marxista*, n. 10. São Paulo: Boitempo, 2000.

MORAIS, G. M. As formas de ajuda e a trajetória do Serviço Social: percepção das pioneiras. In: *Anais do VI Enpess*. Brasília: Abess/Cedepss, 1998.

MOTA, C. N. Por uma antropologia da mulher. In: *Encontros com a civilização brasileira*. Rio de Janeiro: Civilização Brasileira, 1980.

NASCIMENTO, M. A. C. A produção técnico-científica do Serviço Social e o tema mulher e relações de gênero: um olhar fugaz. In: *Anais do V Enpess*. Rio de Janeiro: Abess/Cedepss, 1996.

NETTO, J. P. *O que é marxismo*. São Paulo: Brasiliense, 1985.

_______. O Serviço Social e a tradição marxista. In: *Serviço Social e Sociedade*, n. 30. São Paulo: Cortez, 1989.

_______. *Capitalismo monopolista e serviço social*. São Paulo: Cortez, 1992.

_______. Marxismo e família: notas para uma discussão. In: AZEVEDO, M. A.; GUERRA, V. A. (Orgs.). *Infância e violência doméstica:* fronteiras do conhecimento. São Paulo: Cortez, 1993.

_______. *Crise do socialismo e ofensiva neoliberal*. São Paulo: Cortez, 1995.

_______. Prefácio. In: GUERRA, Y. *A instrumentalidade do Serviço Social*. São Paulo: Cortez, 1995a.

_______. *Ditadura e Serviço Social:* uma análise de Serviço Social no Brasil pós-64. 3. ed. São Paulo: Cortez, 1996.

_______. Transformações societárias e Serviço Social: notas para uma análise prospectiva da profissão no Brasil. In: *Serviço Social e Sociedade*, n. 50. São Paulo: Cortez, 1996a.

_______. O Marx de Sousa Santos: uma nota polêmica. In: *Revista Praia Vermelha: estudos de política social e teoria social,* v. 1, n. 1. Rio de Janeiro: UFRJ, 1997.

NETTO, J. P. A construção do projeto ético político do serviço social frente à crise contemporânea. In: *Crise Contemporânea, Questão Social e Serviço Social. Capacitação em Serviço Social e Política Social*. Brasília, CFESS/Abepss/Cead-UnB, 1999.

NETTO, J. P.; CARVALHO, M. C. B. *Cotidiano*: conhecimento e crítica. 5. ed. São Paulo: Cortez, 2000. p. 13-62.

NICHOLSON, L. Feminismo e Marx: integrando o parentesco com o econômico. In: BENHABIB, S.; CORNELL, D. (Orgs.). *Feminismo como critica da modernidade:* releitura dos pensadores contemporâneos do ponto de vista da mulher. Rio de Janeiro: Rosa dos Ventos, 1987.

OLGIATI, E. As ações afirmativas na Itália e um olhar sobre a Europa. In: DELGADO, D. G.; CAPPELLIN, P.; SOARES, V. (Orgs.). *Mulher e trabalho:* experiências de ação afirmativa. São Paulo: Boitempo, 2000.

OLIVEIRA, A. F. *O cotidiano da mulher alcoolista em tratamento:* busca de pontos referenciais para o assistente social. Porto Alegre: PUC-RS, 1997.

PARAÍSO, M. A. Gênero na formação docente: campo de silêncio no currículo. In: *Cadernos de Pesquisa*, n. 102. São Paulo: Cortez, 1997. p. 23-45.

PATE, K. Ação afirmativa nos Estados Unidos. In: DELGADO, D. G.; CAPPELLIN, P.; SOARES, V. (Orgs.). *Mulher e trabalho:* experiências de ação afirmativa. São Paulo: Boitempo, 2000.

PAVEZ, G. A. *Caso Eliane de Grammont:* presença/ausência de uma política pública de violência de gênero. São Paulo: PUC-SP, 1997.

PELEGRINO, A. I. C. *Demanda dos espaços privado e público na condição de ser mulher e de ser assistente social.* Rio de Janeiro: UFRJ, 1992.

PEREIRA, P. A. P. Desafios contemporâneos para a sociedade e a família. In: *Serviço Social e Sociedade*, n. 48. São Paulo: Cortez, 1995.

PETRAS, J. Classe, gênero e luta revolucionária. In: *Neoliberalismo:* América Latina, Estados Unidos e Europa. Blumenau: Furb, 1999.

PINTO, C. R. Teoria política feminista, desigualdade social e democracia no Brasil. In: BRUSCHINI, C.; UNBEHAUM, S. G. (Orgs.). *Gênero, democracia e sociedade brasileira.* São Paulo: FCC, 2002.

PITANGUY, J. Gênero, cidadania e direitos humanos. In: BRUSCHINI, C.; UNBEHAUM, S. G. (Orgs.). *Gênero, democracia e sociedade brasileira.* São Paulo: FCC, 2002.

PONTES, R. N. *Mediação e Serviço Social*: um estudo preliminar sobre a categoria teórica e sua apropriação pelo Serviço Social. São Paulo: Cortez, 1995.

POSADAS, J. A libertação da mulher, a luta de classes e a revolução socialista. In: MACHEL, S. et al. *A libertação da mulher.* 3. ed. São Paulo: Global, 1982. p.103.

POUGY, L. G. *A cidadania reprodutiva em construção no Rio de Janeiro:* representações sobre contracepção. São Paulo: PUC-SP, 1998.

PRATT, M. L. Mulher, literatura e irmandade nacional. In: HOLLANDA, H. B. (Org.). *Tendências e impasses:* o feminismo como crítica da cultura. Rio de Janeiro: Rocco, 1994.

QUIROGA, C. *Invasão positivista no marxismo:* manifestações no ensino da metodologia no Serviço Social. São Paulo: Cortez, 1991.

RANGEL, A. M. H. *Serviço Social:* uma profissão feminina? Estudo junto às assistentes sociais do município do Rio de Janeiro. Rio de Janeiro: PUC-RJ, 1983.

REALI, C. F. *A marca feminina na profissão de assistente social.* Um estudo da realidade de Porto Alegre/Rio Grande do Sul. Porto Alegre: PUC-RS, 1989.

REICH, W. *A revolução sexual*. Rio de Janeiro: Zahar, 1976.

RIBEIRO, M. Antigas personagens, novas cenas: mulheres negras e participação política. In: BORBA, A.; FARIA, N.; GODINHO, T. (Orgs.). *Mulher e política:* gênero e feminismo no Partido dos Trabalhadores. São Paulo: Fundação Perseu Abramo, 1998.

RODRIGUES, M. T. Serviço Social, gênero e violência. In: *Caderno de Comunicações do 9º CBAS*: CFESS, Abess, Enesso, 1998.

RODRIGUEZ, B. O. F. *As mulheres dirigentes sindicais na CUT do Rio de Janeiro*. Rio de Janeiro: UFRJ, 1996.

SAFFIOTI, H. I. B. *A mulher na sociedade de classes:* mito e realidade. Petrópolis: Vozes, 1976.

_______. A mulher sob o modo de produção capitalista. In: *Revista Contexto*, n. 1. São Paulo: Hucitec, 1976a.

_______. Força de trabalho feminina no Brasil: no interior das cifras. In: *Perspectivas: Revista de Ciências Sociais*, v. 8, São Paulo: Unesp, 1985.

_______. *Questões metodológicas na análise da incorporação da mulher na força de trabalho*. Caxambu: Anpocs, 1985.

_______. *O poder do macho*. São Paulo: Moderna, 1987.

_______. Feminismos e seus frutos no Brasil. In: SADER, E. (Org.). *Movimentos sociais na transição democrática*. São Paulo: Cortez, 1987a.

_______. Movimentos sociais: face feminina. In: CARVALHO, N. V. (Org.). *A condição feminina*. São Paulo: Revista dos Tribunais, 1988.

_______. Novas perspectivas metodológicas de investigação das relações de gênero. In: SILVA, M. A. M. (Org.). *Mulher em seis tempos*. Araraquara: Unesp, 1991.

_______. Rearticulando gênero e classe social. In: COSTA, A. O.; BRUSCHINI, C. (Orgs.). *Uma questão de gênero*. Rio de Janeiro: Rosa dos Ventos; São Paulo: Fundação Carlos Chagas, 1992.

_______. Posfácio: conceituando o gênero. In: SAFFIOTI, H. I. B.; MUÑOZ--VARGAS, M. (Orgs.). *Mulher brasileira é assim*. Rio de Janeiro: Rosa dos Tempos--Nipas; Brasília: Unicef, 1994. p. 271-83.

_______. *No caminho de um novo paradigma*. São Paulo: PUC-SP, 1998.

_______. Quem tem medo dos esquemas patriarcais de pensamento? In: *Revista Crítica Marxista*, n. 10. São Paulo: Boitempo, 2000.

SAFFIOTI, H. I. B.; ALMEIDA, S. S.; CANÇADO, M. E. R. A rotinização da violência contra a mulher: o lugar da práxis na construção da subjetividade. *Congresso Internacional América 92: Raízes e Trajetórias* — USP/São Paulo, 1992.

SAFFIOTI, H. I. B.; ALMEIDA, S. S. *Epistemologia, Estado e políticas públicas dirigidas à mulher*. Caxambu: Anpocs, 1992.

_______. *Violência de gênero*. Poder e impotência. Rio de Janeiro: Revinter, 1995.

SAID, E. W. O orientalismo revisto. In: HOLLANDA, H. B. (Org.). *Pós-modernismo e política*. Rio de Janeiro: Rocco, 1992.

SALES, M. A.; BULHÕES, S. (Orgs.). Famílias no plural. *Relatório da sessão temática "Família e Sociedade"*. Goiânia: 9º CBAS, 1998.

SAMARA, E. M. O discurso e a construção da identidade de gênero na América Latina. In: *Gênero em debate:* trajetória e perspectivas na historiografia contemporânea. São Paulo: Educ, 1997.

SCOTT, J. W. Prefácio à *Gender and Politics of History*. In: *Cadernos Pagu*, n. 3. Campinas: Núcleo de Estudos de gênero/Unicamp, 1994.

_______. *Gênero:* uma categoria útil de análise histórica. 2. ed. Recife: SOS Corpo, 1995.

SENES, S. M. L. B. *Trabalhadora doméstica:* nosso serviço tem valor. Estudo sobre o significado de uma profissão. Rio de Janeiro: PUC-RJ, 1996.

SERRA, R. M. S. (Coord.). *O Serviço Social e os seus empregadores:* o mercado de trabalho nos órgãos públicos, empresas e entidades sem fins lucrativos no estado do Rio de Janeiro. Rio de Janeiro: UERJ, 1998.

SHOWALTER, E. A crítica feminista no território selvagem. In: HOLLANDA, H. B. (Org.). *Tendências e impasses:* o feminismo como crítica da cultura. Rio de Janeiro: Rocco, 1994.

SILVA, E. B. Teorias sobre trabalho e tecnologias domésticas. In: ABRAMO, L.; ABREU, A. R. P. (Orgs.). *Gênero e trabalho na sociologia latino-americana*. São Paulo; Rio de Janeiro: Alast, 1998.

SILVA, L. M. M. *Serviço Social e família:* a legitimação de uma ideologia. São Paulo: Cortez, 1987.

SILVA, M. G. *Mandona vem de família*: um estudo de trabalho, gênero e poder entre trabalhadores rurais. Rio de Janeiro: PUC-RJ, 1996.

SILVA, Z. M. P. *O fio mágico das rendeiras:* a ação política das mulheres na redefinição das relações de gênero. São Paulo: PUC-SP, 1992.

SOARES, V. Muitas faces do feminismo no Brasil. In: BORBA, A.; FARIA, N.; GODINHO, T. (Orgs.). *Mulher e política:* gênero e feminismo no Partido dos Trabalhadores. São Paulo: Fundação Perseu Abramo, 1998.

SOMMER, D. Amor e pátria na América Latina: uma especulação alegórica sobre sexualidade e patriotismo. In: HOLLANDA, H. B. (Org.). *Tendências e impasses:* o feminismo como crítica da cultura. Rio de Janeiro: Rocco, 1994.

SORJ, B. O feminismo na encruzilhada da modernidade e pós-modernidade. In: COSTA, A. O.; BRUSCHINI, C. (Orgs.). *Uma questão de gênero*. Rio de Janeiro: Rosa dos Ventos; São Paulo: Fundação Carlos Chagas, 1992.

________. O feminismo e os dilemas da sociedade brasileira. In: BRUSCHINI, C.; UNBEHAUM, S. G. (Orgs.). *Gênero, democracia e sociedade brasileira*. São Paulo: FCC, 2002.

SPIVAK, G. Quem reivindica alteridade? In: HOLLANDA, H. B. (Org.). *Tendências e impasses:* o feminismo como crítica da cultura. Rio de Janeiro: Rocco, 1994.

STEPAN, N. L. Raça e gênero: o papel da analogia na ciência. In: HOLLANDA, H. B. (Org.). *Tendências e impasses:* o feminismo como crítica da cultura. Rio de Janeiro: Rocco, 1994.

SUPLICY, M. Aborto: história de muitas histórias. In: BORBA, A.; FARIA, N.; GODINHO, T. (Orgs.). *Mulher e política:* gênero e feminismo no Partido dos Trabalhadores. São Paulo: Fundação Perseu Abramo, 1998.

TILLY, L. A. Gênero, história das mulheres e história social. In: *Cadernos Pagu*, n. 2. Campinas: Núcleo de Estudos de gênero/Unicamp, 1994.

VAITSMAN, J. Biologia e história (ou por que a igualdade é possível). In: *Mulher, saúde e sociedade no Brasil*. Rio de Janeiro: Abrasco, 1989.

________. Hierarquia de gênero e iniquidade em saúde. In: PHYSIS – *Revista de saúde coletiva*, v. 4, n. 1, Gênero, prática médica e saúde, 1994.

VARIKAS, E. Gênero, experiência e subjetividade: a propósito do desacordo Tilly-Scott. In: *Cadernos Pagu,* n. 2. Campinas: Núcleo de Estudos de Gênero/Unicamp, 1994.

VASCONCELOS, E. M. Estado e políticas sociais no capitalismo: uma abordagem marxista. In: *Serviço Social e sociedade*, n. 28. São Paulo: Cortez, 1988.

VÁSQUEZ, A. S. *Filosofia da práxis*. Rio de Janeiro: Paz e Terra, 1968.

VELOSO, R. *Serviço Social*: profissão feminina? A condição masculina na formação profissional. Trabalho de conclusão de curso. Rio de Janeiro: UFRJ, 1996.

________. *Gênero e Serviço Social:* um balanço crítico-bibliográfico. Rio de Janeiro: UFRJ, 2000.

________. O lugar do gênero na produção de conhecimentos em serviço social. In: *Anais do VII Enpess*. Brasília: Abepss, 2000a.

________. No caminho de uma reflexão sobre Serviço Social e gênero. In: *Revista Praia Vermelha:* estudos de política social e teoria social. v. 2, n. 4. Rio de Janeiro: Editora da UFRJ, 2001.

________. Notas introdutórias sobre o debate das relações de gênero. In: *Revista Universidade e Sociedade.* São Paulo: Sindicato Nacional dos Docentes de Instituições de Ensino Superior, 2003.

VERDÈS-LEROUX, J. *Trabalhador social:* prática, hábitos, *ethos*, formas de intervenção. São Paulo: Cortez, 1986.

VOETS, M. Comunidade europeia: a estratégia europeia para a ação afirmativa. In: DELGADO, D. G.; CAPPELLIN, P.; SOARES, V. (Orgs.). *Mulher e trabalho:* experiências de ação afirmativa. São Paulo: Boitempo, 2000.

WILSON, E. *Women and the Welfare State*. Londres: Tavistock, 1977.

YOUNG, I. M. A imparcialidade e o público cívico: algumas implicações das críticas feministas da teoria moral e política. In: BENHABIB, S.; CORNELL, D. (Orgs.). *Feminismo como critica da modernidade:* releitura dos pensadores contemporâneos do ponto de vista da mulher. Rio de Janeiro: Rosa dos Ventos, 1987.

ZETKIN, C. Lênin e a questão sexual. In: MARX, ENGELS, LÊNIN. *Sobre a mulher*. 3. ed. São Paulo: Global, 1981. p. 124-39 (Coleção Bases-Práxis, v. 17).